日米中小企業の比較研究

日本の二重構造・米国の三重構造

黄 完晟 著

税務経理協会

目　次

序　章　なぜ，日米中小企業の比較研究なのか
1. 課題と比較研究の意義 …………………………………………………… *3*
2. 日米における中小企業の問題意識 …………………………………… *7*
    1. 共通の問題意識 …………………………………………………… *7*
    2. 認識の異なる点 …………………………………………………… *8*
3. 研究史の整理 ………………………………………………………… *13*
4. 分析視角 ……………………………………………………………… *14*
5. 各章の分析概要 ……………………………………………………… *15*

第Ⅰ部　日米の中小企業の全体像

第1章　日米の中小企業の定義と地位
1. はじめに ……………………………………………………………… *23*
2. 日米における中小企業の定義と論点 ……………………………… *24*
    1. 日本の中小企業の定義・範囲 ………………………………… *24*
    2. 米国の中小企業の定義・範囲 ………………………………… *26*
    3. 中小企業の定義・範囲をめぐる論点 ………………………… *27*
3. 日米の中小企業の地位（比重・重要性） ………………………… *30*
    1. 企業数 …………………………………………………………… *30*
    2. 雇用 ……………………………………………………………… *33*
    3. 会社形態別会社数 ……………………………………………… *34*
    4. 米国における企業形態の種類 ………………………………… *35*
4. おわりに ……………………………………………………………… *38*

第2章　日米における生産性，収益率，賃金の格差と中小企業

- 1　はじめに……………………………………………………………… *41*
- 2　日米における生産性格差…………………………………………… *42*
  - ① 日本における生産性格差……………………………………… *42*
  - ② 米国における生産性格差……………………………………… *45*
- 3　日米における収益率格差…………………………………………… *46*
  - ① 日本における収益率格差……………………………………… *46*
  - ② 米国における収益率格差……………………………………… *48*
- 4　日米における賃金格差……………………………………………… *50*
  - ① 日本における賃金格差………………………………………… *50*
  - ② 米国における賃金格差………………………………………… *52*
  - ③ 生産性と賃金との関係………………………………………… *53*
- 5　日本の二重構造と米国の三重構造………………………………… *54*
  - ① 日本の二重構造………………………………………………… *54*
  - ② 米国の三重構造………………………………………………… *56*
- 6　おわりに……………………………………………………………… *58*

第3章　日米の産業構造の変化と中小企業

- 1　はじめに……………………………………………………………… *61*
- 2　日本の産業構造と中小企業………………………………………… *62*
  - ① 製造業の構造変化と中小企業………………………………… *65*
  - ② サービス業の構造変化と中小企業…………………………… *68*
- 3　米国の産業構造と中小企業………………………………………… *71*
  - ① 製造業の構造変化と中小企業………………………………… *72*
  - ② サービス業の構造変化と中小企業…………………………… *73*
  - ③ 卸売業・小売業の構造変化と中小企業……………………… *77*
- 4　おわりに……………………………………………………………… *77*

第4章　日米の中小企業の存立構造と成長条件

1　はじめに……………………………………………………………………81
2　日本における中小企業の存立構造と成長条件…………………………82
　1　中小企業の存立構造……………………………………………………82
　2　中小企業の成長条件……………………………………………………86
3　米国における中小企業の存立構造と成長条件…………………………88
　1　米国における中小企業の存立構造……………………………………88
　2　米国における中小企業の成長条件……………………………………90
4　おわりに……………………………………………………………………91

第Ⅱ部　日米の中小企業の構造分析

第5章　日米における中小企業の創業

1　はじめに……………………………………………………………………97
2　日本における創業…………………………………………………………99
　1　製造業における創業……………………………………………………102
　2　サービス業における創業………………………………………………104
　3　創業における3大問題（資金調達，取引先の確保，人材の確保）…109
3　米国における創業…………………………………………………………111
4　おわりに……………………………………………………………………114

第6章　日米のベンチャー・ビジネス

1　はじめに……………………………………………………………………117
2　日本におけるベンチャー・ビジネス……………………………………118
　1　ベンチャー・ビジネスの概略…………………………………………120
　2　ベンチャー・キャピタルの特徴………………………………………123
　3　個人投資家（エンジェル）……………………………………………127
　4　シーズ……………………………………………………………………128

　　　　　5　インキュベーター ……………………………………… 129
　　　　　6　メンター ……………………………………………… 130
　　3　米国におけるベンチャー・ビジネス ……………………… 130
　　　　　1　米国のベンチャー・キャピタル …………………… 132
　　　　　2　米国のエンジェル …………………………………… 138
　　　　　3　その他の資金調達 …………………………………… 143
　　4　おわりに ………………………………………………………… 144

第7章　日米における中小企業と女性企業家

　　1　はじめに ………………………………………………………… 149
　　2　日本の女性企業家 ……………………………………………… 150
　　3　米国の女性企業家 ……………………………………………… 154
　　4　なぜ，女性は起業するのか（サンプル調査）………………… 163
　　5　おわりに ………………………………………………………… 168

第8章　日米における中小企業のイノベーション（技術革新）

　　1　はじめに ………………………………………………………… 171
　　2　日本における中小企業のイノベーション ………………… 173
　　　　　1　中小企業の技術開発 ………………………………… 174
　　　　　2　中小企業の技術開発の特徴 ………………………… 175
　　　　　3　中小企業の特許開発と利用 ………………………… 177
　　　　　4　中小企業の政策的技術開発支援―TLOとSBIR― ……… 180
　　3　米国における中小企業のイノベーション ………………… 183
　　　　　1　米国の中小企業のイノベーションの実態 ………… 183
　　　　　2　米国の政策支援による技術開発 …………………… 185
　　　　　3　米国におけるSBIRの事例分析 ……………………… 188
　　　　　4　米国における中小企業とTLO ……………………… 190

⑤　米国におけるベンチャー・キャピタルと中小企業の技術開発
　　　　の促進 …………………………………………………………… 191
　4　お わ り に ………………………………………………………… 191

第9章　日米における中小企業の雇用

　1　は じ め に ………………………………………………………… 195
　2　日本における中小企業の雇用 …………………………………… 197
　　　①　中小企業の雇用の増減 ……………………………………… 197
　　　②　女性労働力 …………………………………………………… 201
　　　③　中小企業の採用・学歴構成・その他 ……………………… 204
　3　米国における中小企業の雇用 …………………………………… 205
　　　①　米国における中小企業の雇用の増減 ……………………… 205
　　　②　米国における中小企業雇用の特徴 ………………………… 209
　4　お わ り に ………………………………………………………… 211

第10章　日米における中小企業の金融

　1　は じ め に ………………………………………………………… 213
　2　日本における中小企業の金融 …………………………………… 216
　　　①　日米における中小企業金融の一般的な特徴 ……………… 216
　　　②　日本の中小企業の資金需要 ………………………………… 219
　　　③　日本における中小企業の用途別資金需要 ………………… 220
　　　④　日本における銀行の資金供給 ……………………………… 221
　3　米国における中小企業の金融 …………………………………… 224
　　　①　米国の銀行制度 ……………………………………………… 224
　　　②　米国の中小企業の金融構造 ………………………………… 225
　　　③　米国の銀行の資金供給 ……………………………………… 227
　4　お わ り に ………………………………………………………… 233

結　　論 ……………………………………………………………… *235*

あ と が き ……………………………………………………………… *239*
索　　引 ………………………………………………………………… *243*

日米中小企業の比較研究

—日本の二重構造・米国の三重構造—

黄　完晟著

序　章　なぜ，日米中小企業の
　　　　　比較研究なのか

1　課題と比較研究の意義

　1980年代には多くの国の経済人が日本の中小企業について学ぼうとしたが，90年代に入ると米国の中小企業を学び，その仕組みを導入しようとしている。つまり，80年代後半の円高と共に日本経済の発展過程が脚光を浴びていた。特に，大企業の生産・輸出を支えていたのは，中小企業であったことから中小企業のあり方，中小企業と大企業との関係などが特に注目されていた。しかし，明治以来の近代化過程以降，長年，量的に増え続けてきた日本の中小企業は，バブル経済の破綻と共に量的にも質的にも問題を投げかけてきた。つまり中小企業の絶対数が減少する一方，中小企業の研究開発投資は米国に比べ大幅に遅れてきた。そこで日本の研究者は，日本の中小企業は転換期を迎えていると主張しだした[1]。

　ところが，90年代の米国経済は，中小企業の活躍によって高成長を成し遂げてきたので，中小企業が米国の経済を牽引したとも言われてきた。特にハイテク（high-tech）の中小企業では，多量創業・多量廃業を繰り返しながら一部の中小企業が急成長を遂げてきたことはあまりにも有名である。その背景にはどのような仕組みが働いているのだろうか。日本の中小企業とはどのような違いや共通点があるのか，それらの点を明らかにするところに本研究の一義的な意味がある。

　なぜ，日本と米国の中小企業を比較しようとするのか。その理由は現実から

見て4つが考えられる。第1は，日米の中小企業は80年代以降の量的変化の方向が反対を示している。つまり，図序－1のように，日本の中小企業は91年をピークに減少しているのに対し，米国の中小企業は81年以降増え続けている。その15年間の格差はあまりにも著しく，米国の中小企業は約2倍弱の伸びを示しているのに対し，日本の中小企業はピーク時より約36万社も減っている。その背景には何があったのか疑問となる。

　第2は，日本と米国は共に経済大国であり，かつ中小企業の大国である点が挙げられる。つまり，両国は世界の二大経済大国という地位にあり，両国の経済展開の方向によっては，今後とも世界経済や周辺国の経済へ大きな影響を及

図序－1　日米の企業数の変化

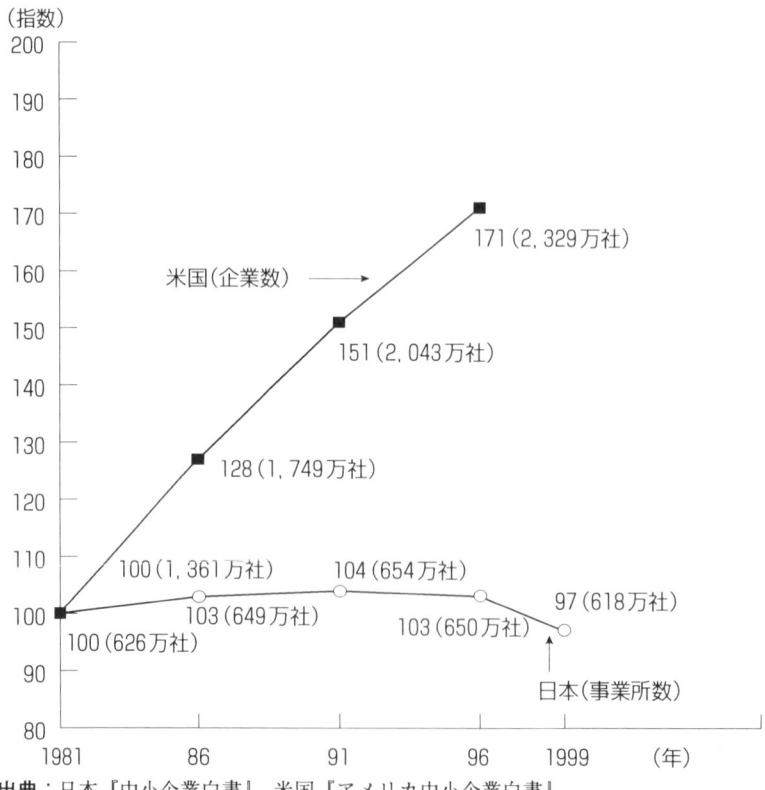

出典：日本『中小企業白書』，米国『アメリカ中小企業白書』。

ぽすことが考えられる。その点においても日米の比較は重要な意味を持つと思われる。

かつ，両国とも中小企業の大国である点を理解する必要がある。米国と日本の経済については，大企業中心の経済というイメージがある一方，厖大な中小企業が存立していることから中小企業の経済というイメージが併存している。つまり，米国では30大企業の株価指数を出しているダウ（ダウ＝ジョーンズ (Dow-Johns) 平均株価）指数をはじめ，GE, GM, Dupont, MS等の巨大な世界的多国籍企業から構成されているというイメージがあり，他方，約2,300万社に上る中小零細企業群が活躍していることからは厖大な中小企業によって支えられているというイメージがオーバーラップ (Overlap) している。日本においては，巨大な企業集団や企業グループからなる大企業中心の経済のイメージが一方にあり，他方，下請制，問屋制の仕組みからくる中小企業の役割，つまり，約600万社に上る中小零細企業・事業所からなる中小企業の経済というイメージが浮かんでくる。

要するに，米国の中小企業の活動は，大企業の活動によってどうしても脇役的にしか見えないかもしれないが，その実態は決して他国の中小企業の位置や役割に劣らない。二大経済大国の経済を支えているのは中小企業であり，その実態や仕組みについて比較研究を行うことは大きな意義があると思われる。

第3は，日米の中小企業はその役割や仕組みが異なっている点に注目したい。米国の中小企業は日本の中小企業論から見れば，画期的な役割を果たし，固有の仕組みで成長・発展している。それができるのは，中小企業がイノベーションの担い手となっているからであり，そのイノベーションは，新しい産業の開拓，国際競争力の増大，グローバリゼーションの促進に繋がっていることが多い。さらに，その担い手やシーズは「既存の中小企業」というより中小企業以外から持ち込まれている点が異なっている。もちろん，このような米国の中小企業のイメージは，すべての産業に当てはまることではなく，一部の先端産業，一部の中小企業が活躍しているところから作られているものである。これに対して，日本の中小企業におけるイノベーションは，主に改良的・進歩的

な技術開発が多く，外部からの新しいアイディア，技術，経営資源の持込みは少ない。新しい産業開拓の担い手として中小企業の役割や仕組みは十分果たされていないのである。また，中小企業は主に大企業との関係で存立し，成長・発展してきた側面が強く，大企業を通じて国際競争やグローバリゼーションにその能力が発揮されている。日本の中小企業では大企業への成長に比較的長時間かかっている。なお，中小企業の量的増加は中小企業の領域におけるパイの再配分をめぐって競争激化をもたらすことも多かった。

第4は，米国の中小企業は高い技術を持っており，それがグローバリゼーションへと繋がっているところに，米国の中小企業の強さがある。つまり，ハイテクは，すぐさま多くの国へ伝播されてグローバリゼーションを促進する機能を持っており，逆に，グローバリゼーションはハイテクの市場を拡大し，ハイテクを支える役割を果たしている。グローバリゼーションについていろいろな議論があるが，確かなことは，グローバリゼーションを否定し，それから逃れることはできないという点である。歴史的に見て，新技術の大きな流れに乗れなかった経済の地域ではどうなっていたのかという点を考えれば明らかであろう。

日米の中小企業の比較研究を行う理論的理由として2つの点が挙げられる。

第1は，日米の中小企業の理論―問題と対策―を比較・検討することである。各国の中小企業は，その国の社会・文化などの要素と強く結びついた形で展開しているので，非常に特有な仕組みで営まれているのに気づく。それは，日本では日本固有の中小企業の理論・論点・視角に基づいて研究されており，米国では米国固有の中小企業論が成り立っていることを意味する。それは他の経済理論より，学習・導入しにくいことを意味する。例えば，下請制の導入，ベンチャービジネス論の導入等がそれである。したがって，中小企業の現場ではその仕組みの全体より一部の応用的導入が多かった。そこで米国における中小企業研究の論点，視角の特徴を垣間見ることが第1の理由である。

第2に，日米中小企業の比較研究を通じて，日本の中小企業の理論を再発見・再認識することである。つまり，欧米では，地域統合，グローバリゼー

ション，ボーダーレス（borderless）によって中小企業に対する認識・論点が収斂しているように見える。例えば，EUの統合は中小企業の定義や政策の論点でかなり共通認識が広がっている[2]。そこから欧米では，先進国での共通の論理が形成されつつあるように思われる。それに対し，日本においては欧米の中小企業論理とは一線を画しているが，果たして日本の中小企業に対する考え方が中小企業の国際化のあり方から見て望ましいのか吟味してみる必要があろう。さらに，未来を見据えた中小企業論理はどうあるべきなのかについて吟味してみるためにも，日米の中小企業の比較研究は重要な意味を持つと思われる。

2 日米における中小企業の問題意識

1 共通の問題意識
(1) 中小企業の多様性
　中小企業の多様性については，日米の中小企業の研究において共通した問題意識である[3]。中小企業の多様性という言葉は，分析しにくい，理論化しにくいことを暗示している。多様な中小企業を如何なる視角や分析方法をもって接近すれば最もよく理解できるのか。日本では，多くの研究が事例研究に基づく類型論からの理解である。類型化の分析方法は中小企業の部分的な特徴を捉えやすいのに対し，一般理論化するのが大変難しい。それに対し，米国では計量化による理論化を目指している研究が多く，その中からの特徴を捉えようとする。この計量化による中小企業論は経済学の理論を応用した研究が多く，その分中小企業の分析方法においても発達している。それに対し，日本の類型化論は，マルクス経済学をベースに，近代経済学からの理論導入があったものの，日本の経済実態に即した固有の分析方法を確立している。

(2) 中小企業の厖大さと役割
　経済・社会において中小企業の果たしている役割は大変重要だという認識は共通している[4]。つまり，量的に見て厖大な企業数や雇用に占める比重，経済

社会に活力をもたらすなどの役割は大変重要である。特に雇用における中小企業の役割は、日・米の中小企業の研究や政策において大きく評価している。また、社会に活力をもたらす役割については創業の担い手、ニューアイディアや新技術の開発（持込み）の担い手が挙げられる。

(3) 地域経済の担い手

地域経済の担い手としての中小企業の役割の評価についても、程度の差はあるものの、同じ問題意識を持っている[5]。つまり、地域経済の担い手としての中小企業は、日本では地場産業として地域に根付いているのに対し、米国では地域の企業（移植企業）としての地位である。しかし、両国において、大企業の場合、地域経済の論理とは無関係に経営活動を行っているのに対し、中小企業は地域の雇用、需要に基づいてそれに規定される側面も多くあるので、地域経済と深い関わりを持っている。このような問題意識は日米の中小企業において共通している。

(4) ニッチ (niche) 市場論

ニッチ市場論はその名前が示しているとおり欧米から輸入した概念であるが、基本的に多くの中小企業は、地域的、階層的、業種的、製品的、価格的水準でのニッチ市場、セグメント (segment) 化された市場で成り立っているという見方では共通認識であろう[6]。しかし、最近のベンチャー・ビジネスでは、狭い分野での高い技術水準を持つ中小企業が多く、グローバル・マーケット指向が強くなる。この点からも推量されるように、従来の中小企業の理論では新しい中小企業動向を捉えきれないところが増えている。このような現象も新しい時代の新しい課題—中小企業論の再構築の必要性—となっている。

2 認識の異なる点

(1) 中小企業の弱者論の認識

日本の中小企業の現状認識とその分析・対策（政策論）は中小企業弱者論に基づいている。中小企業は、大企業に比べて弱者であるので、保護育成しなければならないという思想がベースとなっていた[7]。もちろんそれに対して反論

も出ている。中小企業は利益率で見る限り決して弱者ではないので，保護育成策を採る必要がないという主張である8)（これについては後述する）。米国においても中小企業は大企業に比べ弱いものであるという認識はあるものの，それを理由に中小企業を保護育成すべきであるという認識はなく，個別中小企業へ直接的な補助金を出したことはないという9)。米国の中小企業は，ベンチャー・ビジネスの分野では，大企業を上回るほどの技術をもって短期間に大企業へ成長する場合も少なくない。弱者である中小企業であっても，市場で堂々と自由競争を行い，生き残れない中小企業は統合，廃業になっても構わないというのが米国中小企業を見る基本的なスタンスである。

(2) 多産多死の中小企業

米国の中小企業の多産多死の実態については，ベンチャー・ビジネス論でよく紹介されている。1年に約70-80万社が起業し，それに匹敵する企業が消滅していく10)。日本的視点から見れば，まずその数の多さに圧倒される。70-80万社とは，創業率で13-14％の水準で，日本の創業率は3-4％という点を考慮するとかなりの格差である。しかし，米国では倒産について政策上，あるいは研究の視点からも特に大きな問題としてみなされていない。日本では，この点については，長年中小企業の最大の問題とみなされてきた。失敗しない中小企業をイメージするように，多産多死は社会や経済への影響も大きいことから，なるべく廃業率を減らそうとした。

そこには，日米における倒産のあり方が異なっていることを考慮すれば理解しやすい。つまり，日本の企業倒産は，銀行や取引企業に大きな影響を与えているのが事実である。それに対し，米国における企業倒産は，廃業以前に手を打って，倒産の影響がなるべく少なくて済むようにする点で大きな違いがある。

(3) 賃金格差（二重構造から三重構造へ）

米国の経済において規模別賃金格差は，ほぼ日本と同じ水準で存在している。米国ではオールド・ビジネスの中小企業と大企業，その上にニュービジネス（知識企業の先端産業）の高い賃金水準という三重構造となっている。米国で

は三重構造の下でニュービジネスが成長し得る。つまり，その格差の下に人材，アイディア，資本が集まっているからである。しかし，米国ではそれを特に問題視していない。

日本では賃金格差，生産性格差に基づく経済の二重構造（大企業と中小企業との間の賃金格差）を問題としてきた。しかし，最近では二重構造の否定論，二重構造消滅論，新二重構造論，二重構造残存論など諸説が出ている[11]。何を基準として二重構造と見ているのかによって異なっている。賃金と生産性を基準としてみる場合，二重構造は依然として存在している。また，この二重構造論をどのように吟味するかをめぐって，二重構造は経済の癌的存在であるので，なくす方向で政策や経済の運営が行われるべきであるという主張と，もう1つは二重構造のために日本経済や中小企業は成長し得たという主張がある[12]。なるほど，二重構造を利用した形で大企業が成長し，その条件の下で中小企業が存立し得たのが戦後の日本経済の断面である。もし賃金や生産性の格差を縮めるとした場合，日本の中小企業はどの程度存立し得るのか。さらに中小企業の存立条件や存立形態は，従来のものとは異なった形態にならないのか。

(4) 零細企業の多い点

米国における企業（事業所）のうち，約500万社が従業員を雇用していて，大企業や中小企業の研究はこの500万社が対象となる[13]。しかし，その他の約2,300万社の約70％の企業は従業員を雇っていない個人企業（self-employee）やパートナーシップで家族経営や共同経営の形態となっている。その上，500万社のうち，20人以下の小規模・零細企業は約90％以上を占めている。しかし，米国の中小企業の研究では，企業の零細性，小規模企業の多さは問題化されていない。

日本における中小企業の研究や政策においては，企業の零細性，零細企業の多さは，競争力の弱さ，家族経営的で事業と家計の未分離，新技術や経営ノウハウの遅れ等々で，日本経済の後進性の一断面を表していると見てきた。1999年において日本の事業所のうち，従業員規模20人以下は事業所単位で総事業所

数620万社のうち約451万社で73％，企業単位で総企業数485万社のうち約422万社で87％を占めている[14]。

全体的に見れば，日本の零細企業の比重は米国のそれより低い。したがって，日本で零細企業を問題にし，日本の中小企業のもう一つの特徴として考えてきたが，真の中小企業の問題は別のところにあって，零細企業の多い点が米国と比べて問題にならないことも考えられる。

(5) 存立構造（存立の形態と条件）と成長条件

従来日本の中小企業の理解においては，中小企業の存立形態や存立条件が基本をなしていた。つまり，下請的な関係の中で存立しているのか，問屋制の下で存立しているのか，独立自営の形態なのか等であった。そのうち，独立自営の中小企業が脚光を浴びるようになったのは，ベンチャー・ビジネスの導入を契機としてである。また，そもそも日本の中小企業の存立形態に関する歴史的認識では独占大企業に対する中小企業で，安定経営を目指す中小企業の条件が求められてきた。それは販売の安定にあった。それで，販売構造を基準として中小企業の存立条件を捉えてきた。それはもちろん国内市場と輸出というクローズド・マーケット（closed-market）が前提とされていた。ところが，そのような条件は急速に変化しつつあり，中小企業の存立条件も変えざるを得なくなっているのである。

米国における中小企業の研究ではこの種に関する（中小企業の存立形態や存立条件）研究が少ない[15]。中小企業のあり方がそもそも違うからそうであるとしかいいようがないが，部品産業においても，大企業と一定期間内の契約関係（実質的には長期的取引関係）も多いからである。要するに，日本においては存立条件の企業間関係論が中心であり，米国においては中小企業の成長条件の分析が主流をなしている。

(6) 輸入製品との競合の激しさ（製造業）

米国の製造業は企業数，事業所数，雇用者数，収入規模において減少してきた。その背景には低価格の輸入品が増加し，国内の製造業はそれとの競争にならなかった事実がある。主に，繊維，木材・家具，窯業，紙製品，機械の部品

などである。これらの分野の中小企業は，デザイン開発，技術開発，生産性増大，特別なニッチ市場開拓などで生き残っている企業を除いては消滅した。経済のグローバル化の中で，このような中小企業の衰退は当然のように受け止めている。実際，大量消費生活を実現しているKマート (Kmart) やウォルマート (Walmart) などの大型スーパーでは日本や韓国，台湾の製品は少なく，made in China, made in Indonesia, made in Philippine等，中国や東南アジアなどからの製品が多く陳列されていて，米国の中産層以下の消費者はこれらの国の低廉な製品を購入している。東南アジア製品水準の消費生活を享受している。要するに輸入品との競争で中小製造業が衰退しても，それに対応して保護育成・輸入抑制の政策は採っていないし，総じて問題化もしていない。

これに対して，日本の場合，アジア製品の輸入による中小企業の打撃は，常に大きな問題としてクローズアップされている。経済のグローバル化に対する日本中小企業の対応の遅れに真の問題があるにもかかわらず，常に問題を保護温存させようとする。さらに，日本に入ってくる輸入品の大部分（特に中小企業性製品）は，日本の企業，輸入商社によって開発されたもので（開発輸入），輸入が増えても減っても日本の企業への影響は避けられない構造となっている。問題は，新しい経済環境への中小企業の経営革新こそが問題解決のバロメータだと思われる。

(7) 企業合併（譲渡）と後継者問題

大企業の資本間合併は新聞雑誌等でよく目にする。中小企業の世界でも企業の先行きが芳ばしくないと展望されると，整理するか，譲渡，合併させて，企業家はその会社の経営から退くのが一般的である。

しかし，日本では企業文化や社会の認識のあり方，企業の歴史が米国と違って，独特なものがあり，つまり一生懸命築き上げてきた自分の会社を他人へ譲ったり，いわんや販売することはとても受け入れ難い現実であった。最近は企業家の考えが少しずつ変わってきたとはいえ，依然として親族や血族へ継がせることを希望している。このことが企業のアンケート調査で常に中小企業の問題・課題の上位にランクされる[16]。特に企業家が高年齢の場合がそうであ

り，特に地場産業の経営者の高齢化と子供の都市進出で相互の思惑がずれて子供は後継者にならない。

　以上，中小企業全般の諸論点について比較してきた。従来，産業構造や中小企業の存立条件やそのあり方では，日米の異なる点が多く，その点がクローズアップされてきた。しかし日本の視点から比較してみた結果，相当似通ってることがうなずけたと思う。では，問題になる基盤・要素は似通っているのに，なぜ，問題化する視点は異なっているのか。そこには，企業発展の歴史，社会，文化の違いからくるもの，米国の企業家行動，独立で自由な競争という思想が社会に浸透している点，日本では（米国人研究者の指摘として），政治と地域政策や中小企業政策が絡み合っているからだという点などが挙げられる。

　ここで，日本における中小企業の特徴について2つの視点から見てきたことを述べておく[17]。つまり，一方では，中小企業の特徴（零細性，多産多死，二重構造，低賃金等など）が現在も存在している。他方では，60年代から日本の中小企業は，中堅企業やベンチャー・ビジネスの展開，工場の機械化などで質的に変化・上昇してきたという側面である。このような2つの視点が同時に展開されているのが日本の中小企業の実態ではないかと思われる。

3　研究史の整理

　日本における米国の中小企業研究は[18]，中小企業発展の現実に関心が高いだけに，中小企業政策，ベンチャー・ビジネス，ベンチャー・キャピタル，金融，労働・雇用，女性企業家等の多くの分野からアプローチし，分野別の個別論文や著書が蓄積されている。しかし，日本と米国の中小企業の全体像を位置づけ，比較してまとめた研究は少ないと思われる。なお，個別研究は他分野との関連性が深く考慮されておらず，検討対象分野の位置づけで終わっている。つまり，創業，技術革新の研究，ベンチャー・ビジネス，ベンチャー・キャピタルの研究，雇用，金融等の研究は各分野において比較の上，その特徴が述べられている。しかし，技術革新に立脚して創業し，ベンチャー・ビジネスの仕

組みの上で発展し，雇用増大へ繋がっているという見方から米国の中小企業を理解してこそ，米国中小企業の全体像がより広くより深く捉えられると思われる。したがって，今後の研究発展の足掛かりとして米国の中小企業の研究においては，各分野にわたり相互の関連性を考えた上で，もう一度まとめる必要がある。つまり，諸研究が捉えている米国の中小企業の諸特徴は相互にどのように作用し，どのような仕組みで成り立っているかを検討することによって，米国の中小企業の全般的な理解が深まるのである。その上で，日本との比較を行い，日本の中小企業の位置を再認識することもできるであろう。

4 分析視角

本書での分析視角として以下の5点を提示したい。

(1) まず，日米における中小企業の実態（数量的位置）を明らかにする。この比較分析においては，必ずしも，日本と米国の資料が対称・対照的に提供されないことも十分考えられる。また，どちらかといえば，米国の中小企業の多様な側面を検討することに第一義的な意味があるので，米国の中小企業により力点をおいて検討を行うことになる。それに対し，日本の中小企業の実態・構造分析はなるべく簡略に述べるに留めたい。

(2) 総論的な構造分析では，日本の中小企業の視点から米国の中小企業の構造的特徴を吟味してみる。この視角は「第Ⅰ部　日米の中小企業の全体像」の分析において用いる。

(3) 各論的な構造分析では，米国の中小企業の視角から日本の中小企業の構造的特徴を吟味する。この視角は「第Ⅱ部　日米の中小企業の構造分析」のところで，創業，ベンチャー・ビジネス，女性企業家，技術革新，雇用，金融の分析について用いる。

(4) まとめ的な立場からは，日本の中小企業発展のための構造的諸分野においてあるべき姿について吟味する。

(5) 本書の分析視角においてベースとなっているのは，日本においては二重

構造的な特徴から吟味し，米国においては三重構造的な特徴からアプローチする。米国の中小企業の特徴はベンチャー・ビジネスであり，ベンチャー・ビジネスは従来の二重構造的経済の上にもう一つの層を形成することができたからこそ，ベンチャー・ビジネスの成長・発展があったと思われる。日本においても二重構造の上に大企業が発展したように，米国の三重構造の上でベンチャー・ビジネスの成長・発展があったのは，まず，有能な人材がより上の層へ集中しやすい仕組みが存在したからである。

5 各章の分析概要

第1章では，中小企業の定義・範囲と数量的全体的位置を比較する。ここでは中小企業の発展のための中小企業の定義・範囲はどうあるべきなのか，欧米諸国・先進国の中小企業の捉え方が収斂していく中で日本の中小企業の定義・範囲はどうなのかを吟味する。次に，日本と米国の中小企業の定義を同じにして比較すれば，日本の中小企業はどのように再認識できるのか。つまり，事業所単位，企業単位，子会社を親企業に含めることなどを考慮した場合，日本の中小企業の位置はかなり低く見える。このことは，日本の中小企業の中には自由・独立して経営している企業の数が少ないことを示唆し，自力で技術開発を行える企業数が相対的に米国のそれより少ないことを意味する。

第2章では，中小企業と大企業との格差問題を取り上げる。日本においては国際的に生産性が低い一方，中小企業と大企業の格差においては賃金格差以上の生産性格差がある。相対的な見方であるが，労働者側は生産性の実績以上の水準で賃金を得ていることになっており，このことは中小企業における資本蓄積が大企業のそれより不利な立場で行われていることを意味する。それに対し，米国における生産性，収益率，賃金の格差はほぼ同じ水準で推移している。それは，米国の中小企業は，資本蓄積において大企業に比べても，同等な立場で行われていることを意味する。さらに，米国では大企業と中小企業の間の格差構造の上に，大企業の賃金水準を大きく上回るのがベンチャー・ビジネ

スである。この三重構造のうち，最上層のベンチャー・ビジネスへ人材が集中していることは理解しやすい。日本においてもベンチャー・ビジネスの発展のためには，従来の二重構造から三重構造への移行によって人材の集中が必要であることが考えられる。

　第3章では，産業構造の変化に規定されてきた中小企業の変化は，具体的にどのような量的変化として捉えられるのか。ここでは，90年代以降日本の中小企業の量的減少が進む中で，中堅企業層への集中（企業数，労働力）が見られる一方，零細企業と大企業の減少が目立つことを吟味する。それに対し，米国では，特に20人以下の零細企業での企業数・雇用数の増加を明らかにする。もちろん，産業構造の質的変化による中小企業の変化は，サービス産業をはじめ第3次産業への集中が見られるが，この点は程度の差はあるものの，日本と米国では共通している。

　第4章では，中小企業の存立条件と成長条件を取り上げる。日本においては中小企業の存立条件が分析対象であって，成長条件は中小企業から大企業への成長が少なく，主な分析課題ではなかった。それに対し，米国の中小企業研究においては，どちらかといえば，中小企業の存立条件はそれほど分析課題とされず，むしろ成長条件が問題となってきた。ベンチャー・ビジネス関連の中小企業の成長と技術革新（イノベーション）の関連性を強調している。経済のグローバル化の中で技術革新，人材確保こそが中小企業の成長条件となっている。

　第5章では，創業を取り上げる。米国での創業の多さに対し，日本における創業の少なさが比べられる。ここでは，自営業や零細個人企業によって営まれている中小企業の創業であり，平均的なイメージである。資金調達においてはインフォーマル（informal）な資金調達と担保融資を受けるという点では似通っているが，米国ではクレジット（credit）の利用がより多い点が特徴である。しかし，創業資金の用途は，日本の場合，不動産等ハードへの投資が圧倒的に多いのに対し，米国の場合，ハードよりソフト（運転資金）に使われている点が大きな違いである。したがって，米国での創業のしやすさはここにある

ことが理解できる。

　第6章では，ベンチャー・ビジネスを取り上げる。米国におけるベンチャー・ビジネスの発展のあり方，ベンチャー・キャピタル，エンジェルの金融支援システムの具体的なあり方を検討する。ベンチャー・ビジネスは形態としては中小企業の領域に属するが，企業の行動パターンや動員する資本の量や人材構成の特徴などから見れば大企業の経営方法であるといえる。ここでは従来の研究蓄積の上で，日米のベンチャー・キャピタルのあり方を比較する。日本のベンチャー・ビジネスでは，特に外部持込みのシーズの不足とエンジェルの不足，さらに従来の研究が多く指摘しているようにベンチャー・キャピタルの役割の低さを取り上げている。

　第7章では女性企業家を取り上げ，日米の比較を行う。日本の女性企業家の地位は資本金500万円以上企業の5％水準（自営業で28％）と低く，米国のそれは全企業の36％水準と高く，かつ急速に伸びている点が特記すべきである。米国の女性企業家は，サービス業や販売業に，地域的には都市地域に，規模別には小零細規模に集中している。女性企業家の量的成長に基づく高い評価がある一方，ここでは収入の低さ，雇用創出力の低さ，先端産業での活動が少ない点等から客観的な評価を試みる。女性企業家は，男性企業家より資金調達や販売，人材確保などで不利な点が多いことも考えられるが，米国における調査研究では特別なデメリットは受けていないという点こそが日米の比較研究課題となろう。

　第8章では，イノベーションを取り上げ，日米の比較を行う。日本と米国の中小企業の極立った違いはイノベーションのあり方である。それは，日本の中小企業の進歩的，改良的イノベーションに対し，米国の中小企業の革新的イノベーションが対照的である。この違いは産業構造の変化やグローバルの競争が激しくなっている中でその作用が大きく異なってくる。米国の中小企業のイノベーションは，そのシーズが大学・研究所，その他など，中小企業の外部から持ち込まれるという点が特徴である。それを育てて成長・発展させるのも中小企業の経営資源や政策的支援のみならず，社会的，経済的な支援システムの上

で可能である。米国の中小企業におけるイノベーションは，中小企業の創業と成長の原動力であり，雇用増大に大きな役割を果たしている。

第9章では，中小企業の雇用を取り上げ，日米比較を行う。日本における中小企業の雇用比重は低下しているのに対し，米国における中小企業のそれは上昇している。その理由は，日本において，創業率の低さ，既存中小企業の規模拡大が緩やかで雇用創出の機能が弱まってきたからであり，それはパイの拡大をもたらす研究開発や革新的技術（イノベーション）に基づく創業が相対的に少ないからである。それに比べ，米国の中小企業では，イノベーションに基づく創業が多く，それに基づく既存中小企業の規模拡大・急成長の結果，雇用の相対的位置が高まったのである。中小企業のための雇用戦略は，米国にみるように，中小企業に従事している多くの高学歴者の役割である。それらの人材によって技術革新が行われ，中小企業の成長が成し遂げられているのである。

第10章では，中小企業の金融構造の比較研究を行う。日本の中小企業金融の構造は，低い自己資本比率，外部資金依存，間接金融と言われている中で，赤字企業や低成長企業の支えにもなっている。つまり，赤字決算の中小企業は全体の70％以上に達しており，このような企業への金融機関の信用貸しは適当でないので，担保貸しになりがちである。それに対し，米国の中小企業の金融は信用貸しと言われているが，ベンチャー・キャピタルやエンジェルの金融は不確実性の高い企業への投資となり，その性格は銀行等の制度金融に対し社会的金融であるように見える。このような特徴を踏まえて両国における中小企業の金融について，資金の需要（創業資金，運転資金，設備投資資金）と供給（銀行側の構造）を中心に分析していく。

注
1) 日本の中小企業が90年代に転換期を迎えていたことについての明確な研究は少ない。転機，転換という用語とともに構造分析を試みている研究は多い。例えば，永山利和「産業構造転換の構図と中小企業の存立問題」（吉田敬一・永山利和・森本隆男『産業構造転換と中小企業』ミネルヴァ書房，1999年）。吉田敬一『転機に立つ中小企業』新評論，1996年等。

2）中小企業総合研究機構訳編『ヨーロッパ中小企業白書－第6次年次報告2000年』同友館，2001年6月，第8章，中小企業政策における新たな展開参照。
3）Zoltan J. Acs (1999) "Are Small Firms Important? - Their Role Impact" Kluwer Academic Publishers.
4）同上。
5）同上。
6）同上。
7）滝沢菊太郎「「本質論」的研究」（中小企業事業団中小企業研究所『日本の中小企業研究』第1巻，同友館，1992年）参照。
8）三輪芳朗「日本の中小企業のイメージ，実態と政策」（土屋守章・三輪芳朗『日本の中小企業』東京大学出版会，1989年）。
9）Yuko Aoyama "Policy Interventions for Industrial Network Formation : Contrasting Historical Underpinnings of the Small Business Policy in Japan and the United States" ("Small Business Economics" 12, 1999年，217-231頁)。
10）中小企業総合研究機構訳編『アメリカ中小企業白書（1998年版）』同友館，2001年22頁。
11）清成忠男『中小企業読本』東洋経済新報社，1992年。
12）佐竹隆幸「中小企業存立論の再検討」（神戸商科大学『創立70周年記念論文集』）2000年3月，167頁。
13）『アメリカ中小企業白書（1998年版）』21頁。
14）『中小企業白書』2000年付属統計資料参照。
15）Cliff Pratten (1991) "The Competitiveness of Small Firms", Cambridge University Press.
16）『中小企業白書』1999年，328頁。
17）中村秀一郎『新中堅企業論』東洋経済新報社，1990年，清成忠男『中小企業ルネッサンス』有斐閣，1993年参照。
18）米国の中小企業に関する研究は，米国の中小企業の研究と日米の中小企業の比較研究に分けてみることができる。しかし，後者についての研究は少ないので，ここでは前者について主な著書を取り上げてみる。日本における米国中小企業の研究ではベンチャー・ビジネス研究を通じて米国の中小企業のあり方が最も多く集中的に紹介・導入されてきたが，全般的な米国の中小企業を取り上げた研究は多くはない。

また，米国中小企業のまとまった研究には，長島俊男氏と寺岡寛氏の研究がある。長島氏の研究（『アメリカの中小企業経営』同友館，1989年）は，米国の中小企業経営の全体像を理解する上で，必要な知識が展開されている。同著書は，日本に

おける米国の中小企業の全般的な研究にかなり役に立つものと思われる。しかし，その研究は現状のありのままの実態を伝えているのみであり，米国の中小企業が変革の担い手として活躍する上で必要な条件は何であるのかなどについて本質的な研究の域には達していない。

　寺岡氏の研究（『アメリカ中小企業論』信山社，1994年）は，米国の具体的な統計資料に基づいた研究である。米国の中小企業の存立形態究明を課題とし，中小企業の存立形態について主に統計的分析を行っている。

第Ⅰ部
日米の中小企業の全体像

第1章　日米の中小企業の定義と地位

1　はじめに

　本章の課題は，日米における中小企業の定義・範囲と地位（比重）を確認し，中小企業発展のための中小企業の定義は，どのような形態が望ましいのかについて吟味する。また，中小企業の地位・比重では，厖大な中小企業の比重（企業数の比重は99％，雇用は日本の中小事業所は約80％，米国の中小企業の雇用は52％）に問題の関心をおくと共に，中小企業の発展のために働くことができる自由で独立の中小企業は，相対的に見て，どちらの国により多いのかにも焦点を当てて検討していくことにする。

　日本と米国において，中小企業という用語は大企業に対する相対的概念である。つまり大企業でない，大企業より小規模の企業を指していることから，中小企業の範囲は歴史的に経済のあり方の変化に沿って変化してきた。したがって，中小企業の定義・範囲を明確に認識することは，中小企業を分析していく上で，かつ両国の比較分析を行う上でも，先決事項であることは言うまでもない。なお，中小企業をどのように定義するかは，今後世界的な中小企業の世紀が訪れるという点を考えると，大変重要な問題である。とはいえ，中小企業の研究において質的に明確な中小企業の定義ができていないことは大きな弱点であることも確かである。

2 日米における中小企業の定義と論点

1 日本の中小企業の定義・範囲

　日本における中小企業の定義・範囲は，表1－1によれば，業種別に異なっている。つまり，製造業では従業員300人以下並びに資本金3億円以下，卸売業では従業員100人以下並びに資本金1億円以下，小売業では従業員50人以下並びに資本金5,000万円以下，サービス業では従業員100人以下並びに資本金5千万円以下となっている。

　このような日本の中小企業の定義には2つの特徴がある。第1の特徴は，多くの研究が指摘しているように，中小企業の定義は法律（中小企業基本法）に定められている点である。それは中小企業政策の実施と密接な関係を持っていることを意味する。日本の中小企業政策は，大企業に比べ弱者である中小企業を保護・育成することであり，補助金の配分が基本である。そこには，企業間の利害関係が生じやすく，さらに中小企業の政策の実施において政治的な利害関係が絡みやすい。したがって，中小企業には明確な基準が必要であった。なお，中小企業の政策実施の上では，中小企業基本法に基づく中小企業の基準以外に，表1－1の備考のように，中小企業基本法の定義とは別の基準もあるという点を考慮すべきである。その基準では，中小企業の範囲が法律上の中小企

表1－1　日本の中小企業の定義・範囲

	区分	製造業	卸売業	小売業	サービス業
中小企業基本法（旧）の定義	資本金	1億円以下	3千万円以下	1千万円以下	
	従業員	300人以下	100人以下	50人以下	
中小企業基本法（新）の定義	資本金	3億円以下	1億円以下	5千万円以下	5千万円以下
	従業員	300人以下	100人以下	50人以下	100人以下

出典：中小企業庁『中小企業施策総覧』平成13年度。
備考：中小企業金融公庫法などにおいては，政令により旅館業は資本金5千万円以下または従業員200人以下，ソフトウェア業・情報処理サービス業は，資本金3億円以下または従業員300人以下を中小企業としている。

業の範囲より広い。このことは中小企業の範囲が量的な規定のため質的規定を無視した矛盾をある程度カバーするためであり，幅広い産業の保護・育成の思想が込められているように考えられる。

　第2の特徴は，従業員数と資本金額による量的基準のみによって規定されている点である。量的基準は，中小企業の範囲を明確に区分できる反面，量的基準が経済社会の常識を無視することも考えられる。つまり，量的定義のみに頼る場合，矛盾するところもある。例えば，日本の場合，製造業の中小企業は300人以下であるが，298人と301人とでは同じ産業の中で大企業と中小企業へと分けられるが，大企業と中小企業との格差が生産現場で認められるのであろうか。答えはNoである。

　そもそも，中小企業を大企業と区分して論じる意味は，規模の経済性による生産性の格差，社会的・経済的地位の重要性（一部大企業の企業公開による低コストの直接資金調達，プライム・レートによる銀行融資，等級による有利な評価などの信用性等）のみならず，その存立条件が大きく関係しているので，多視点の中小企業の定義が求められていると思われる。さらに，従来の生産力中心の基準の上に市場支配力などの要素も取り入れることが必要だと思われる。要するに，日本の中小企業の定義も量的な定義から質的定義への発展が求められているのである。

　1999年の中小企業基本法の改正—中小企業基本法の中の中小企業定義・範囲の見直し—は，先に見たように，その範囲をより広くしている。中小企業の範囲は，資本金基準では中小企業の範囲が広くなっているが，従業員基準ではサービス業を従来の50人から100人へと引き上げているのみで，その他の業種では従来のとおりになっている。製造業での従業員基準の見直しが行われていなかったことは，最近の経済の変化—持株会社，連結財務諸表作成による関連会社の統合化，先端産業の急成長の予想，欧米の中小企業の規定などを考慮すれば，物足りない感がする。さらに，中小企業の範囲の規定においても量的な基準のみではなく，欧米のような質的な定義も導入すべきではなかったのではないかと思われる。

2 米国の中小企業の定義・範囲

米国の中小企業の範囲は，表1－2のように，製造業では従業員500人以下が中小企業である。しかし，産業のあり方・特性を考慮し，自動車製造業は1,000人以下，航空機製造業は1,500人以下など多様である。日本のそれより遙かに多様な基準に基づいて規定されている。その他に，米国の中小企業の範囲は，卸売業では従業員100人以下，小売業では年間収入500万ドル以下，サービス業では同250万ドル以下である。米国の中小企業の定義の根拠はSBA（米国の中小企業庁：Small Business Administration）の規定である。

そのような米国の中小企業の定義は2つの特徴を指摘することができよう。

第1は，日本の中小企業の範囲が業種別の違いを設けていないのに対し，米国の中小企業では表1－2のように業種別の違いを設けていることである。つまり，産業の特徴を考慮し，製造業の場合，多様な範囲を設けている。

第2の特徴は，自由で独立の企業であること（子会社でないこと），市場支配的でないことを要件としている点で質的な規定も付け加えていることである。この質的定義は，中小企業の統計作成や補助金政策を実施する場合，行政的な混雑が考えられる。幸いに，米国では中小企業に対する直接的な保護政策は行われておらず，補助金政策も基本的に実施されていない点で理解されよう。

表1－2 米国の中小企業の定義・範囲

業　種	基　準	備　考
製　造　業	従業員500人―1,500人以下	750人以下　　セメント製造業 1,000人以下　自動車製造業，電脳製造業 1,500人以下　石油精製業，航空機製造業
建　設　業	売上高700万ドル―1,700万ドル以下	
卸　売　業	従業員100人以下	
小　売　業	売上高500万ドル―2,100万ドル以下	
金　融　業	総資産1億ドル以下	
サービス業	売上高250万ドル―2,150万ドル以下	

出典：中小企業総合研究機構『先進各国の中小企業の現状と中小企業政策に関する調査研究』1998年。

要するに，米国の中小企業では，量的定義と質的定義を持って規定されているのが特徴といえる。

③ 中小企業の定義・範囲をめぐる論点
(1) 何を基準として区分するか

中小企業の範囲を決める基準は，従業員数，資本金額，売上高，総資産などがある。多くの国で共通しているのは従業員数の基準であり，つぎに，日本では資本金額，欧米では売上高を用いている。

従業員数：従業員の規模で中小企業の範囲を決めるのは，合理的であるか否か吟味してみる必要があろう。従業員数の基準が最も受け入れやすいし，多くの国で採用している。しかし，従業員の生産性格差が小さい場合には，ある程度受け入れられると思うが，ニュービジネスとオールド・ビジネスのようにその格差が大きい場合，従業員規模で中小企業の範囲を決めるのは無理があろう。子会社，孫会社を国内や海外へ持つ場合，さらに矛盾を感じざるを得ない。

資本金額：この基準は，確かに企業分析に欠かせない要素であり，中小企業の基準としては，日本をはじめいくつかの国で採用しているが，欧米では採用していない。オーナー所有の中小企業の場合（法人化されている企業を含む），資本金額の大きさが企業活動の領域をどれくらい規定するのか。むしろ，現実的に，信用関係＝金融機関からの融資において資本金規模の大きさが持つメリットより，税金納付においての資本金規模の大きさが持つデメリットを考えて，必要最小限にとどめているのが従来の中小企業経営者の感覚ではなかったのか。とにかく，欧米では資本金規模では中小企業を積極的に評価しないが，それは実質的でないからではないだろうか。特に，株式の公開されていない企業にとって資本金の規模を拡大する必要がどの程度あるだろうか。

売上高：売上高基準は企業活動の結果を表すものとして，中小企業の範囲を規定する上で大変有効であると思われる。なぜならば，中小企業の実際の経営活動規模を表すからである。その規模によって，社会間接資本の使用量が

比例することも考えられる。この基準は欧米で多く採用されているのに対し，日本をはじめアジアの諸国ではそれほど採用していない。企業の業績は，景気などによって変動が多いためと考えられる。

　総　資　産：総資産額を基準とした中小企業の定義は，より広い概念を用いた基準となりうるが，毎年の変動が大きいことが考えられる。この基準を採用している国は欧州で見られる。

　中小企業の範囲についてはその他にもいろいろと考えられるが，明確な合理的な基準を提示することは難しい。

(2) 広い範囲と狭い範囲の問題

　中小企業の範囲を決めるとき，より広い範囲を設定するのは，中小企業の発展に役立つのかどうか疑問である。つまり前述のとおり，日本の製造業における中小企業は従業員数300人以下であり，米国のそれは500人以下である。その判断の基準をどこに求めるのか。中小企業の存立条件，大企業が享受している経営的諸メリットに対し，中小企業の不利な経営条件から見れば，日本の中小企業の範囲をより広げるのが妥当であろう。なぜならば，日本の企業で300－500人，500－1,000人の企業では，そのうち多くの企業は株式公開されていないし，プライム・レートによる融資を受けておらず，諸メリットが受けにくいからである。単純に見て，日本の経済，企業活動は欧米並みなのに中小企業の範囲はずっと小規模である上に，中小企業は子会社などの経営単位が違えば別扱いとなるからである。

(3) 零細企業の定義

　その他に，ほとんどの国で小規模企業，あるいは，零細企業の範囲をも規定しているが，概念は曖昧である。小規模企業とは日本では，製造業で20人以下の規模を指す。また，イタリアは19人以下の企業を指す。特にイタリアの15人以上の企業の場合，労働者の解雇禁止など厳しい労働者保護が労働者憲章に規定されており，分社化することによって，企業家はこの規定から逃れようとしたことから小規模の企業が好まれ，その数も多い[1]。ドイツやフランスでも49人以下の小規模の企業については特別な配慮をしているという。

そのほかに中堅企業の概念は，日本で用いられているが，その基準は明らかではない。例えば，その内容は100－1,000人，300－1,000人，500－1,000人などである。米国では中規模企業（medium-size firm）という概念を使う。その場合も200－500人の例がある[2]。

(4) 先進国における中小企業範囲の収斂

先進国では，中小企業の範囲は，表1－3のように製造業の中小企業が500人未満という基準へ収斂する傾向がある。中進国や発展途上国でもその範囲は拡大する傾向にある。しかし，中進国や発展途上国と日本では中小企業の質的定義についてなかなか受け入れていない。米国や主なEUの諸国では，日本より広い範囲で中小企業を規定している。さらに，自由独立企業のみ（子会社，関連会社などの企業は除く）を中小企業として数える場合，特に日本の中小企業のあり方から見て中小企業の数は相当減少するだろう。

要するに，日本の中小企業の定義は，日本経済の国際化，グローバル化，技術革新，経営方法の見直し方向からみて，やや狭い範囲となっていることを感じる。中小企業定義の質的要因の導入とともに国際的収斂への傾向を吟味すべきであろう。

表1－3　中小企業の定義・範囲

国　名	OECD基準（製造業）	備　考
フランス	従業員500人未満	1－49人：小企業
ドイツ	従業員500人未満	1－49人：手工業
カナダ	従業員500人未満	
英国	従業員500人未満	10人未満：零細企業，10－49人未満：小企業
イタリア	従業員500人未満	19人以下：小企業
スペイン	従業員500人未満	
韓国	従業員300人未満	
中国	従業員100人未満	産業別に多様である
台湾	従業員100人未満	
シンガポール	従業員100人未満	
インドネシア	従業員100人未満	
タイ	従業員100人未満	

出典：OECD "Globalization and Small and Medium and Enterprises" 1997。

3 日米の中小企業の地位 (比重・重要性)

ここでは，中小企業の全体が量的に持つ意味を考える。従来，多くの研究が中小企業の量的重要性を強調してきた。それは，より広い視点から検討し，次章からの個別分野の内容をより深く理解する上で必要である。また，中小企業の発展のために，自由独立で経営活動を行うことができる中小企業は，日米においてどのような構成を示しているのかについても検討する。

1 企 業 数

中小企業の数の位置を確認することは，その国における中小企業の全体を理解する上で必要である。また，中小企業は，あくまで大企業に対する相対的な概念であるから量的な位置を確認した上で，質的な特徴がより実質的な意味を持つようになる。

米国の中小企業は，表1-4のように，その数が1997年に約2,365万社にのぼっている。この数字は1981年の約1,300万社から約2倍弱の伸びを意味する。80年代の不況期，90年代の好況期にも中小企業は急速に伸びている。それに対し，日本の中小企業は，表1-5のように，91年の654万社をピークにその数が減少しているのが最も大きな特徴である。日本の中小企業は戦後中小企業の数が増え続けてきたことから，90年以降の減少は日本の中小企業の転換点であるという見方が増えている。確かに，中小企業の絶対数が減少したことは中小企業のあり方に変化が生じていることを示唆する（詳細は後述する）が，その中身を検討した上で位置づけるべきであろう。

中小企業の密度：米国と日本において中小企業が多いことは確認したが，その意味を人口規模と比較してみることによってより明らかになる。米国の人口が1997年に約2億6千7百万人であるので，米国の中小企業は人口約110人に1社の比であるのに対し，日本は人口規模が1996年に約1億2千6百万人であるので[3]，約200人に1社の比である。すると，日本の中小企業の相対的少な

表1-4 米国の中小企業

(単位:千社)

年度	法人企業 (納税申告 様式1120 及び1120S)	パートナー シップ (納税申告 様式1065)	個人企業 (納税申告 様式別紙C)	合計	年間 増加率 (%)
1997	5,199	1,712	16,754	23,665	2.20
1996	5,005	1,679	16,471	23,155	2.66
1995	4,818	1,580	16,157	22,555	2.26
1994	4,667	1,558	15,831	22,056	2.22
1993	4,516	1,567	15,495	21,578	1.64
1992	4,518	1,609	15,066	21,193	2.79
1991	4,374	1,652	14,626	20,652	1.05
1990	4,320	1,751	14,149	20,220	4.78
1989	4,197	1,780	13,529	19,506	2.78
1988	4,027	1,826	13,126	18,979	3.79
1987	3,829	1,824	12,633	18,286	4.50
1986	3,577	1,807	12,115	17,499	3.18
1985	3,437	1,755	11,767	16,959	4.88
1984	3,167	1,676	11,327	16,170	6.40
1983	3,078	1,613	10,507	15,198	5.96
1982	2,913	1,553	9,877	14,343	5.38
1981	2,813	1,458	9,345	13,616	―
複利平均年間増加率(%)	3.9	1.0	3.7	3.5	

出典:『アメリカ中小企業白書』1998年。
元典:合衆国財務省 内国歳入庁 "Statistics of Income Bulletin (Fall 1997)"。

さが窺われる。この点は両国の社会,文化の違いや生活パターンの違いがあることを反映しているとはいえ,日本における中小企業の相対的少なさが浮き彫りになった。そこには零細規模の中小企業の競争のあり方が窺われる。

99％論:中小企業数の比重は,日米の両国においても,どの国の経済構造においても,その比重が99％前後という非常に高い数字を示している。OECDや東南アジアの諸国で中小企業の定義や範囲,数え方は異なるものの,多くの国における中小企業の比重は99％前後を占めている。中小企業の数から見れば,国家経済そのものを意味するといえる。要するに,中小企業の99％論

表1－5　日本の中小企業の変化（非1次全産業）

事業所ベース　　　　　　　　　　　　　　　　　　　　　　　　　　　（単位：千社）

年	小規模事業所	％	中規模事業所	％	大事業所	％	合　計	％
1981			6,229	99.4	39	0.6	6,268	100
1986			6,448	99.3	46	0.7	6,494	100
1991	4,901	74.9	1,583	24.2	57	0.9	6,541	100
1996	4,757	73.2	1,676	25.8	69	1.1	6,502	100
1999	4,514	73.0	1,625	26.3	45	0.7	6,184	100

企業ベース

年	小企業	％	中企業	％	大企業	％	合　計	％
1986	4,765	89.0	562	10.5	24	0.4	5,351	100
1991	4,593	87.8	610	11.7	30	0.6	5,234	100
1996	4,483	87.9	589	11.5	29	0.6	5,102	100
1999	4,228	87.2	608	12.5	14	0.3	4,851	100

出典：『中小企業白書』。
備考：①小規模事業所は総従業者1－19人（卸・小売・飲食業・サービス業1－4人），中規模事業所は総従業者20－300人（卸売業，サービス業（1999年）20－100人未満，小売業・サービス業20－50人未満）。
　　　②小企業は常用雇用者20人以下（卸・小売・飲食業・サービス業5人以下），中企業は同21－300人以下（卸売業5－100人以下，小売業・飲食業・サービス業5－50人以下。ただし，卸売業・サービス業（1999年）5－100人，小売業・飲食店5－50人以下）。

ともいえるものである。つまり中小企業の数の比重がこれほど重要な位置を占めているとすれば，中小企業という基準で経済構造や経済分析を行ってもよいはずである。しかし，中小企業は，経済変化の担い手，サポーティングの役割，雇用および地域経済における役割を強調することで終わっており，経済の担い手として重要な地位を占めているとは評価されていない。それは中小企業の経営の実態，成果のあり方が大企業に比べ低いからである。労働力の構成，付加価値生産性，賃金などで規模別の格差が存在しているからである。

　事業所と企業：中小企業の数や比重について考える場合，企業単位と事業所

単位で計算するが，日本と米国の基準が異なっていることを承知の上で比較してみれば，米国の場合，1995年企業数536万社に対し，事業所数は661万社である4)。また，従業員500人以上の企業は約1万5千社に対し，同事業所数は約83万3千か所であることから大企業所有の事業所が多い。つまり，企業単位では大企業は1％以下の比重であるのに対し，その大企業が所有する事業所数（大事業所のみとは限らない）は12％以上を占めている。この場合，米国は雇用者のいる企業を対象としている（その企業は約500万社で米国経済の主要な担い手であるといえる。その他約1,800万社は自営業（self-employment），家族経営の零細企業単位であることが考えられる。）。

日本の場合，企業単位で見て，大企業は0.5％（事業所単位で1％）の比重であり，大企業所有の事業所は10％を占めている。日本の場合，大企業は300人以上であるので，その基準を米国並みの500人へ引き上げた場合，日本の大企業の所有事業所は10％以上になる可能性が高い。なお，日本の事業所は，1999年620万社のうち，個人所有が342万社で，法人所有が292万社（うち会社：262万社）である。また会社は166万社であり，そのうち単一事業所の会社が144万社で，複数事業所の会社が22万社であるので5)，複数事業所の会社は平均12か所の事業所を所有している計算となる。

2 雇　　用

中小企業の雇用の地位では，米国と日本は相当異なっている。米国の大企業と中小企業の雇用構成は，1996年に大企業48％，中小企業52％である。この数字は1980年代の52％対48％から中小企業の比重が上昇した結果である。しかし，日本のそれと単純に比べれば，500人以上が1,250万人で，500人以下が4,000万人であるので，500人以上は全体の23％を占めている（事業所基準）6)。この事実から見れば，米国における大企業の雇用の比重は日本の2倍以上であり，逆に，中小企業の地位は米国のそれより日本の地位がはるかに高い。このように見るのは単純比較である。米国の場合，前述したように，子会社は1つの企業として数えられるのではなく，資本関係で親企業へ統合されて数えられ

34　第Ⅰ部　日米の中小企業の全体像

表1-6　日本の中小企業と大企業（従業員の比重）

	大企業	中小企業
事業所基準	20%	80%
企業基準	34%	66%
子会社を含む（推定）	50%	50%
取引関係で支配（推定）	70%	30%

出典：『中小企業白書』2001年。
備考：中小企業の基準を500人にすると，中小企業の比重が幾分上がることは予想される。

ているので，表1-6のように吟味してみる。

　日本における大企業と中小企業との雇用比は事業所単位と企業単位で大きな変化があり，企業単位で米国のそれへ接近している。日本の大企業が持つ子会社の数は相当多いし，下請関係の背景には資本関係が多くの場合結ばれており，その上，取引関係による下請企業の支配を考えれば，自由・独立した中小企業の数・比重はさらに低下する。

　このことは何を意味するのか。数の上，比重の上では日本の中小企業が高い割合を示すけれども，研究開発，自由で創造的な経営活動ができる企業の従業員の比重は，むしろ低い比率であることを示唆している。

③　会社形態別会社数

　日本の会社形態は，1999年総数166万社（1991年：156万社）のうち，株式会社が72万社（同：79万社），有限会社が86万社（同：74万社），その他合名・合資・相互会社が約2.7万社の構成である[7]。その間，有限会社は増加し，株式会社は減少しているが，それは株式会社の設立基準が厳しくなったからである。

　米国の企業形態は，表1-4のように，法人企業，パートナーシップの企業と個人事業所に分けている。それは米国の事業体の分け方であり，それに沿って理解してみることにしよう。会社形態は約500万社であるが，そのうち，実際に経済活動を行っているのは約100万社少ない約400万社程度であるという。これらの企業はパブリック企業として株式の所有の形で多数の人と共有されて

いて，公的な企業として情報公開を行っている。パートナーシップは2人以上の共同所有企業として，準パブリック企業でプライベート的な扱いを受ける (150万社)。個人事業所は個人がプライベート的に事業を行っていることで家族経営の形態を採る。この個人事業所には多様な形態があるが，80年代，90年代に急速に増加している。ここに女性経営者が多く含まれている。

4 米国における企業形態の種類[8]

(1) **個人企業（The sole proprietorships）**

　　一番創業しやすく，低費用で創業可能であり，規制なしの法的形態。

　　被雇用者があっても個人によって所有，経営される。

　利　点……創業しやすい，法的制約がほとんどない。

　　　　　　利益の個人所有，また損失のすべてが個人責任。

　　　　　　少ない創業費用（都市や地域によって違う）。

　　　　　　business license の取得と社名登録（filling a DBA）で設立。

　　　　　　個人資格の税金（tax form 1040, schedule C）

　　　　　　social security に貢献できる。

　　　　　　全体的な責任（利益，損失）。

　不利点……無限責任。

　　　　　　少ない資本運営（個人資金運用）のため制限された成長能力。

　　　　　　ローンなどの負債は全責任を負う。

　　　　　　死亡で消滅する。

(2) **パートナーシップ（Partnerships）**

　　2人以上の株主によって形成する法的形態（所有・運営）。

　　スキルと専門性の結合（創業資金の調達や技術）の合弁形態が多い。

　利　点……創業しやすい。規制が法人企業より少ない。

　　　　　　会社名の登録，社名取得で営業活動が可能。

　　　　　　株主責任，2人以上で負担が軽い。

　　　　　　責任，アイディア，スキルの分担。

成長可能性は資本と技術が合わせるので有利。

政府規制，税金は法人企業（corporations）より有利。

不利点……無限責任制（企業の負債に対して所有者たちが全責任を負う）。

利益は所有者の個人税金基準。

大きな資本取得が困難，パートナーの資産に依存。

利害関係の調整（仕入れや販売），場合によって同意困難。

破産時の責任分担。

責任，各自に……会社代表。

雇用，全権運営……各自で行うことができる。

利益……契約によって配分。

ゼネラルパートナーシップ……経営，財務についての責任は共同。

リミテッドパートナーシップ

……投資額に限り責任，共同責任ではない。

不動産投資会社，投機的な会社にあう。

資本を得るための目的に適する。

同意性……パートナーシップの目的，種目，目標，出資金貢献度。

利益の分配，撤退，責任と運営力，新パートナー認定，縮小規定。

不幸（死亡）時の事業継続有無，利子支払い方法，仲介方法，解体同意の期間。

(3) 法人企業（Corporations）

最も複雑な構造，個人と分離された事業体。

州の承認と共に州当局からの認可で設立される。

州内の事業には州法が適用されるが，他州への事業拡張には連邦法をも適用する。

利　点……所有権移転が容易。資本を確保しやすい。

投資額に限り責任，経営と所有の分離。

　　　　　事業体が代行。多くの能力者・有能な人材を募集することができる。
　　　不利点……政府規制が多い（州，政府に報告義務，株式総会開催）。
　　　　　　　費用がかかる（登録，株式総会，法的費用，その他）。
　　　　　　　税金負担（法人税），給料・配当金に税金。
　　　　　　　営業証明書（Certificate of Incorporation）の収得が必要。
　　　　　　　社名登録……会社設立目的，会社の住所，本社所在地，会社存続期間，株主構成，経営者の名前，住所などを登録，定款（Bylaws）。

(4) **エスコーポレーション（S・Corporation：S企業）**
　中小企業から得た所得・利益を株式所有者に分配して，納税登録（会社がパートナーシップでも可能）するのがメリットである。目的は二重課税防止（法人税と配当金の所得税）であり，分離課税条件が必要となる。会社は75人以下の株主で構成されるが，外国人株式所有者を含まないことを条件としている。
　　　　　全株主はエスコーポレーション（S企業）の形成に同意する。
　　　　　主なる所得収入は営業活動の結果である（投資利益などによる）。
　　　　　会社の所得，財産規模などの制限がない。

(5) **有限責任会社（Limited Liability Company：LLC）**
　　　　　比較的新しい法構造による会社形態。
　　　　　パートナーシップ（税効果）と法人企業（責任と保護）との中間形態。
　　　　　定着した制度ではない。
　　　　　普通はパートナーシップ的に税金納付するが州によっては法人企業の扱いで納税する場合もある。
　　　利　点……損失処理の有限責任（法人企業やエスコーポレーションより制約が多い）。
　　　　　　　参加への規制が少ない（参加者数に規制はない）。
　　　不利点……他州への事業拡張が困難（同一のLLC法がない州では事業しにくい）。

　　　　　　　　移転規制……他州への移転に制限がある。
　　　　　　　　事業形態制限……LLC は専門サービス業に適用できない（会
　　　　　　　　　　　　　　計士，弁護士，保険エージェント等）。
　　　　　　　　設立過程は法人企業の設立過程と似た手続。

4　おわりに

　以上，中小企業の定義・範囲と全体的地位の数量的比較を行ってきたが，およそ次のようにまとめることができる。

　中小企業の定義においては，日本の場合，量的定義による狭い範囲に規定されており，かつ大企業としてのメリットを受けられず，中小企業の範囲から外れる企業がかなり存在している。また，日本経済の国際化（グローバル化）の流れ，経営方法の再構築（子会社の連結財務諸表）の動向から見て，国際的中小企業の定義とは異質なものになっている。

　中小企業の地位では，日本の中小企業は人口密度から見て相対的に少ないこと，自由で独立かつ独占的でない中小企業の比重は日本の方が相対的に少ないことが窺われる。中小企業の発展のためにはこの点こそが問題となるのではなかろうか。

注

1）　中小企業総合研究機構『イタリア型中小企業に関する調査研究―"第三イタリア"の実態（中間報告）―』1995年，12頁。1993年にこの規定は従業員15人未満の企業にも適用されるように改正された。
2）　中村秀一郎『新中堅企業論』東洋経済新報社，1990年参照。及び"The State of Small Business : A Report of the President"1997年版の統計資料（日本語版の『アメリカ中小企業白書』各年）参照。
3）　国際連合『世界人口年鑑（1997年）』（上），Vol. 49，1997年参照。
4）　『アメリカ中小企業白書（1997年版）』同友館，1999年。
5）　総務省『平成11年事業所・企業統計調査報告』2000年参照。
6）　総務省統計局『労働力調査報告』2001年5月号。

7) 総務省『平成11年事業所・企業統計調査報告』2000年参照。しかし，国税庁編『平成11年度版・第125回・国税庁統計年報書』2001年によれば，法人税納税の対象である会社等数は1999年269万社に上る。
8) "Steps To Small Business Start-up" by Linda Pinson, Jerry Jinnett 2000. 4th edition Publisher－Dearborn, a Kaplan protoes industral company 参照。

第2章　日米における生産性，収益率，賃金の格差と中小企業

1　はじめに

　本章では，中小企業と大企業との格差問題を取り上げる。前章では中小企業の地位や役割の重要性について量的な観点から見てきた。それに対し，ここでは生産性，収益率，賃金の格差を明らかにし，中小企業の本質的な姿について比較を行う。

　日本における中小企業と大企業との間の諸格差問題について，日本の中小企業論では無批判にその是正を主張してきた[1]。格差はなるべく少ない方が望ましいということであった。しかし，長年の経済展開の中でもその格差はなくなっていないし，相互依存的な存立構造（格差の相互利用）となっている。他方，国際比較の研究が進むにつれ，先進国や発展途上国でも程度の差はあるものの格差問題は存在するし（ドイツにおける賃金格差は他の国に比べ非常に少ない[2]。），かなり普遍的な事実であることがわかってきた。したがって，その構造を認めた上で，中小企業の諸問題を考えるのが合理的だと思うようになってきた。

　中小企業の格差問題は，どちらかといえば，日本的な中小企業の問題意識から日米の比較を試みることになる。また，どのような規模の基準を作るかによってその格差の実態も違ってくることも十分考えられる。では，どの程度の格差までを認め，どの程度の格差は是正すべきであろうかという課題も設定されうる。ところが，その格差問題はその国の経済構造や産業構造と密接に関連

42　第Ⅰ部　日米の中小企業の全体像

していて，つまり大企業と中小企業の相互的な存立条件となっているので政策的，強制的には解消できないだろう。むしろ，それは国際的な競争，国内的競争過程の中で変化するものと見られる。ともかく，日米の中小企業と大企業との格差については，生産性格差，収益率格差，賃金格差を検討してみよう。

2　日米における生産性格差

　ここでは，日米における中小企業と大企業の生産性格差について比較する。生産性格差は中小企業の経営活動の基本を反映したもので中小企業の存立条件，発展条件を検討する上で重要な要因であり，企業間競争や大企業に対する中小企業の内的本質，経済的地位を吟味する上で必要である。

1　日本における生産性格差

　日本の生産性の水準は，日本に対する経済的な評価とは異なり，かなり低い水準にある。つまり，日本経済全体の生産性は表2－1に比較されている。それによると，日本の生産性は長期的に向上してきたが，また世界第2位の経済大国であるというイメージにもかかわらず，米国の生産性の約74％水準（1999

表2－1　生産性の国際比較（主要国の時間当たりのGDP）

（米国＝100）

国名／年	1913	1929	1938	1950	1960	1973	1987	1999
米　　国	100	100	100	100	100	100	100	100
日　　本	18	22	23	15	20	46	61	74
ドイツ	50	42	46	30	46	64	80	94
フランス	48	48	54	40	19	70	94	97
イタリア	37	35	40	31	38	64	79	106
英　　国	78	67	64	57	56	67	80	87
カナダ	75	66	58	75	79	83	92	84

出典：OECD "Monitoring the World Economy" 1995及び OECD "Science, Technology and Industry Scoreboard" 2001.

年)であり,主要な OECD 諸国の中でも低い方である。主要な国の生産性は収斂していく傾向を示していることも面白い。

　生産性というのは各国における企業活動の本質的内容を規定するものであるという見地から見ると,この統計はどのように理解すればよいのか。例えば,日本経済の主要な産業である自動車,電子,機械組立産業等は,競争力があってその製品が世界の市場で売られているし,中小企業もこれらの産業の大企業のサポート部門として位置づけられてきた。しかし,その反面時間当たりの労働生産性はかなり低く,生産性の側面では問題(長時間労働,家族労働など)があったのではないかと考えられる。日本の企業生産性のどこに問題があるのかについて,中小企業と大企業とに分けて検討を加える。

　大企業と中小企業の生産性格差(製造業)について見れば,表2－2のようである。日本における中小企業の生産性は大企業の50％水準である。1,000人以上の大企業を100とする場合,100－299人の中堅企業は71％,20－99人は49％,10－19人の小企業は39％,4－9人の零細企業は32％である。中小企業の生産性は大企業に比べ非常に低い。日本全体として国際的比較で生産性が低いことの理由は,中小企業の生産性の低さにあることが推量される。また,中小企業の生産性を規定する資本生産性と資本装備率に分けて見てみよう。中小企業の資本装備率は大企業の30％水準であり[3],資本生産性は低下してきた[4]。生産性が低いにも関わらず,90年までは中小企業は数的に伸びているし,多くの中小企業が存立できるのはなぜなのかが問題となる。

　次に,日本における産業別の中小企業と大企業の生産性格差についてみれば,表2－3のようである。ここでは,1以下は大企業の生産性が中小企業のそれを上回っていることを示し,逆に1以上では中小企業の生産性が大企業を上回っていることを意味する。

　これによると,電子装備,運送装備,印刷,食品で中小企業の生産性はかなり低い。中小企業の生産性が比較的高い産業は,アパレル産業,皮革,繊維など在来産業であり,重化学産業では一般的に低い。軽工業で中小企業の生産性が比較的高く,重化学工業で比較的低いのは日米共に似通っている。その理由

表2－2　日本の製造業の付加価値生産性

(1) 実額（従業者1人当たり年間付加価値額） (単位：千円)

従業者規模＼年	1988	1991	1994	1997	1999
4～9人	4,916	6,1188	5,713	6,120	5,797
10～19人	5,983	7,302	6,811	7,431	7,072
20～99人	7,087	8,450	8,207	9,082	8,809
100～299人	9,800	11,475	11,515	12,746	12,663
300～999人	13,840	15,554	15,788	17,377	16,553
1,000人以上	17,213	19,394	17,640	21,053	19,392
4～299人	7,176	8,826	8,434	9,335	9,070
（10～299人）	(7,694)	(9,152)	(8,981)	(9,955)	(9,717)
300人以上	15,440	17,425	16,675	19,060	17,816
合計	9,415	11,078	10,786	12,063	11,490

(2) 比率（大企業を100とした比率）

従業者規模＼年	1988	1991	1994	1997	1999
4～9人	31.8	35.1	34.3	32.1	32.5
10～19人	38.8	41.9	40.8	39.0	39.7
20～99人	45.9	48.5	49.2	47.6	49.4
100～299人	63.5	65.9	69.1	66.9	71.1
4～299人	46.5	49.5	50.6	49.0	50.9
（10～299人）	(49.8)	(52.5)	(53.9)	(52.2)	(54.5)

出典：『中小企業白書』2001年，一部抜粋。
備考：1　事務所ベース。
　　　2　従業者9人以下は粗付加価値額である。

は，重化学工業における大企業と中小企業の間には設備投資規模が違い，具体的な製品が異なるとはいえ，生産性格差が大きいからであると思われる。

　要するに，日本の生産性はGDP基準でみれば，平均的には先進国の中でも低い方であるが，一部の製造業では高い生産性を示している。ともかく，製造業における中小企業と大企業の生産性格差は大きい（出荷額での格差はより大きなものがある[5]）。

表 2 − 3 日米の生産性と報酬の比較

(1991年, 製造業)

	米国		日本	
	生産性	報酬	生産性	報酬
食　　品	0.82	0.84	0.53	0.69
繊　　維	1.02	1.00	0.84	0.74
アパレル	1.06	1.03	0.98	0.88
木　　材	0.84	0.72	0.75	0.78
家　　具	0.94	0.94	0.66	0.81
紙	0.63	0.76	0.58	0.66
印　　刷	0.68	0.80	0.40	0.55
化　　学	0.84	0.79	0.77	0.82
ゴ　　ム	0.79	0.80	0.56	0.63
皮	0.92	0.98	0.89	0.82
窯　　業	0.79	0.80	0.65	0.71
一次金属	0.89	0.70	0.64	0.75
加工金属	0.78	0.82	0.65	0.77
機　　械	0.71	0.82	0.59	0.73
電　　子	0.76	0.74	0.41	0.61
運　　送	0.78	0.75	0.51	0.71
器　　具	0.67	0.78	0.66	0.71
その他	0.72	0.89	0.68	0.76
製造業平均	0.81	0.83	0.65	0.73

出典：David B. Audretsch, George Van Leeuwen, Bert Menkueld, Roy Thurik "Market dynamics in the Netherlands : Competition policy and the role of small firms" ("International Journal of Industrial Organization") 19 (2001) 806ページより作成。

備考：両国の製造業の Optimal 企業に対する Sub-Optimal 企業の比である。ここでは大企業と中小企業の比として理解する。

2 米国における生産性格差

　米国の生産性格差は，表 2 − 1 からも読みとれる。つまり，米国は世界最大の経済大国として生産性においても高い水準を示している。しかし，米国の生産性は他の国に比べ，その伸びは低い。それは，他の国との生産性の格差が縮小しているからである。

　米国の産業別の中小企業と大企業の生産性格差について表 2 − 3 から見れ

ば，製造業の全体としては中小企業の生産性は大企業の81％の水準である。製造業のうち，大企業と中小企業の生産性格差が最も開いている産業は紙，印刷，器具製造，一般機械（電気・電子以外），雑貨産業である。それに対し，中小企業の生産性が大企業を上回っているのは繊維，アパレル産業だけである。その他，家具，一次金属，皮革産業における中小企業の生産性は大企業のそれに及ばないもののかなり近づいている。軽工業では中小企業と大企業間の生産性格差が小さいが，機械・化学工業では20％程度の格差がある。

日米の同一産業内で中小企業と大企業の生産性格差が類似している産業は器具産業，皮革産業，紙産業であり，その格差が5％ポイント以内である。日本における中小企業と大企業との間の生産性格差は米国のそれに比べギャップが大きい。特に，中小企業生産性が相対的に非常に低い産業（30％ポイント以上）は，食品，家具，一次金属，電子装備，運送装備である。

ともかく，日本の中小企業の生産性は，製造業内における相対的比較であるにせよ，かなり低い。

90年代の日米の生産性は設備投資の動向からも窺われる。米国においてはIT産業，生化学産業などの先端産業への投資が増加してきたのに対し[6]，日本においてはこれらの先端産業への投資が遅れている。したがって，生産性の伸びも米国では大きいのに対し，日本ではその伸びはより小さい。

3 日米における収益率格差

ここで中小企業と大企業の収益率格差についてみるのは，生産性格差が中小企業と大企業の収益率格差にどのように反映されていたのかを見るためである。もう一つは，企業活動の最終目的が利益確保にあるとすれば，中小企業における利益はどういうものなのかを吟味してみることである。

1 日本における収益率格差

日本における中小企業と大企業の収益率格差については，主に2つの正反対

第2章 日米における生産性,収益率,賃金の格差と中小企業　47

の主張がある。一つは中小企業の資本金に対する利益率が大企業のそれより高いという主張で,日本の中小企業は決して弱い存在でもなければ,保護,育成の対象でもないという主張である。この主張は法人企業の中小企業,大企業を対象にした研究で,1950・60年代から70年代には中小企業の利益率は大企業のそれを上回っていたことを明らかにしている。その研究によれば,中小企業の自己資本利益率は,資本金規模5千万円－1億円の中小企業が60年代に26％前後であるのに対し,同1億円－10億円の大企業は20－23％の水準,10億円以上の大企業は16－19％水準であった[7]。70年代にも中小企業の自己資本利益率は大企業のそれを上回っていた。

　この主張は,中小企業のうち一部の法人企業を対象とするものであるとはいえ,従来の低生産性,低収益,低賃金という中小企業のイメージを覆すものであり,画期的なものである。しかし,この主張をより合理的なものにするためには,法人企業の中小企業が生産性,賃金においても大企業より優位であるという点を明らかにする必要がある。また,国税庁の資料によると,赤字を出している中小企業は全体で70％に近く[8],大企業のそれを遙かに上回っている。この資料から見た中小企業の実態をどのように吟味すべきなのか。さらに,論点は従来1950,60,70年代に,日本の中小企業における資本金が持つ意味はどのようなものであったのかに移る。

　もう一つは,中小企業の売上高経常利益率,総資本利益率などの指標から,中小企業の収益率は大企業のそれより低いことを主張している。中小企業白書によれば（表2－4）,中小企業の総資本純利益率は90年代の平均が1.8％で,大企業のそれは2.1％であり（表2－4より計算）,常に大企業のそれを下回っている。また,売上高利益率も中小企業のそれは90年代に1.3％で,大企業のそれは2.2％であり,中小企業は大企業の約2分の1の水準である。一般的に,この主張に多くの研究者の認識は共有されていると言えよう。また,この主張は日本の中小企業庁が出している平均的な資料であるとはいえ,生産性水準や収益率との間で整合性（中小企業の低位性）が認められる。

　要するに,日本の中小企業の収益率は,大企業との格差において,生産性の

48　第Ⅰ部　日米の中小企業の全体像

表2－4　中小企業と大企業の収益率の比較

規模＼項目年度	中小企業			大企業		
	総資本純利益(%)	総資本回転率(回)	売上高純利益率(%)	総資本純利益(%)	総資本回転率(回)	売上高純利益率(%)
1989	3.6	1.4	2.5	4.1	1.2	3.4
90	3.2	1.5	2.1	3.7	1.1	3.2
91	2.7	1.5	1.8	2.9	1.1	2.7
92	1.9	1.4	1.3	2	1	2
93	1.2	1.3	0.9	1.6	1	1.6
94	1.2	1.3	1	1.7	1	1.7
95	1.5	1.2	1.2	1.9	1	1.9
96	1.4	1.2	1.1	2.2	1	2.1
97	1.6	1.2	1.3	1.8	1	1.8
98	0.8	1.2	0.7	1	1	1
1999	1.1	1.2	0.9	0.9	1	0.9

出典：『中小企業白書』2001年。
資料：財務省『法人企業統計年報』。
注：(1)　総資本純利益率＝純利益（税引前）／総資本（期首・期末平均）×100
　　　　総資本回転率＝売上高／総資本（期首・期末平均）
　　　　売上高純利益率＝純利益（税引前）／売上高×100
　　(2)　中小企業：資本金1億円未満　大企業：資本金1億円以上

格差との比較において，整合性を持っている。つまり，その格差は，大企業の約70％水準である。

②　米国における収益率格差

　米国の企業収益率の格差（従業員1人当たりの格差）について，表2－5を見ることにしよう。大企業と中小企業の収益率格差は，従業員規模の500人以上の大企業を100とした場合，500人以下の企業は81％の水準である。もちろん日本とは中小企業の定義が異なるので直接比較はできないが，全体的に見て，米国の中小企業の収益率は日本より高くなっている。規模別に見れば，雇用無しの層が最も高く，次に100－499人層，20－99人層であり，20人未満層が最も低い。しかし，その格差は大企業の80％前後の水準である。米国の生産性格差は

表2-5 米国の中小企業の収益性（1996年）

(単位：千ドル)

雇用規模		0人	20人未満	20-99人	100-499人	500人未満	500人以上
全産業	収入額	191.6	141	151	148	136.5	180.8
	％	105.9	77.9	83.5	81.8	81	100
製造業	収入額	433.2	117.6	130.1	159.9	140.3	222.8
	％	194.4	52.7	68.3	71.7	62.9	100
小売業	収入額	170.5	111.2	125	136.3	121.7	103.4
	％	164.8	107.5	120.8	131.8	117.6	100
卸売業	収入額	748.3	564.8	586.2	576.9	575.9	667.2
	％	112.5	81.9	87.8	86.4	86.3	100
金融業	収入額	207.3	159.9	188.8	256.5	194.5	404.1
	％	51.2	39.5	46.7	63.4	48.1	100
サービス業	収入額	124.6	80.3	63.4	57.5	68.1	63.5
	％	196.2	126.4	99.8	90.5	107.2	100

出典：『アメリカ中小企業白書』1996年。
備考：1　推定収入高を雇用者数で割ったものである。
　　　　2　％は500人以上を100とした規模別の位置。

　日本の生産性格差と比較にならないほど，米国の中小企業の収益率は高い。

　製造業では500人未満は500人以上の62％で，金融業では同約48％水準であるが，卸売業で同約86％，小売業では同約117％，サービス業で同約107％である。

　米国における中小企業と大企業の収益率格差は，規模別・業種別に存在するとはいえ，日本のそれと比べ，規模別の格差が少ないことが特徴である。業種別の格差では，日本の場合，サービス業や小売業で中小企業の方が大企業のそれを上回ることは考えられず，すべて大企業の方が高いのが常である。それに対し，米国においてはサービス業と小売業での中小企業の収益率が大企業のそれを上回っている。米国の収益率格差において中小企業のこのような事実は，日本の現実とはかなり違うイメージや見方を必要としている。

　他方，特記すべきことは，表2-5のように，一部の産業とはいえ，零細規模の中では他の規模の中小企業（20人未満，20-99人，100-499人層）より1人当

たりの収益率が高いことである。このことは小規模でのベンチャー・ビジネスが多く，ニューアイディア，イノベーションをもって経営活動を行ってきた結果であることが推量される。このような事実こそが米国的中小企業の特徴を表しているのではないだろうか。

要するに，米国における中小企業の収益率は，製造業や金融業では大企業との格差が大きいが，小売業やサービス業での中小企業の収益率は大企業のそれを上回っていることは注目すべき点である。最近のイノベーションの活用の結果がこれらの産業でより有効的に生産性や収益性を上げていることが推量される。

4　日米における賃金格差

企業の賃金水準は何を反映したものなのか。一般的に言えば，企業の生産性が高ければ，収益率（利益率）が高く，さらに賃金が高いのが経済の一般論である。では，日米において大企業と中小企業との賃金格差はどの程度あるのか。中小企業の低賃金は，中小企業の弱さの反映であり，機械化の程度が劣位であるので生産性が低く，収益（率）が低く，その結果賃金水準も低いと理解してよいのであろうか。にもかかわらず，中小企業は多数存在し，伸びているのはなぜなのかという論点が日本の中小企業の基本的な課題であった。

1　日本における賃金格差

日本の企業間の賃金格差は，大企業を100とする場合，中小企業は70％の水準である。より詳細に見れば，図2－1，表2－6のように，1,000人以上の企業の賃金を100とする場合，100－999人層は75％，10－99人層は61％である。さらにこの格差は1960年代以降基本的に変化していない。賃金格差，生産性格差，資本装備率の格差，労働分配率の格差も，依然として存在している。

日本の中小企業の研究において，企業規模別の賃金格差が歴然と存在していることについては異論の余地がない。その賃金格差を利用した企業間関係が成

図2－1　企業規模間賃金格差の推移（産業計，全労働者）

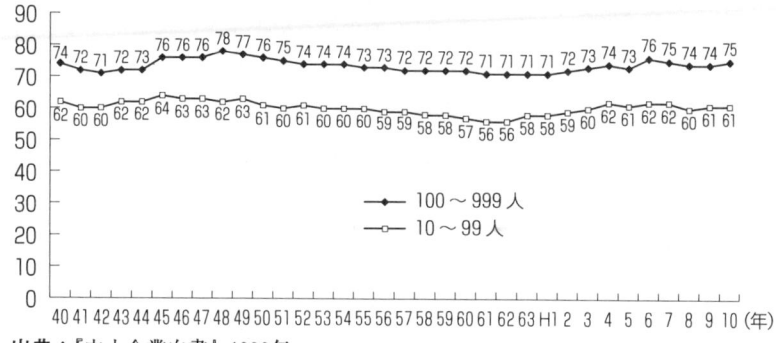

[グラフ：1,000人以上企業の賃金を100としたときの値]

100～999人：74 72 71 72 73 76 76 76 78 77 76 75 74 74 74 73 73 72 72 72 72 71 71 71 71 72 73 74 73 76 75 74 74 75

10～99人：62 60 60 62 62 64 63 63 62 63 61 60 61 60 60 60 59 59 58 58 57 56 56 58 58 59 60 62 61 62 62 60 61 61

（40 41 42 43 44 45 46 47 48 49 50 51 52 53 54 55 56 57 58 59 60 61 62 H1 2 3 4 5 6 7 8 9 10（年））

出典：『中小企業白書』1999年。
資料：労働省『賃金構造基本統計調査』再編加工。
注：(1)　1,000人以上企業の賃金を100としたときの値。
　　　　賃金＝（きまって支給する現金給与額＋年間賞与その他特別給与額／12）／実労働時間
　　(2)　昭和50年以前と51年以降では，集計対象の違い等により，厳密には接続しない。

表2－6　従業者当たり事業所規模別賃金（現金給与）額格差

		1955	60	65	70	75	80	85	90	95
従業者規模（人）	工業計	53.25	57.87	67.76	68.86	66.00	63.64	62.84	63.31	64.65
	1－3	11.05	11.84	13.71	15.07	15.39	17.84	19.06		
	4－9	32.35	33.25	40.13	43.60	42.52	42.69	43.36	45.54	46.03
	10－19	39.38	41.84	55.80	58.27	54.44	53.38	53.18	53.69	54.85
	20－29	43.39	46.85	61.49	64.51	59.39	54.40	54.21	54.72	55.98
	30－49	47.02	50.23	63.37	64.02	59.69	58.57	56.84	56.71	57.51
	50－99	51.66	53.99	65.79	64.49	62.20	60.42	58.39	58.38	59.71
	100－199	58.69	58.47	69.73	68.65	69.29	66.64	63.97	63.31	65.11
	200－299	65.10	64.41	74.68	74.39	76.65	73.93	70.21	70.26	71.64
	300－499	73.65	69.97	80.11	79.51	82.73	80.42	78.87	76.86	78.73
	500－999	80.46	78.50	83.85	84.64	86.10	86.45	83.96	84.69	86.19
	1,000－	100	100	100	100	100	100	100	100	100

出典：『工業統計表』（産業編）各年版。

立しているとも言われている。さらに有名な日本経済の二重経済についてもその基本は賃金格差であった。

それに対し，日本における賃金格差を否定する見解もある[9]。その主張は年齢別の賃金格差を用いて，日本における大企業と中小企業の賃金格差は解消したという。この主張が説得力を得ようとすれば，生産性の次元においても大企業と中小企業の格差・年齢別の生産性の格差も少ない・解消したということにも目を配るべきであった。しかし，そのことについては言及していない。

要するに，賃金格差は中小企業と大企業との関係や中小企業のあり方に非常に大きな影響を及ぼすものである。例えば，日本において賃金格差がなくなるとすれば，どの程度の中小企業が存立可能であろうか。つまり，日本の中小企業の存立形態は画期的に変化せざるを得ないことと考えられる。

2 米国における賃金格差

米国における規模別賃金格差は，表2－7のように，日本のそれと似た姿を示している。つまり，米国の中小企業と大企業との賃金格差は従業員500人以上の企業を100とした場合，100－499人層の企業が71.6％，1－99人層の企業が66.9％を示している。さらに諸保障（福利厚生・Benefitsなど含む）ではその格差がより大きく広がっている。

米国における企業間の賃金格差は日本のそれとかなり似た形で存在している。大企業を100とした場合，従業員100－499人層では大企業の約70％，1－99人層では約60％水準である。米国の場合，従業員500人以上の大企業の規定と100－499人，10－99人と分類の基準が異なっているとはいえ，賃金格差そのものは日本のそれとかなり似ている。ここには，先端産業の中小企業や大企業はそれぞれの分類に含まれていると見なす。

米国のサービス業における賃金格差は製造業のそれより大きい。つまり，サービス業における賃金格差は，1－99人層で62.6％，100－499人層で67.7％水準である。ブルーカラーの労働者はホワイトカラーの労働者より，賃金格差が少ない。つまりブルーカラーの賃金格差は1－99人層と100－499人層は500人以上層に比べ，73.7％と77.4％であるのに対し，ホワイトカラーの賃金格差は各々64.0％と71.9％と，大企業との格差が大きい。また，全体的にはブルー

表2－7　米国における規模別の賃金格差

(1999年, 単位：ドル, %)

	賃金＋福利厚生費				賃金のみ			
	1－99人	100－499人	500人以上	平均	1－99人	100－499人	500人以上	平均
全　産　業 (%)	16.27 61.6	18.14 68.7	26.37 100	19	12.29 66.9	13.17 71.6	18.37 100	13.87
財の生産産業 (%)	18.98 64.5	21.58 73.4	29.39 100	22.86	13.79 70.1	14.8 75.2	19.66 100	15.84
サービス産業 (%)	15.65 62.6	16.91 67.7	24.97 100	17.82	11.95 67.2	12.59 70.8	17.77 100	13.26
ホワイトカラー (%)	19.58 64	21.99 71.9	30.56 100	23.02	14.87 67.9	16.21 74	21.89 100	17.02
ブルーカラー (%)	16.51 73.7	17.34 77.4	22.4 100	17.98	12.01 83.6	12.02 83.7	14.36 100	12.51

出典："Employer Costs for Employee Compensation 1986－1999".
US. Department of Labor Bureau of Labor Statistics, March 2000. Bulletin 2526.

カラーはホワイトカラーの70－80％の賃金水準である。

3　生産性と賃金との関係
(1)　日　　本

　日本における生産性と賃金との関係については，大企業の賃金に対する中小企業の賃金水準を表2－3が示している。製造業全体で，中小企業の賃金水準は大企業の73％を示しているが，この数字は生産性格差における中小企業の値を8％ポイント上回っている。この事実は，中小企業は大企業に比べ，生産性レベル以上に賃金支払いを受けていることを意味する。中小企業で1人の労働者が企業へ貢献した生産性（付加価値）以上を賃金として貰っていることであるが，それはあくまで大企業を基準とした場合の相対的な比較である。

　日本において，中小企業の生産性格差と賃金格差が大きい産業（賃金格差が15％ポイント以上高い産業）は家具，印刷，一般機械，電子装備であり，これらの産業での中小企業の従業員は相対的であるとはいえ，生産性以上の支払いを

受けている。特に電子装備産業では20％ポイントも格差があった。逆に，賃金格差より生産性格差がより大きい数字を示している産業は繊維産業，アパレル産業，皮革産業である。これらの産業での中小企業の従業員は生産性レベルより低い賃金支払いを受けている。その他の産業においては，生産性格差が賃金格差を多少上回っている程度である。

(2) 米　　　国

それに対し，米国における中小企業の相対的生産性レベルと相対的な賃金レベルは81％対83％であり，相対的な賃金レベルが2％程度高いものの，ほぼ同じ水準である。つまり，それは，米国においては，中小企業の従業員は労働生産性に見合った給与を受けていることを意味する。

生産性格差が賃金格差を上回っている産業は，繊維，アパレル，木材，化学，1次金属，電子装備，運送装備であり，日本より多くの産業で生産性格差が賃金格差を上回っている。その逆の場合，食品，紙，印刷，ゴム，皮革，窯業，加工金属，一般機械，器具，雑貨産業で相対的に賃金格差がより大きい。

5　日本の二重構造と米国の三重構造

1　日本の二重構造

ここでは，今までの諸格差問題の議論に基づいて日本の二重構造と中小企業について吟味する。日本の二重構造は生産性や賃金格差を基準として定義されていた。日本の二重構造論は戦後の日本の経済復興過程で，大企業と中小企業間に生産性，賃金の格差が大きく，中小企業の経済性の劣位を表したものである。つまり，1950年代の現実として中小零細企業の手作業，低機械化率，取引関係などでの非効率などが存在していて，それらを効率化すれば，日本経済はさらなる発展が成し遂げられるであろうという見方であった。それで多くの研究が日本経済の矛盾として大企業・独占の弊害と中小企業の非効率の象徴として二重構造を論じ，その是正を求めていた。その後，60，70年代の中小企業の設備近代化，機械化，生産性向上などが進められてきた。しかし，大企業と中

小企業との諸格差は依然として存在している。それは、この間、大企業の方でも生産性増大や賃金上昇が中小企業のそれに劣らない速度で進んできたことを示唆している。

ところが、80年代から日本経済においては二重構造の否定論[10]や二重構造解消論[11]、新二重構造論[12]が主張されてきた。他方で、日本経済において二重構造は実在しているという従来からの見方も依然として存在している。もちろん、二重構造をどのように定義するかによって主張の背景は異なっている。

二重構造の否定論は、法人企業の統計をベースとした主張で企業の自己資本利益率を基準としてみた場合、中小企業の自己資本利益率が大企業のそれより高いということを強調している。それにはさまざまな批判があることも事実であるが、さらに中小企業における資本金の意味をも検討してみるべきであろう。なお、その主張では賃金格差については具体的に言及していない。

二重構造の解消論は50、60年代にあったが、80年代には中小企業の機械化で二重構造は解消されたという主張である。もし、二重構造が解消したならば、それによる企業間関係や経済の構造変革は起こったのかどうかが問われる。つまり、大企業と中小企業間の生産性格差や賃金格差が解消されたとすれば、日本の中小企業の存立条件・存立形態には大変な構造変革が予想されるからである。現実の問題として、賃金格差がなくなった場合、どの程度の中小企業が生き残れるのだろうか。

では、日本における中小企業では二重構造論をどのように位置づけるべきなのか。従来、二重構造は解消されるべきものとしてみてきたが、最近の見方では二重構造のために日本経済が発展してきたという、二重構造のために中小企業が量的に拡張してきたということである。いずれにせよ、中小企業と二重構造との関係に新しい見方が必要である。

日本の二重構造論の下で中小企業が直面する矛盾といえば、技術革新の遅れであるといえる。つまり、中小企業における技術開発は進歩的であって革新的ではないと言われている。その背景には、中小企業の賃金レベルでは、高賃金の技術者や研究者を雇えないという現実があるのである。さらに、最近の先端

産業の育成という課題になると，従来の中小企業の経営方法ではとても無理であるという感がある。ここに日本の二重構造論の矛盾，中小企業理解の上での矛盾がある。

2 米国の三重構造

先述のように，米国でも大企業と中小企業との間に賃金格差がある。ただし，その格差は日本ほどではない。その格差の程度が100％（500人以上）－70％（100－499人）－60％（1－99人）の範囲内にある。さらに，重要なことは，米国では賃金格差がそれほど重大な経済問題や社会問題になっていないという点である。賃金格差は個人の所得格差につながり，社会階層間の所得格差問題を生じさせる。にもかかわらず，経済の二重構造についての研究は少ないと言っていいだろう。米国では二重構造の見方や捉え方は日本のそれと大きな違いが感じられる。また，中小企業の技術革新との関係で見れば，後述するように，米国の中小企業における技術革新が盛んであるという評価をどのように理解すればよいのか。つまり，賃金格差の下で中小企業による技術革新は進んでいるのか。それの正しい理解のためには別の見方が必要となる。

米国では大企業と中小企業との賃金格差が存在するのみならず，大企業とベンチャー・ビジネスとの間にも大きな賃金格差が存在している。つまり，先端産業のベンチャー・ビジネスでは大企業を上回る賃金水準である。図2－2のように，大企業と中小企業（Non-Knowledge-Firm）が従来型の二重構造を形成している上に，新しい知識企業（Knowledge-Firm：主に中小企業であり，ベンチャー・ビジネスであるが，大企業へ成長した企業を含む）が新しい層を形成している。したがって，米国の経済構造は三重構造であると見ることができる。つまり，高賃金を狙いにハイテク（high-tech）の技術者，経営者，高学歴の知識人たちが三重構造の先端産業に集まり，高収益率を目当てに資本がハイリスクにもかかわらず集まった。米国の経済において，この三重構造が持つ意味は，二重構造の上ではできなかった先端産業が三重構造の上で展開することができたことである。中小企業の形態でベンチャー・ビジネスが盛んになり，80, 90

第2章　日米における生産性，収益率，賃金の格差と中小企業　57

図2－2　米国の三重構造

(ドル)

――― Non-Knowledge Firms　－・－ Knowledge Firms
――― Large Firms　　　　　------ All Small Startups

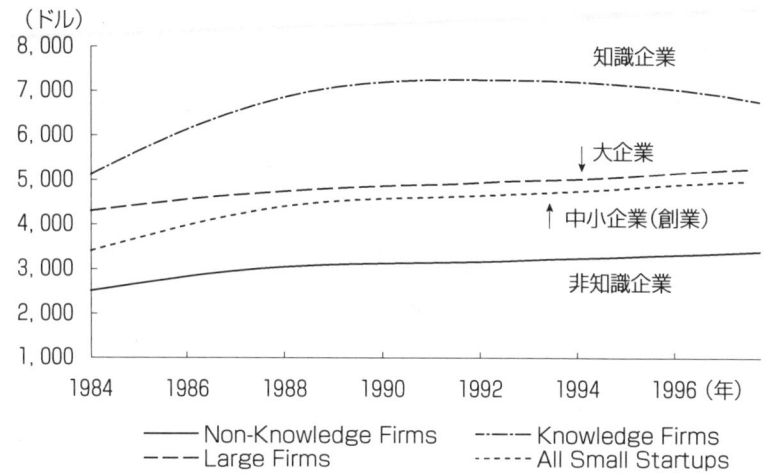

出典：Adam Keish Korobow "wage dynamics of new and small firms in knowledge and non-knowledge industries" Georgia state university 博士号論文より引用。

備考：1984年実質賃金の基準。

年代の米国の経済をリードしてきたと見ることもできる。その結果，米国の三重構造は確実な層を形成しているのである。同じ論理で言えば，日本をはじめアジアの諸国で先端産業を興そうとすれば，三重構造の形成が必要であるのではないだろうか。

米国において，この三重構造は知識企業による大企業と中小企業への影響が考えられる。つまり，知識企業の内容は主にIT産業やバイオ産業である。これらの知識・技術は大企業の成長・発展をもたらし，知識企業と大企業との関係が緊密になっていることが考えられる。また，最近の知識企業が開発した技術を取り入れている企業と，そうでない企業との格差がますます広がっていること，大企業と最近の技術を取り入れていない中小企業との格差はさらに広がることも推量される。

6 おわりに

　今まで生産性格差，収益率格差，賃金格差について，日米の実態に沿って比較してきたことについて，次のようにまとめることができよう。つまり，日米の両国に，諸格差は程度の差はあるものの，存在しているという点である。その点において，日本の中小企業と大企業との格差は構造的格差であるのに対し，米国におけるそれは，一種の合理的な格差であるように思われる。つまり，生産性格差は賃金格差に反映されている格差であり，それに対し，日本における生産性格差と賃金格差は開きが相対的に大きく，合理的な理解に苦しむ実態となっている。そこに日本の中小企業の存立形態や存立条件の多様なあり方が入り混じっているのである。

　もう一つの論点は，米国においては先端産業の発展が米国経済の「三重構造」を形成していることである。IT産業の発展が製造業の生産性やあり方を画期的に変化させてはいないものの，その影響はすべての産業へ設備投資の増加，第3次産業の増加，特にサービス産業の発展へと結びついている。この三重構造は今後米国の産業の展開の上で非常に重要な役割を演じていくものと考えられる。なぜならば，80年代以降の米国経済・産業の展開のあり方からも窺えるように，三重構造の最上層に人材，技術，資本が集積されていくことが推量されるからである。このニュー中小企業が担っている産業は経済のグローバル化によって発展のスピードを速めているし，多様な形態で展開しているのである。さらに，現実の世界経済を顧みるとわかるように，先進国や途上国では先端産業の育成に力点を置いて政策を実施しており，方法として米国のベンチャー・ビジネスというシステムを導入しようとしてきた。そこで，新しい産業の育成に人材，技術，資本を集中させ，先端産業を発展させるには従来とは異なるパターンが必要であるという点を考慮すれば，この三重構造は多くのことを示唆していると思われるのである。

注

1) 格差問題の研究は，従来多くの研究者が取り上げてきた。例えば，三井逸友『現代経済と中小企業─理論・構造・実態・政策─』1991年，青木書店。
2) 吉田敬一「日独比較研究による「日本の中小企業問題」へのアプローチ」(『中小商工業研究』第57巻，1999年10月) 54頁参照。
3) 『中小企業白書』2001年附属統計資料。
4) 同上。
5) 日本における中小企業と大企業の出荷額（製造業従業員1人当たり）の格差は大企業は中小企業の2.5倍である。『中小企業白書』2001年附属統計資料参照。
6) 斉藤克人「米国におけるITの生産性上昇効果」(財務省財務総合政策研究所『フィナンシャル・レヴュー，─1990年代の日米経済特集─』第58号，2001年7月) によると，米国でのITによる生産性上昇効果はITストックによってもたらされたと主張している。
7) 三輪芳朗「日本の中小企業の「イメージ」,「実態」と「政策」」(土屋守章・三輪芳朗編『日本の中小企業』1989年，東京大学出版会) 参照。
8) 国税庁編『国税庁統計年報書（平成11年度版）』第125回，法人税参照。
9) 清成忠男・田中利見・港徹雄著『中小企業論』有斐閣，1996年，232頁より参照。
10) 三輪芳朗「前掲論文」参照。
11) 清成忠男・田中利見・港徹雄著『前掲書』232頁より参照。
12) 高田亮爾『現代中小企業の構造分析』1989年，新評論。

第3章　日米の産業構造の変化と中小企業

1　はじめに

　本章では，産業構造の変化と中小企業を取り上げる。産業構造とはその国の産業の特徴を表すものであり，産業構造分析を通じて，その国の産業の特徴と変化の方向を長期的な視点から捉えることができる。産業構造の変化の過程で中小企業はどのように変化を遂げてきたのかが課題である。つまり，ここでは，中小企業は産業構造の変化によってどのように規定され，どのような役割を果たしているかを明らかにすることである。

　一般に，個別の中小企業は大企業より小回りが利く経営ができることから，個別中小企業は変化への対応が速い。しかし，産業としての中小企業群は産業構造の長期的な変化に対応していかなければならないため，変化が遅いことが考えられる。では，中小企業は産業構造の変化にどのように対応し，あるいは規定されてきたのかという点が問題とならざるを得ない。

　産業構造に関する見方には，次の2点が挙げられる。

　第1に，中小企業の変化は産業構造の変化に規定されるという見方である。産業構造の変化にともない中小企業の変化が進むというのは，従来の視点である[1]。産業構造の変化は一般的に見て長い時間がかかる。その変化を引き起こす要因はさまざまであるが，主なものは技術革新，市場の変化，政策などである。このような変化要因は，まず大企業へ影響を及ぼし，設備投資，市場開拓をもたらす。次いで，あるいは同時に中小企業が新しく展開している分野への

参入を試みる。このような展開過程は，今日においても米国の一部の産業を除いてほとんどの国の産業で行われている。要するに，中小企業にとって産業構造の変化に沿ってついていくことは中小企業の存立・成長条件のうち，最も重要な要素である。このことを明らかにすることは，中小企業の特徴を究明する上で基本的なものである。

第2に，最近の見方では，中小企業の活動が産業構造の変化を引き起こすという点が主張される[2]。それは，米国の中小企業の現実からの見方である。後述するように，米国での中小企業のイノベーションによってIT産業や生化学の分野が開拓されていることから見れば，中小企業が産業構造の変化を引き起こしていると言えよう。このことが中小企業で起こるということは，イノベーションが大企業より中小企業でより活発に行われ，それを中小企業のレベルで商品化しているからである。そのためベンチャー・ビジネス，ベンチャー・キャピタルの仕組みが働いていることは必要条件となっている。この事実に基づく理論は日本にはまだ適用されないが，中小企業の変化による産業構造の変化という視点から，中小企業の役割を評価する点で新たなものである。

従来の産業構造の変化と中小企業との関係を取り上げてきた研究は多くあるが，中小企業の変化を的確に捉えていたものは少ない。したがって，ここでは，中小企業の量的な変化と質的な変化を検討していくが，特に従来の研究が及ばなかった中小企業の量的な変化に焦点を置き，かつ概略的に比較することにする。

なお，日米の中小企業の研究において，産業構造と中小企業との関係を取り上げる理由は，中小企業の全体像・特徴を産業構造の中に位置づけるためである。このことを明らかにすることは，中小企業の存立条件や成長条件を究明する上で役に立ち，中小企業の土台の究明の手がかりとなるのである。

2 日本の産業構造と中小企業

従来，日本の産業構造の変化については次のような点が指摘されてきた。す

なわち，第2次産業の減少と第3次産業の増加がそれである。この点については従業員数やGDP構成の変化からも確認することができる。すなわち，表3－1を見ればわかるように，GDP基準で，第1次産業（農林水産業）では1990年と1999年の間に2.5％から1.6％（就業者構成では85年と2000年の間に8.7％から5.0％）[3]へ減少し，第2次産業（製造業，鉱業，建設業）では35.2％から29.9％（同34.1％から30.5％）へと急速に減少している。特に，製造業における就業者の減少幅は大きいものがある。それに対し，第3次産業（政府サービス業を除く）では，急速な増加を示している。特にサービス業と卸・小売業で各々同期間中2.1％ポイントずつ（サービス業の就業者は，20.1％から26.6％へ急増）[4]増加している。

このような産業構造の変化の過程においては，85年の円高による好景気（バブル景気）が90年まで続き，その後バブル破綻による不況が10年以上も続いて

表3－1　日本の産業構造の変化

	国内総生産の構成(%)			就業者構成(%)	
	1990年	1995年	1999年	1985年	2000年
農林水産業	2.5	1.9	1.6	8.7	5.0
鉱業	0.3	0.2	0.2		
製造業	26.5	23.0	22.4	25.0	20.4
建設業	9.8	8.2	7.3	9.1	10.1
電気・ガス・水道	2.5	2.7	2.9		
卸・小売業	13.2	15.2	14.5	22.6	22.8
金融・保険業	5.8	5.9	6.3	3.7	3.8
不動産業	10.6	12.0	12.2		
運輸・通信業	6.6	7.1	7.5	6.4	6.9
サービス業	16.1	17.7	19.1	20.1	26.6
政府サービス業	7.7	8.3	8.7		
合計(%)	100.0	100.0	100.0	100.0	100.0
国内総生産(実数：兆円)	464	497	522	5,807万人	6,446万人

出典：内閣府経済社会総合研究所『経済要覧』2001年，元の資料は同研究所「国民経済計算年報」。
備考：(1) 国内総生産の構成では，元の資料により合計は一致しない。
　　　(2) 就業者構成の合計はその他を含む。

表3－2　日本の中小企業の変化

（全産業：91年＝100）

	年	小企業	中企業	大企業	合　計
事業所	1991	100	100	100	100
	1993	100	97	106	99
	1996	97	105	120	99
	1999	92	102	78	94
企業	1991	100	100	100	100
	1993	96	108	126	97
	1996	94	104	123	95
	1999	88	108	59	90
会社	1991	100	100	100	100
	1993	121	108	127	117
	1996	134	107	123	125
	1999	133	111	58	125
雇用	1991	100	100	100	100
	1993	95	98	104	98
	1996	97	105	123	104
	1999	88	105	91	97

出典：『中小企業白書』2001年より作成。
備考：小企業，中企業，大企業の区分は表1－5と同じ。

いる中で，IT関連産業の発達と中小企業への導入が進んだこと，大企業のみならず中小企業の海外投資が拡大したこと，中小企業では開業率と廃業率が低下したものの，多くの産業でのスクラップ・アンド・ビルド（scrap and build）が行われ，新旧の新陳代謝が行われてきたことも特記すべきであろう。さらに，地方ではテクノパークやテクノポリスを設けて，先端産業の育成に努力してきたし，ベンチャー・ビジネスの育成のための試みも行われてきた[5]。そのほかに，1980年代以降経済のソフト化，産業構造の高度化，技術水準の高度化，経済のグローバル化などが言われてきた。このような変化を捉えていた言葉の裏面には，その結果として第3次産業の増加に収斂していたことも考えられる。

　このような変化の過程で中小企業と大企業はどのように変化していたのかに

ついてみれば，規模別の変化は，表3－2のようである。ただし，この表で99年の変化は，中小企業基本法改正後の統計であるので留意する必要がある。その点を考慮した上で，表3－2によれば，事業所と企業および雇用ベースでは変化の方向が同じである。つまり大事業所と中事業所は96年まで増加しているが小事業所は減少している。ただし，会社ベースでは，93年まで，大，中，小の規模にかかわらず増加したことは注目すべき点である。つまり，小規模の企業は急速に減少する中で，会社形態の小企業は急速に増加したことは，小企業のうち，市場や経済の変化に適応できないものは廃業・規模縮小し，それに適応できた企業は会社形態で伸びるという，企業世界の構成変化が起こっていたことを意味する。

1 製造業の構造変化と中小企業

製造業は事業所数の絶対数が減少している中で，全産業に占める比率も低下している。つまり，中小企業数は85年に81万社（うち4人以上は43万社）から2000年には76万社（同37万社）へ減少した。全産業の中の比率は就業者基準で85年25.0％から2000年20.4％へと減少したが，国内総生産基準では各々24.3％から22.4％へとわずかしか減少していない。国内総生産では技術革新などによって付加価値生産性が向上していたこと（生産システムの変化）が窺われる。製造業の減少は85年以来の円高で海外投資の増加（国内産業の空洞化），開発輸入による中小企業製品の輸入増加・競争の激化，新産業の創出の遅延，創業率の低下，廃業率の上昇などの結果であると思われる。

日本の製造業においては多様な変化を示しているが，大企業，特に1,000人以上の大企業で従業員規模の減少が目立ち，かつ小規模の企業での減少も目を引く。このことは中小企業のうち，小規模の個人事業所の減少と会社形態の企業の増加という事実と共に，日本の中小企業・製造業の構造変化を表す特徴として特記すべきことである。

日本の製造業の構造変化について規模別に見れば（表3－3(A)），事業所数と雇用において100－499人層（あるいは100－999人層まで）の減少幅が最も少なく

表3-3(A) 日本の製造業の規模別の変化（事業所単位）

	1987年		1998年			
	事業所A	従業員B	事業所C	C/A	従業員D	D/B
全体(千人)	420,844	10,738	373,713	88.8%	9,837	91.6%
4- 9	233,666	1,414	206,808	88.5%	1,231	87.0%
10- 19	85,380	1,179	73,743	86.3%	1,021	86.5%
20- 29	43,604	1,067	38,644	88.6%	944	88.4%
30- 49	22,784	886	20,797	91.2%	807	91.0%
50- 99	20,019	1,384	18,740	93.6%	1,294	93.4%
100-199	9,055	1,243	8,860	97.8%	1,213	97.5%
200-299	2,603	629	2,562	98.4%	621	98.7%
300-499	1,847	699	1,820	98.5%	694	99.2%
500-999	1,211	830	1,152	95.1%	790	95.1%
1,000以上	632	1,407	587	92.8%	1,224	86.9%

出典：『工業統計』各年より作成。

安定しているのに対し，1,000人以上の大事業所と100人以下の小事業所で減少幅がより大きい。要するに，日本の製造業では100-499人層（あるいは100-999人層）の事業所に生産活動が集中していることが窺われる。その理由としては，1,000人以上の大事業所では生産の効率化や不況によるリストラが行われているからであり，100人以下の事業所では親企業への納品の減少や問屋・小売への販売で市場力の弱い点，デザイン開発力の不足，自前のブランドを持たない上，グローバル化の影響を受けやすいためと思われる。したがって，特に100人以下層の中小企業は，従業員の比重が最も高いところであって，日本の中小企業の生産の比率の上でも中心的な地位を占めていたが，最近ではこの層の分解が進んでいると考えられる。規模別の変化について産業別に検討してみることにする。

業種別に見れば，表3-3(B)のようである。

食品産業では，1987年と98年を比較すれば，従業員20人以上では企業数や従業員数が増加しているが，それ以下では両方ともに減少している。特に300人以上の規模でより多く増加しているのは，食品産業では一定以上の規模で，あるいは大規模企業へ生産が集中していることが理解できる。

表3-3(B) 日本の産業別構成の変化　(1998年／1987年の比率)　(単位：%)

	食品		一般機械		運送機械		繊維		衣服・アパレル		化学	
	企業数	従業員	企業数	従業員	企業数	従業員	企業数	従業員	企業数	従業員	企業数	従業員
全体 (人)	92.7	109.1	101.3	101.9	191.7	60.5	40.8	38.2	95.2	87.9	100.7	97.7
4- 9	86.1	86.0	100.7	103.4	247.5	234.1	42.0	41.0	102.5	98.1	91.8	92.5
10- 19	90.1	90.1	96.6	96.7	265.8	187.2	40.0	39.5	88.8	87.9	97.4	100.0
20- 29	103.9	103.8	101.0	100.6	163.2	150	36.1	35.9	79.5	79.5	109.7	111.1
30- 49	103.7	103.1	103.5	103.0	131.6	130.8	37.7	36.8	93.3	92.8	112.0	108.7
50- 99	108.4	107.8	103	103.3	106.7	106.9	36.7	36.6	88.8	86.5	117.4	104.2
100-199	120.4	120.9	108.3	110.2	78.3	78.1	46.7	47.3	82.7	83.1	106.0	106.2
200-299	124.9	125.9	107.7	107.9	59.1	58.1	50.0	48.4	76.1	76.2	122.9	124.2
300-499	136.1	138.0	108.6	110.4	49.4	47.5	24.3	22.7	92.6	90.0	85.6	88.0
500-999	150.0	144.7	105.7	108.0	30.1	28.7	13.5	0.0	100.0	92.1	85.1	87.3
1,000以上	94.4	108.7	89.3	92.5	18.4	11.0	50.0	0.0	0.0	0.0	85.7	83.6
98年実数	41,861	1,156	42,398	1,085	27,411	543	13,482	219	29,201	492	5,426	383
87年実数	45,166	1,060	41,594	1,071	14,296	897	33,015	574	30,660	560	5,386	392

出典：『日本統計年鑑』。
備考：企業数は社，従業員数は千人。

一般機械産業では，従業員や企業数でやや増加しているし，従業員規模の10－19人層と1,000人以上層でやや減少した他は，すべての層で増加している。

運送機械産業は，企業数の倍増と従業員の急減が同時に起こっている中で，従業員規模100人以上層で企業数と従業員共に激減しているが，従業員規模が大きい企業ほど激しい減少を示している。

繊維産業は，最もドラスティックに減少した産業である。同年間に企業数や従業員数で約6－7割の減少を示している。規模別に見ても，全層において大きく減少している中で，大企業の従業員の減少は著しい。

衣服・アパレル産業は，約8割以上が従業員規模の30人以下が占めているが，同産業ではすべての層で従業員規模の減少を示している。

化学産業は，主に従業員規模300人以上層と1－4人の零細規模で大きく減少している。

その他に，表には示されていないが，印刷産業では，従業員の規模が1987年と98年の間に30人から999人までの層で増加を示し，30人以下と1,000人以上の層では減少を示している[6]。

要するに，日本の製造業では全体の規模が縮小している中で，下請中小企業が多い産業では中小企業が伸びているが，市場向けの最終製品を主に生産している中小企業では，企業数や従業員規模の減少幅が大きい。市場の変化への対応という形で産業構造が変化し，中小企業はより積極的で激しい変化を成し遂げていると思われる。

2 サービス業の構造変化と中小企業

サービス産業は，第3次産業の中で最も急速に伸びてきた産業である。サービス産業は国内総生産のうち1998年に17.5%を占めているが，それは1985年の13.9%より3.6%ポイントも増加したものである[7]。就業者数では86年の約961万人から99年には約1,368万人へと増加し，その後も急速に伸びており，今後もさらに増加することと見込まれている。

また，サービス業においては，表3－4のように，従業員ベースの変化では

表3－4　サービス業（事業所ベース）の従業員の増減

(単位：万人)

年	小規模事業所		中規模事業所		大規模事業所		計	
	実数	%	実数	%	実数	%	実数	%
1981			557	100	247	100	805	100
1986			644	115	316	127	961	119
1991	219	100	765	137	434	175	1,199	148
1996	225	102	844	151	535	217	1,380	171
1999	215	98	990	177	377	152	1,368	169

出典：『中小企業白書』各年より作成。
備考：小規模事業所，中規模事業所，大規模事業所の区分は表1－5と同じ。

　零細事業所の減少，大事業所と中事業所の増加が特徴である。81年を基準としてみた場合，大事業所は96年に約2倍以上の増加を示しているのに対し，中規模の事業所は同基準で約1.5倍の増加に止まっており，さらに小事業所はむしろ減少している。なお，1999年の統計は，先述のように，中小企業の定義の改正の影響を受けて，大事業所の数が急速に減少しているのに注意が必要である。とはいえ，サービス業における変化の担い手は主に大企業であり，中小企業は数の上では膨大であるが，中小企業中心のサービス業の変化ではないという点が特徴である。

　サービス産業の拡大は技術高度化の進展，都市化，経済のソフト化による対事業所サービス業の拡大などが大きな要因である。しかし，先端産業と関連した情報通信サービス業，ソフトウェアサービス産業は伸び率は高いものの，まだ大きな比重を占めていない。90年代に増加したサービス業は娯楽，スポーツ，パチンコ遊技場，自動車整備・修理業，機械修理業，ソフトウェア業，土木建築サービス業，個人教授などである。技術開発と間接的に関連した産業として，娯楽，スポーツ関連のサービス業が大きく伸びていることにも注目すべきであろう[8]。

　確かに，サービス業の構造変化（新事業の拡大，新技術の取り入れ）は中小企業の役割が大きい。また，サービス産業における96－99年の間の大事業所での

70　第Ⅰ部　日米の中小企業の全体像

雇用減少は，従来のサービス業における中小企業の範囲が従業員数1－50人であったものが1－100人へ拡大したので，その分大事業所の比重が減少したことによる。

　製造業においても対事業所サービス業を開始して，第3次産業の要素をより多く投入するようになったことが特徴である。つまり，図3－1のように，1980年に製造業における対事業所サービス業は3.1％しか占めていなかったが，95年には6.1％と約2倍も増加した。それに対し，教育研究のサービス業も同期間中に1.7％から4.5％へと約3倍弱も増加している。それに対し，商業や電力，金融などはわずかにしか増えず，運輸やその他ではむしろ減少している。さらに，IT産業の発達によってBtoBの拡大が予想されているので，対事業所サービス業はより拡大することと推量される。

　要するに，日本の産業構造の変化と中小企業の対応では，製造業では中小企業・中堅企業に集中し，大企業や小企業の減少が特徴である。それは，大企業における非効率の問題でリストラが行われていることを示しているし，小企業

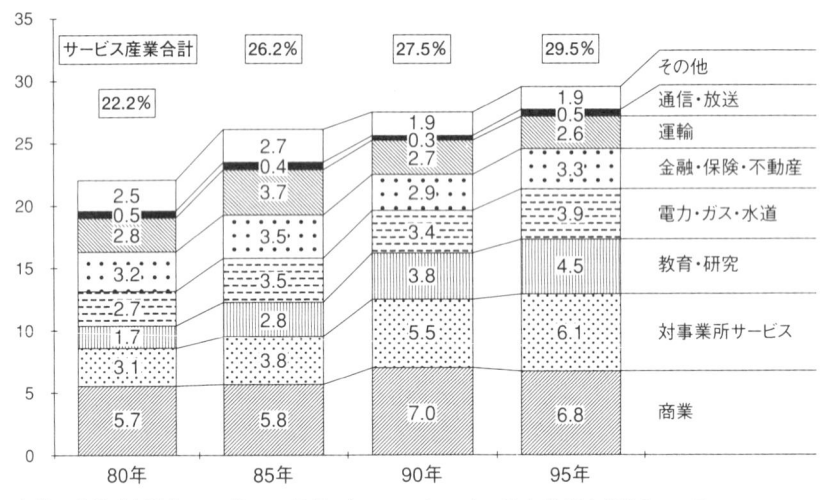

図3－1　製造業生産額に占める第3次産業の投入比率

年	商業	対事業所サービス	教育・研究	電力・ガス・水道	金融・保険・不動産	運輸	通信・放送	その他	サービス産業合計
80年	5.7	3.1	1.7	2.7	3.2	2.8	0.5	2.5	22.2％
85年	5.8	3.8	2.8	3.5	3.5	3.7	0.4	2.7	26.2％
90年	7.0	5.5	3.8	3.4	2.9	2.7	0.3	1.9	27.5％
95年	6.8	6.1	4.5	3.9	3.3	2.6	0.5	1.9	29.5％

出典：『商工金融』2000年，10月号（ニューサービス業実態調査報告）32頁。
資料：通産省「産業構造審議会WTO部会サービス貿易に関する小委員会中間報告書」（平成11年2月）より一部修正。

では市場への対応(独自的な製品開発の能力,デザイン力などの劣位などの問題)に限界があることを反映していると思われる。

3 米国の産業構造と中小企業

米国の産業構造は,表3-5のように変化している。雇用基準で見れば,1988年と96年とでは農業の比重が日本のそれの10分の1の水準であり,製造業の比重は1996年に18.1%であるので,日本のそれ(20.4%)よりやや低い。また,建設業の比重は5%を占めており,日本のそれの2分の1の水準である。それに対し,第3次産業のうち,サービス業は34.9%を占めており,日本のそれ(26.6%)よりはるかに高い。しかし,サービス業の比重の伸び率は日本の方がより高い点は注目すべきである。また,製造業,建設業,卸売業,小売業,金融・不動産業などではその比重が低下した。

米国の産業構造の特徴は,サービス産業を含む第3次産業の比重が日本のそれよりかなり高いという点である。第3次産業における雇用の比重は,米国が

表3-5 米国の産業構造

	企業				雇用			
	1988年		1996年		1988年		1996年	
	千社	%	千社	%	千人	%	千人	%
合　計	4,954	100.0	5,478	100.0	87,884	100.0	102,187	100.0
農　　業	78	1.5	111	2.0	471	0.5	664	0.6
鉱　　業	25	0.5	21	0.3	736	0.8	574	0.5
建　　設	572	11.5	651	11.8	4,995	5.6	5,207	5.0
製　　造	320	6.4	332	6.0	19,234	21.8	18,558	18.1
交　　通	173	3.5	217	3.9	5,293	6.0	6,057	5.9
卸　　売	368	7.4	416	7.5	5,994	6.8	6,664	6.5
小　　売	1,094	22.0	1,103	20.1	18,867	21.4	21,487	21.0
金　　融	402	8.1	453	8.2	6,662	7.5	7,185	7.0
サービス	1,921	38.7	2,175	39.7	25,252	28.7	35,747	34.9

出典:『アメリカ中小企業白書』各年より作成。

75.3%と日本60.1（その他を含めると約64%を占める）%より10%ポイント以上も高い。この第3次産業における雇用の比重が75%という水準は，日本においては東京，大阪，福岡などの都市経済における水準と同じであることから[9]，米国の経済構造，産業構造の特徴が理解されよう。問題は，日本の第3次産業が今後どのような展開をするのか，あるいはどのようなプロセスを経て米国のような水準へ上昇していくのかである。そのときに，その担い手は中小企業なのか，それとも女性企業家なのか。つまり，米国のサービス産業の増加期において女性企業家の増加をもたらしたが，日本ではその動きは微々たるものであった。

米国において大企業の雇用比率が高く中小企業の比率が低い産業（大企業従業員の比率（%））は[10]，通信産業（63.6），鉱業（61.0），製造業（61.5），金融・不動産業（57.0），サービス業（43.6），小売業（48.0），卸売業（32.9）であり，中小企業の雇用比率が高い産業（同）は，農業関連サービス業（10.9），建設業（10.6），次にサービス業，販売業である。一方，小売業・卸売業・サービス業において「100人以下を中小企業」とみなすと，その比重は60%以上となる。20人以下の零細企業の比率は，農産物加工などの農業関連サービス（57.0），建設業（43.8），卸売業・小売業・サービス業で20－40%である[11]。

以上のことから見れば，自営業（self-employment）を除いた統計ではあるが，米国の産業の中心軸をなす企業の統計であるが，小規模の比重は，日本と比べ非常に低い。米国の産業構造は大企業や中堅企業の比重が高いことを再度確認すると共に，零細，中小規模の企業経済構造であることをも理解しなければならない。

1　製造業の構造変化と中小企業

米国の製造業は，表3－6のように，1988年に37.0万社から95年には33.6万社へと約10%減少した。そのうち，最も大きな比重を占めている産業は，企業数ベースで機械関連産業が約25%を占めている他に，印刷業（17.8%），木材産業（10.6%），加工金属産業（9.7%）であるし，従業員ベースでは機械関連産業

第3章　日米の産業構造の変化と中小企業　73

表3－6　米国の製造業の構造

	社数				雇用		収入額	
	1988年		1995年		1995年			
	社	%	社	%	千人	%	億ドル	%
食　　品	17,841	4.8	16,728	4.9	1,653	8.9	4,486	13.1
タ バ コ	79		81		45		290	0.8
繊　　維	8,258	2.2	5,303	1.5	649	3.5	780	2.2
衣　　類	22,378	6.0	22,814	6.7	953	5.1	691	2.0
木　　材	27,078	7.3	35,743	10.6	750	4.0	970	2.8
家　　具	13,114	3.5	10,858	3.2	517	2.8	510	1.4
紙	5,040	1.3	4,365	1.2	682	3.7	1,466	4.2
印　　刷	63,776	17.2	60,027	17.8	1,601	8.6	1,829	5.3
化　　学	12,159	3.2	8,640	2.5	1,080	5.8	3,576	10.4
石 油（炭）	1,529	0.4	1,129	0.3	144	0.7	1,612	4.7
プラスチック	12,108	3.2	13,703	4.0	1,041	5.6	1,356	3.9
皮　　革	2,807	0.7	1,794	0.5	99		94	0.2
窯　　業	14,136	3.8	12,118	3.5	520	2.8	717	2.0
一 次 金 属	6,848	1.8	5,504	1.6	707	3.8	1,633	4.7
加 工 金 属	34,500	9.3	32,960	9.7	1,496	8.1	1,941	5.6
機　　械	60,053	16.2	52,435	15.5	2,012	10.9	3,004	8.7
電子・電機	19,469	5.2	14,887	4.4	1,670	9.0	2,593	7.5
運 送 機 械	10,783	2.9	9,846	2.9	1,670	9.0	4,774	13.9
一 般 機 械	12,259	3.3	10,167	3.0	902	4.8	1,386	4.0
そ の 他	25,853	6.9	17,564	5.2	410	2.2	457	1.3
合　　計	370,068	100.0	336,666	100.0	18,421	100.0	34,165	100.0

出典：『アメリカ中小企業白書』。

が約33%を占めており，そのほかに食品産業（8.9%），印刷業（8.6%），加工金属産業（8.1%）である。また，1988－95年間に相対的比重が増加した産業は食品，衣類，木材，印刷，プラスチック，加工金属のみであり，その他，一次金属，機械，電子産業では少量であるが，減少している。

　米国の製造業における雇用の規模別構成は，表3－7のようである。日米の製造業の従業員構成において，大企業における比率が決定的に異なっているし，次に中小企業や零細企業における構成も大きな開きがある。それは，日本

表3－7　日米における製造業の従業員規模別比較

(単位：%)

従業員規模	米国の製造業（1995年）	日本の製造業（1998年）
20人未満	7.2	22.8
20－99人	14.7	30.9
100－499人	16.5	25.6
500人以上	61.0	20.4
合計	100.0	100.0
実数(千人)	18,421	9,837

出典：米国は『アメリカ中小企業白書』，日本は『日本統計年鑑』。

の工業の生産システムが下請制度に基づいていることから，組み立ての親企業では従業員の集中が少なくて済むようになる。それに対し，米国の工業では一貫生産・内製率が高く，大企業に従業員の集中が目立つ。

米国の工業構成では，中小企業の雇用の比重が50％以上の産業はアパレル，木材，その他産業であり，30％以下は食料品，繊維，紙産業，化学，石油，ゴム，一次金属，電子，機械，運送，光学機械であり，45-55％前後の産業は家具，印刷，皮革，窯業，加工金属，一般機，コンピュータ製造などである[12]。

1988-1995年の間に製造業のうち（表3－6），企業の絶対数が増加したのは，アパレル産業（衣服製造），木材産業，ゴム及びプラスチック製品産業のみであり，その他の産業は軒並みに減少した。減少した産業のうち，その程度が大きい産業は繊維産業，皮革産業，石油及び石炭産業，化学関連産業，雑貨などである。また，減少率が比較的少ない産業は，加工金属，印刷，出版，食品産業，運送装備産業で基準年度の中小企業数の85％以上の水準を維持している。全体として製造業の地位が低下してきたが，そのうち一部の産業では増加を示したこと，特に中小企業数が増加したことは，これらの産業では，中小企業が産業の主軸であり変化の中での適応の主役であることが考えられる。

産業構造（製造業）の変化要因が米国の産業構造をどの程度作用したのかについては，技術的要因よりも，市場的要因，輸入の問題に大きく左右されているといった方が，現実的・短期的見方としてはより合理的であるように思われ

る。製造業全体の規模が縮小していく中で，中小企業が技術による産業の開拓，個別の中小企業が大企業への急成長があるとはいえ，米国の製造業における中小企業の役割は大きくないように見える。

2 サービス業の構造変化と中小企業

米国のサービス業は企業数で見れば，表3－8のように，1988年の約98万社から95年の約212万社へと増加し，従業員は95年に約3,470万人に上る。米国の主なサービス業は雇用の基準で，健康，ビジネス，専門サービス（会計士等），社会サービス，会員組織サービス，教育サービスなどである。これらのサービス業のみでサービス業全体の約80％を占めている。

米国におけるサービス産業の変化についてみれば，表3－8のように，サービス産業における企業数の増加には目を見張るものがある。1988－95年の間に

表3－8　米国のサービス業の構造

	社数(社)			雇用(千人)		収益(億ドル)	
	1988年	1995年		1995年		1995年	
ホテル	39,013	46,734	22.0%	1,601	4.6%	838	3.9%
個人	106,277	173,779	8.1	1,297	3.7	499	2.3
ビジネス	293,646	304,677	14.3	6,951	20.0	3,855	17.9
自動車	110,036	159,208	7.5	1,023	2.9	853	3.9
その他，修理	83,324	69,338	3.2	459	1.3	379	1.7
写真	12,897	32,190	1.5	519	1.4	553	2.5
遊興	44,441	87,961	4.1	1,345	3.8	798	1.8
健康	93,546	425,349	20.0	10,991	31.6	7,101	33.0
法律	29,961	158,946	7.4	961	2.7	1,107	5.1
教育	21,683	41,106	1.9	2,072	5.9	1,122	5.2
社会	27,834	115,682	7.3	2,305	6.6	860	4.0
動・植物園	1,416	3,477	0.1	76	0.2	41	0.2
会員組織	56,812	238,430	11.2	2,158	6.2	1,100	5.1
その他	65,592	13,848	0.6	100	0.3	124	0.6
専門サービス		251,371	11.8	2,842	8.1	2,652	12.3
合計	986,478	2,122,096	100%	34,700	100%	21,882	100%

出典：『アメリカ中小企業白書』各年より作成。

2倍以上の増加を示した産業は，健康管理サービス（同期間中，4倍以上），法律サービス（同5倍以上），社会サービス（同4倍），会員組織サービス（同4倍），劇場，動・植物園関係（同2倍以上），コンサルティング，会計士，エンジニアリングなどの専門サービス業である。

1988年に大きな比重を占めていたサービス業のうち，伸び率が比較的少ない分野は，対事業所サービス（1985年から95年に，29万社から30万社へ），不動産業（同18万社から22万社へ），対個人サービス（同10万社から17万社へ），自動車整備（同11万社から15万社へ）等である[13]。

サービス業における大きな変化の波は，都市化，高所得，好景気，高齢化と共に，消費者の関心（生き方）の変化による変化であると理解されよう。つまり，米国におけるサービス産業の増加はIT技術産業の拡張，国際化や社会ニーズの専門化等によるものと思われる。また，80，90年代の米国経済の発展，ストック経済の進展によるサービス需要の増加，その他高齢化社会の到来等もサービス業の拡大要因である。サービス産業の分野には，海外からの影響は少ないが，技術革新を取り入れた展開が多いことから考えると，80年代以降の米国におけるイノベーションは製造業に及ぼした影響より，サービス産業への影響がより大きい（技術の特性の要因もあるが）とすれば，イノベーションに対応する評価を新たに行うべき課題となることが考えられる。

企業数が減少したのは，銀行，家具店，アパレル店，卸売，総合スーパー，ビルディング管理・メンテナンス，家庭生活関連，資材販売所等である[14]。これらの職種は販売業，銀行関連分野なので，サービス産業とやや異なるが，サービス産業の大幅な増加に対し，販売・銀行関連で企業数が減少したのは興味深い。

要するに，米国におけるサービス産業の展開のあり方から米国社会の一側面を窺うことができる。つまり，最近大きく伸びているところは法律，健康，専門サービス，社会や会員組織，教育，遊興などであり，この方面でのサービス業の発展が米国社会の変化につながっているものと考えられる。

表3－9　日米における卸売業と小売業の比較（従業員）

（日本1999年，米国1997年）（単位：％）

	卸売業	小売業	計
米　国	6.6	21.0	(27.6)
日　本	10.8	19.9	(30.7)

出典：『中小企業白書』2001年，『アメリカ中小企業白書』1997年。
備考：小売業に食堂を含む。全産業に占める比率を示す。

3　卸売業・小売業の構造変化と中小企業

　米国における卸売業・小売業の比較においては，表3－9のように，日本では卸の比重が米のそれよりかなり高いのに対し，日本での小売業の比重は米のそれより低い。日本における卸売業の地位や役割が高いことが窺われる。米国では小売の多様なタイプの展開，小売業の発達が考えられる。日本では小売業の成長が1960年代のスーパーの登場から小売業界の地殻変動を起こしてきて80年代から卸抜きの取引が行われているが，米国と比べては卸の地位は相対的に高い。

　そのほかに，米国の金融業は6.7％の地位に対し[15]，日本のそれは3.6％に過ぎず[16]，米国の半分の地位である。全体としてサービス業・第3次産業の米国と製造業の日本という産業構造が推量されよう。

4　おわりに

　産業構造の変化と中小企業について，主に量的変化を中心に見てきた。およそ次のようにまとめることができる。

　日本における産業構造の変化は，製造業の地位の低下とサービス業の地位の上昇があるものの，第3次産業の比重が60％水準であり，米国の73％水準とはかなりの開きがある。このような産業構造の下で変化が大きかったのは，製造業，サービス業，卸売業・小売業であった。

製造業においては，日本では100-999人層への集中と大企業と零細企業の大幅な減少が特徴である。それに対し，米国では製造業全体の緩やかな減少の下で規模別地位の変化が少ない。大規模では米国の比重が高く，中規模や零細規模では日本の比重が高いことが日米の製造業の比較の上での特徴である。それは，日本の下請生産システムと米国の一貫生産（相対的に高い内製率）によるものと思われる。

米国のサービス業では100人以上の企業で増加し，100人以下の層（1-4人，5-9人，10-19人，20-99人）で軒並み減少している。それに対し，日本のサービス業では中規模（4-50人）と大規模（50人以上）で増加しているが，特に50人以上の大規模でより急速に増加しているのが特徴である。また，日本のサービス業では1-4人層が16％（96年）を占めているのに対し，米国では1-4人層が6.5％（95年）しか占めていない。このサービス業の零細性は日本のサービス業の特徴である。

販売業では，日本での卸売業での従事者の比率が高く，米国では小売業の比率が高い。この違いは，日米における流通のあり方の違い（日本の多段階の卸売業の構造に対し米国の直取引の多さの違い）によるものと思われる。

日本の産業において，零細規模の企業の地位が低下する中での産業構造の変化は中規模や大企業によって担われていると結論づけられよう。

注

1) 吉田敬一・永山利和・森本隆男編『産業構造転換と中小企業』ミネルヴァ書房，1999年，篠原三代平『産業構造論』筑摩書房，1985年参照。
2) 清成忠男・田中利見・港徹雄『中小企業論』有斐閣，1996年，第1章第3節「産業構造の変化と中小企業」，清成忠男『ベンチャー・中小企業優位の時代』東洋経済新報社，1996年参照。
3) 総務省『日本統計年鑑』各年より計算。
4) 同上。
5) 関満博・加藤秀雄編『テクノポリスと地域産業振興』新評論，1994年。
6) 総務省『日本統計年鑑』1987年，98年参照。
7) 同上。

8) 商工総合研究所「ニューサービス学実態調査研究報告(1)」(『商工金融』2000年10月号)。
9) 朝日新聞社『'01民力』2001年（1995年国勢調査資料）によると，東京，大阪，福岡の3次産業の比率は各々73%（23区），67%（都市圏），80%（市内）である。
10) 『アメリカ中小企業白書』1988年，95年参照。
11) 同上。
12) 同上。
13) 同上。
14) 同上。
15) 同上。
16) 『中小企業白書』2001年，付属統計資料参照。

第4章　日米の中小企業の存立構造と成長条件

1　はじめに

　本章では，中小企業の存立構造と成長条件を取り上げる。中小企業の存立構造の研究は，個別中小企業の経営のあり方から見た中小企業の全体像を究明することであるので，産業構造から見た中小企業の全体像とも異なる意義を持っている。つまり，大企業の競争上の優位性が展開されている中で，厖大な中小企業群が形成され，営むことができたのはなぜかという根本的な問いへの追究でもある。

　日本の中小企業研究において，存立構造をめぐっては多くの研究が行われてきた。周知のとおり藤田・小宮山の論争は有名である[1]。その後，中小企業の存立条件の多様性については多くの研究が進められてきた[2]。今日においても中小企業の本質・存立条件をめぐって議論は続いている[3]。最近の論点は，グローバル化やベンチャー・ビジネスの導入によって，従来の中小企業の存立条件の枠組みでは捉えきれない中小企業が増えていることを意味し，新しい中小企業の存立条件の研究が要求されている点である。

　ここでは，中小企業の存立条件の日米比較を行うに際して，存立条件と成長条件を共に検討する。なぜならば，中小企業は存立のみに満足せずに，ベンチャー・ビジネスのように成長を目指しているからである。さらに海外投資や企業間関係の国際的な展開が広がっている事実がある。

　中小企業の存立条件からのアプローチは日本的視座であるといえる。つま

り，中小企業の存立条件は企業間関係からのアプローチであり，個別企業の集合体として類型論的な見方である。それに対し，成長条件は企業と市場との直接的な関係で論じられる場合が多く，どちらかといえば，米国的な視座である。したがって，存立条件と成長条件を同時に論じることは，企業間関係で存立している部分と直接的な市場関係で存立・成長している部分が共存していることを意味する。

　ここで，存立構造という用語は存立形態と存立条件を合わせた意味である。したがって，存立構造は中小企業の企業間関係の視点からのアプローチを意味する。

2　日本における中小企業の存立構造と成長条件

1　中小企業の存立構造

　日本における中小企業の存立条件の研究は，1930年代からの下請中小企業をどのように理解するかという課題からはじまり，その研究過程で既存の問屋制との関係において中小企業の存立構造論が形成されてきた。そこでは販売のあり方を基準とした枠組みが採用された。つまり，技術や金融や労働力などは存立条件の基準とはされず，親企業と下請企業間の関係—需要の安定，販路の安定が他の中小企業と比べて特徴として浮かび上がったことから，販売のあり方が中小企業の存立条件の基準とされたのである。その結果，下請中小企業，問屋制中小企業（問屋制家内工業，問屋制マニュファクチャー，新問屋制工業），独立系企業（その他の自前販売による工業）が存立条件の基本枠組みとなった。従来基本的にこの枠組みの中で中小企業の存立条件は理解されてきた。ただし，最近の中小企業の展開は非常に多様であり，かつ急成長を遂げている中小企業もより多くなり，これらの中小企業の理解に従来の中小企業の存立条件の枠組のみでは捉えきれないという点に問題がある。したがって，ここでは成長の条件を考慮することで，日本の中小企業の全体像の理解に接近してみる。

　また，中小企業の存立条件の研究は，類型論によるアプローチであるので，

明確に統計的に，かつ法則性をもつ理論にすることは難しい。一般的に下請中小企業は中小企業の約45％[4]を占めているということで，日本の中小企業の根幹を成しているものである。次に，問屋制中小企業は明確には把握できないが，地場産業のあり方やその推移から見て20％前後[5]を占めているものとして考えられる。その他は独立系の中小企業とみなしたい。では，次にそれぞれについて概略的に述べることにしよう。

(1) 下請制中小企業

　日本の中小企業のうち，最も大きな比重を占めているのが下請制中小企業である。周知のように，下請制中小企業は親企業からの注文に基づいて部品を製造し，親企業へ納入し，その代わりに代金を受け取ることで基本的に成り立つ仕組みである。このような企業活動（外注・受注と製造―納品のプロセス）は世界中どこでもあり得ることであるが，論点とされたのは，このような企業活動が長期相対取引を形成していること，その他親企業と下請中小企業間の単価決定過程などで支配・従属的な関係，技術開発や導入・指導などで協調関係，契約書なしの経済行為ができる信頼関係などの特徴を形成してきた。それは下請中小企業の製品は主に部品であり，取引は組み立ての親企業に限定されるという側面が大きく働いている。その具体的なあり方では，親企業への専属的な関係の下請中小企業や下請中小企業の存立に係わらない程度の注文量の依存度など多様である。リスクを分散するため親企業は複数の外注先を確保したのに対し，下請中小企業も複数の親企業（納入先）を確保しようとしてきた。なお，下請中小企業は長年の反復的業務の上で生産技術の向上，効率のよい技術を発展させてきたので，その点での評価は高いと言える。そのことが日本の大企業を支えてきたのである。他方，下請中小企業は，その技術蓄積の上で，独自の製品・商品作りに乗り出したり，あるいは他企業との連携で異業種交流によって新しい商品を作ったりすることについても評価してきた。このような下請中小企業の展開が日本の中小企業の強みである。

　最近の下請制中小企業はIT産業の発展を利用し，部品の調達や供給の方法に変化が起こっていることは周知のとおりである。1つは取引先の集中化であ

り，もう1つは取引先の分散化・拡大である[6]。取引先の集中化は条件に合う企業（サプライヤー）に注文を集中させ，低コストを実現する狙いがある。また，取引先の分散化・拡大はIT技術を行使し，条件に合う企業を地球規模で探して取引を行う。なお，80年代からの日本企業の海外進出によって下請企業の空洞化が起こり，下請中小企業の整理・再編を促してきた。その結果，下請中小企業の割合は相対的に低下し，80年代に中小企業の65％を占めていたものが最近では約45％へと低下した。

(2) 問屋制中小企業

問屋制中小企業は，主に消費財・最終製品を作り，市場販売を基本とする過程で，中小企業の販売力欠如によって，問屋へ販売を依頼せざるを得ない。そこから問屋と中小企業との長期相対的取引関係が形成されてきた。この場合，問屋が資本と技術・アイディア，原材料を中小製造業者へ提供して製品を引き取って販売する。つまり，中小製造企業は問屋の注文に依存する。基本的に，親企業と下請中小企業との関係と，問屋と中小企業との関係は似通っているが，資本の性格が異なる点が大きな違いである。下請制中小企業の製品は工場間の移動・取引であり（工業資本間の取引），問屋制中小企業の下では中小製造企業は問屋との取引関係（工業資本と商業資本間の取引）である[7]。

このような原理的問屋制中小企業の他に，さまざまな形態が派生的に生まれてきたこともよく知られている。

問屋制中小企業は日本の中小企業の存立構造の原点に位置するものであり，歴史的に見て，中小企業の成長・発展に大きな貢献を果たしてきた。しかし，経済の発展過程の中で中小企業の発展（生産力の上昇）と小売業の成長によって，多様な取引パターンが生まれてきた。その結果，問屋制中小企業の地位（産業や業種によって異なるが，中小企業の地位は約20％前後と推定）は低下してきた。

(3) 市場制（独立自営）の中小企業

ここでは，まず，従来独立自営の中小企業と言われていた中小企業を市場制中小企業と呼ぶことにする。その理由は，下請制，問屋制に対する用語として

市場制と位置づけたいからである。つまり，市場制の中小企業は最近重要な地位を占めるようになってきた。それは，ベンチャー・ビジネスの発展，独立自営の中小企業が増加してきたことで数的に増えてきたからである。市場制中小企業には，製造の中小企業が小売業と直接取引を行うもの（小売制中小企業と名づける）と消費者との直接取引を行うものがある。市場制中小企業が中小企業の存立条件の一角を占めるようになったのは，小売業の発展と中小製造業の発展があったことを挙げなければならない。小売業には，チェーン化した小売業者（FC，VC，RCなど）から単店の小売業者まで多様である。産業や製品によっては，市場制中小企業の営業範囲（取引額）が問屋制中小企業を上回っていることもある[8]。

　小売業は60年代のスーパーの登場，70年代からのチェーン店の発達によって，小売業の仕入れは，問屋を通さず，製造企業との直接取引が多くなってきた。他方，製造中小企業も60年代の設備近代化によって生産性向上をもたらし，問屋の販売力を上回る生産能力を持つようになり，次第に問屋との取引にすべてを依存することには無理が生じはじめた。そこで中小製造企業は独自の販売ルートを開拓することになり，大手小売やチェーン店との取引が増加したのである。さらに，都市化の進展や技術進歩によって，製造中小企業は消費者への直接販売の方法も多様化してきた。とはいえ，従来の消費者向け直販の中小企業はニッチ市場的なマーケティングであるので，成長には限界があったのである。

　市場制中小企業は下請制中小企業，問屋制中小企業以外を意味するので約35％前後を占めているものと推定される。市場制中小企業と問屋制中小企業との違いは，問屋制では在庫を問屋が確保していたのに対し，市場制中小企業では在庫を中小メーカーが確保する傾向が強い点であろう。市場制中小企業は今後，ベンチャー・ビジネスの発展，経済のオープン化やグローバル化によって，また最近のIT技術の影響を受けてますます発展していくものと考えられる。

(4) ベンチャー・ビジネスの存立形態

　後述するように，ベンチャー・ビジネスはアントレプレナーシップとイノベーションをベースとして形成され，その上エンジェルやベンチャー・キャピタルの投資家，インキュベーターやメンターの支援，ストック・オプションの制度，さらにNASDAQなどの資本市場を備えているシステムの上で存立・成長する。ベンチャー・ビジネスの販売は，他の企業への従属的形態で販売活動をする企業は少なく，広告を通じて消費者に直販，小売店を通じて販売する方法が多い。ベンチャー・ビジネスにおける存立条件は，技術開発の段階では技術の内容が問われるが，その段階を過ぎればベンチャー・ビジネスにとっても販売こそが最大の課題となる。ベンチャー・ビジネスの失敗の多くは販売問題にあるという点も考慮しなければならない。

2 中小企業の成長条件

　日本における中小企業の研究で，中小企業の成長条件を論じたものは少ない[9]。その背景には，中小企業は成長して大企業になるという発想が少なかったためと思われる。他方，中小企業の成長を見込んで中堅企業論が主張されてきたが，その実態はそもそも中堅企業として出発したもの，長い期間にわたって中小企業から中堅企業へ成長したものが考えられるが，中堅企業も中堅のままで維持して成長のスピードが感じられない場合が多い。とにかく，日本の中小企業は中小企業のままの経営（もちろん20－30人の規模がその規模以上に成長した例は多くあるが，大きな変化はない）・生産活動を維持してきたものが多い。とはいえ，中小企業の中でも一定の範囲内で成長した企業，さらに中小企業から大企業へ成長した企業はどのような成長条件に適合していたのか。中小企業の存立条件と関連づけて考えるとわかりやすいと思われる。

　下請制中小企業の成長条件は，注文量の拡大が第1条件として考えられる。その場合，専属や大口の注文を受けている下請中小企業は，その注文量の拡大は親企業の需要の拡大に制限されつつ，競合相対（複数企業からの納入の場合）との品質，納期，価格の条件に合う経営を行わなければならないであろう。下

請中小企業のイノベーションはこのような経営の延長線上のものである。それに対し，大口の注文が少なく，多数の親企業からの注文（外注）に頼る下請中小企業（部品メーカー）は需要拡大のため，より外注先の企業数を増やし，同じく品質，価格，納期の条件を改良し続けなければならないだろう。あるいは，下請企業は手持ちの技術を生かして，独自の製品開発によって自前の製品を保有する場合がある。この場合にも技術（イノベーション）は進歩的なイノベーションである場合が多い。下請の企業は基本的に親企業の企業戦略によって規定される側面が大きい。したがって，独自の戦略による成長は少ないように思われる。

問屋制中小企業の成長条件は，販売量の増大の要因として市場の要素に合致した製品開発（価格，品質），取引企業との販売方法の改善であろう。問屋制中小企業の製品開発は，従業員や経営陣による経験的な製品開発が主流をなしており，規模の大きい中小企業のうち（家具産業で100－150人以上の企業，眼鏡枠産業でも100－200人以上）で製品開発の専門要員を雇っている企業は多い[10]。また，問屋制中小企業の生産の中心は150人以下の層の企業が中心をなしている（従業員の約60－70％）[11]。これらの企業は生産過程に経営資源を集中するのに精一杯であり，販売の方法では市場の流れに沿った方法を採るしかない。

市場制の中小企業のうち，問屋制の枠組みを超えて展開する企業は，比較的大きい規模へと成長を遂げないと存立できないこともあって，100人以上の規模へ成長したものが数多くある。しかし，ビッグビジネスへの成長は少ない。他方，従来から主に地域需要向けの中小零細企業では，経営資源の確保などに制約が多く，大企業への成長は制限されている。

日本におけるベンチャー・ビジネスの成長は，米国のベンチャー・ビジネスのそれより遅いということが言われている。後述するように，米国のNASDAQに上場されている企業のうち，上位20％の企業の成長スピードと日本のそれとはそれぞれ年平均183％と33％であり[12]，かなりの格差が存在する。また，日本のIT関連の中小企業では，仕事の流れが下請的なものが多いという。この点は，ベンチャー・ビジネスの展開が米国流の企業間関係による発展よりも，

日本的な仕組みによる発展が大きな位置を占めることが予想される。

以上のことから，日本の中小企業の成長条件は，その存立形態や存立条件に大きく制約されがちである。

3 | 米国における中小企業の存立構造と成長条件

米国の中小企業の存立形態は，中小企業が製造・販売を自己責任で行っており，大企業とも競争して市場条件に適う製品を出荷しない限り存立し得ないため，販売の形態によって異なる存立形態を捉えにくい現実がある。

1 米国における中小企業の存立構造

(1) 日本における米国中小企業の存立条件の研究

英米における中小企業の存立条件についての研究は，2つの視点からなっている。1つは中小企業の適正規模論であり，もう1つは大企業の市場開拓不十分論とも言えるものである。

まず，適正規模論は中小企業は適正規模で操業しているので，大企業や零細企業より生産性の面で合理的であるということで，マーシャル（A. Marshall）以来の理論的主張となっている[13]。この議論は観念的，理論的であるため統計的・現実的実証がかなり難しい。つまり，存立条件は生産コストの効率性のみに頼っているとは限らないからである。

もう1つの論点は，効率的な大企業が何らかの理由で市場開拓を十分行っていないため，その部分のニッチ市場で中小企業が存立しているに過ぎず，大企業が本格的に市場開拓を行う場合には，中小企業は消滅するだろうという主張である[14]。しかし，現実のニッチ市場は多様かつ小規模であるので，大企業のニッチ市場開拓は非合理的であるという点を，この主張は看過している。

(2) 部品製造中小企業の企業間関係から見た存立条件

日米の組立産業における部品調達の方法の違いについては多くの研究が行われてきた。それらの研究によると，米国の組立産業では，比較的内製率が高

く，組立企業と部品製造企業との関係は契約的・スポット的取引であり，日本の重層的下請構造とは異なりフラットな構造（多数の一次下請的なイメージ：日本の重機産業のような構造）が指摘されてきた。しかし，実際においては，契約はするけれども，日本の長期相対取引に準じ，結果的には長期的取引を行っている場合が多い。また，組立企業と部品製造企業との間には，日本においては設計段階から両者の協調による「承認図メーカー」の働きがあるのに対し，米国においては組立企業側が設計図を部品製造企業へ貸与する構図，つまり「貸与図メーカー」が指摘されてきた[15]。最近の米国においては日本的な要素を取り入れ，日本においては米国的な要素を取り入れようとしているので，両者は生産システムが合理的になり，収斂していくように見える[16]。

　要するに，米国における部品製造の中小企業は，日本に比べ，自由，独立な経営活動を行っているが，販売基準から見て不安定な要素を多く抱えている。そのため，企業内の雇用，業績などの変動が大きく，企業間の吸収，合併，販売，倒産の動きも活発である。

(3) 最終消費財を製造する中小企業の企業間関係から見た存立条件

　米国における最終消費財を生産する中小企業は，消費者へ直接販売する方法（インターネットやe-mail，通信販売），卸売業者へ販売，小売業者へ販売，中間のブローカーへの販売の方法がある。問題は卸売業者，小売業者，ブローカーへの販売において，企業間関係がどうであるのかにある。しかし，卸売業者（ブローカーを含む）との関係や小売業者との関係については別の研究に委ねることにし，ここでは日米の流通構造を窺うことができる総量（卸売の総額と小売の総額との関係）的な次元での言及に止めることにする。

　米国の流通構造は，日本とかなり異なっている。つまり，日本では卸売業者の地位が高く小売業者の地位が低いのに対し，米国では逆である。例えば，日本のW／R（卸売業の販売額／小売業の販売額）は，日本の場合が3.0前後であり[17]，米国の場合が1.8前後である[18]。日本は卸売業の段階が多いのに対し，米国は小売業の段階が相対的に多い。言い換えれば，日本では需給調整機能を卸売業が果たしているのに対し，米国ではその機能を卸売業者が十分果たして

いないので，小売段階と製造・輸入業者の段階が担うようになる。このため，製造業の中小企業のあり方が日本と異なることが推量される。

② 米国における中小企業の成長条件

米国における中小企業の成長条件を論じる際，米国の産業をオールド・ビジネスとニュービジネスに分けてみるのが妥当であろう。そのうち，主な対象となるのはベンチャー・ビジネスである。なぜならば，オールド・ビジネスでは急成長を遂げてきたものが相対的に少なく，米国においても安定した規模での存立を望むオールド・ビジネス系中小企業の経営が多かったと思われるからである。

ベンチャー・ビジネスにおいては急速な成長ができる条件として，技術の有望性・独占性，市場開拓に対する開拓精神，資金調達の仕組みなどがシステムとして働くことが挙げられる。このような仕組みが働いているのはベンチャー・ビジネスの世界においてであり，従来の中小企業の創業・発展・成長過程とは明らかに異なっているものである。ベンチャー・ビジネスにおける創業，イノベーション，エンジェル，ベンチャー・キャピタルなどのベンチャー・ビジネスの仕組み・システムには関心と研究が多いが，販売・マーケティングについての関心や研究は多くはない。ハイテクのベンチャー・ビジネスも販売不振による経営・急成長の挫折が60％に達しているという点も吟味してみるべきであろう。さらに，市場のあり方が，従来の制限されがちな国際化ではなく，最近のボーダーレス市場，グローバル化した需要の拡大は成長を目指す中小企業にとっては良い成長条件となっていると考えられる。このような市場需要の拡大は，オールド・ビジネスの中小企業でも成長を狙った動き，海外進出，国際貿易の拡大などが急速に広がっていることなど，中小企業の存立条件，成長条件に新しい展開が迫っているものと思われる。

ハイテク（high-tech）企業では中小企業と大企業とを問わず，成長条件として技術開発（イノベーション）が挙げられている。米国の中小企業の研究で企業の成長にはイノベーションが絶対的であり，優れた技術，イノベーションに

よって競争的な企業の条件となる。創業の過程でも，諸条件（賃金，人材など）をクリアできるし，その後の成長過程でもイノベーションこそが重要な要素であり，それに伴って雇用の増大に大きく貢献するのも中小企業の成長過程にある企業である。つまり，イノベーションに基づいて創業を行い，その企業が成長を遂げた結果，雇用増大につながる。したがって，この中小企業の分野—電子，パソコン関係，化学・バイオ・ケミカル産業関連の分野では，市場としてはグローバルであり，存立するかどうかより成長するかどうかの世界で，成長が止まったら他の競争企業との合併など再編を余儀なくされる。

ところが，ハイテク企業のうち，失敗した企業の60％以上が技術力の不足ではなく，販売不振によって廃業したという事実は確かに軽視されていると言えよう。ハイテク企業はもちろん，戦略的に新商品の売込みを行うが，その意味で，日本のように制度的，組織的な販売を考えることも分析的で有効ではないかと思われる。

要するに，米国の中小企業（new-business）の成長では技術力を重要視するのに対し，日本の場合には企業間関係（販売の方法）を主に見ている点が違っているのである。

4 おわりに

日米の中小企業の存立条件と成長条件について比較・検討したが，以下のようにまとめることができる。

日本においては従来，中小企業の本質を捉えるために存立条件の研究を行ってきたが，世界経済の変化がもたらした市場のグローバル化，米国のベンチャー・ビジネスがもたらした新しい中小企業の成長によって，中小企業の存立条件と成長条件を同時に考えないと，日本の中小企業の本質が捉えきれないところまで来ている。そこには，従来の日本の中小企業の存立条件の土台（主要な内容）となっていた下請制や問屋制が後退し，その中での存立条件も変化を迫られているし，市場制の比重が増えてきたことは，従来の中小企業の内新

しい経済システムの変化へ適応しつつある成長志向型の中小企業群が現われていることも推量される。

　米国においては，中小企業の存立条件が日本のような企業間関係で成り立っていないので，これに関する研究は抽象的・理論的であった。一方では最近の中小企業のイノベーションやベンチャー・ビジネスの発展によって，他方では世界経済のシステムの変化によって急成長する中小企業が多く登場している。その事実は，中小企業に関する見方を新たにするだけでなく，多くの国における中小企業の研究にも大きなインパクトを与えている。

注

1) 藤田敬三『産業構造と中小企業』岩波書店，1965年，小宮山塚二『日本の中小企業』中央公論社，1941年，篠原三代平『産業構造論』筑摩書房，1985年，など参照。
2) 歴史的研究として拙著『日本都市中小企業史』臨川書店，1993年，竹内常善「都市型中小工業の問屋制的再編について」（広島大学『政経論叢』第25巻第2号，1975年），80年代の現象分析においては拙著『日本の地場産業・産地分析』税務経理協会，1997年参照。
3) 仕竹隆幸「中小企業存立論の再検討」（神戸商科大学『創立70周年記念論文集』）。福島久一「中小企業存立論の新しいパラダイム転換」（日本大学『経済集誌』71巻1号）。
4) 望月和明「受注型中小企業の生き残り戦略」（『商工金融』2000年6月号），27頁参照。
5) 問屋制中小企業の比重について調査した資料はないが，地場産業・産地の工業を問屋制中小企業として見なす場合，企業数や従業員数は製造業全体（1人以上企業）の約10％を占めている。しかし，関連企業やその他をも考慮すれば約20％と推定する方がより合理的だと思われる。
6) 青山和正『解明中小企業論』同友館，1999年，第8章参照。
7) 拙著『日本都市中小工業史』臨川書店，1992年参照。
8) 家具産業の場合，拙著『日本の地場産業・産地分析』税務経理協会，1997年参照。
9) 中小企業の成長論を主張した研究は最近増加してきた。清水龍瑩『中堅・中小企業成長論』千倉書房，1986年。
10) 家具及び眼鏡の産地（福岡県大川市，福井県鯖江市）での資料調査による。

11) 拙著『日本の地場産業・産地分析』参照。
12) Kenji Kutsuna, Marc Cowling and Paul Westhead "The Short-run Performance of JASDAQ Companies and Venture Capital Involvement Before and After flotation"("Venture Capital" 2000. Vol. 2. No. 1), p. 3.
13) 仕竹隆幸, 前掲論文。
14) 同上。
15) 浅沼万里「日本におけるメーカーとサプライヤーとの関係」（土屋守章・三輪芳郎編『日本の中小企業』1989年, 東京大学出版会）
16) 平野健「アメリカ自動車部品産業の下請関係」（福島大学『商業論集』第68巻第1号, 1999年8月）参照。
17) 『中小企業白書』より計算。
18) 『アメリカ中小企業白書（1997年版）』より計算。

第Ⅱ部
日米の中小企業の構造分析

第5章　日米における中小企業の創業

1　はじめに

本章の課題は，日米における創業の実態について比較することである。すなわち米国では，図5－1のように創業が大変活発であり，創業率（開業率）が

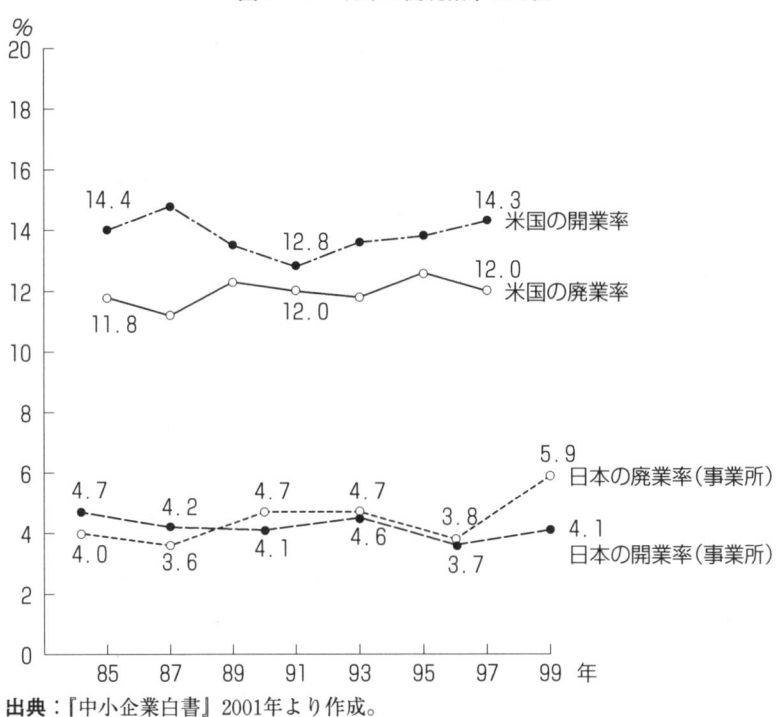

図5－1　日米の開廃業率の比較

```
(グラフ: 縦軸 %, 横軸 年 85-99)
米国の開業率: 14.4, 14.8, 13.5, 12.8, 13.6, 14.0, 14.3
米国の廃業率: 11.8, 11.2, 12.3, 12.0, 11.8, 12.6, 12.0
日本の廃業率(事業所): 4.0, 3.6, 4.7, 4.6, 3.8, 5.9
日本の開業率(事業所): 4.7, 4.2, 4.1, 4.7, 3.7, 4.1
```

出典：『中小企業白書』2001年より作成。

14%に上り，創業社数は1年に80万社を上回っている。それに対し，日本では創業活動が最近弱まっており，創業率が4％台で，創業社数は約20万社を下回っている[1]。その違いは，どこから来るのか。中小企業の創業の仕組みは，どのように異なっているのかについて分析するのが本章の具体的な問題意識である。

　従来の創業に関する日本の論点は2つに集約することができるだろう。1つは多くの創業は過当競争を招くので適当であるのが望ましいという考え方である。この考え方は組合や中小企業側で多かったものである。そこには，日本流の中小企業の存立条件があって，同じ地域同じ産業の需要をめぐって，パイの再分配を狙った新規参入が多かった場合，共倒れになることを恐れたからであろう。オールド・ビジネスでは基本的にこの考え方が支配的であるが，その背景は技術進歩が大変遅いか停滞していて，市場需要の変化に左右されやすく，価格変化に敏感に反応しており，かつ外国との競争が激しいのが特徴である。もう1つは，最近の米国流の中小企業やベンチャー・ビジネスの影響を受けた考え方として，創業はいくつかのメリットがあるのでよいものであるという考え方である。創業のメリットというのは，経済社会に活力をもたらす点（技術革新による創業，新しいアイディアによる創業，従来の不合理な点の改善を伴う創業），雇用増大をもたらす点（創業による雇用の純増加，その企業の規模拡大による雇用増加など），新しい産業の開拓，（大きく見れば，ITやバイオ・ケミカル産業などの例のように，新しい産業の開拓，小さく見れば，高齢者向けのサービスやさまざまな用品・道具の開発など）等が挙げられてきた[2]。しかし，廃業によるデメリットは起業家の個人責任であり，大きな関心は研究史的に，社会的に示されていない。

　このような創業のメリットは，主にベンチャー・ビジネスの世界における特徴である。なぜならば，オールド・ビジネスでは技術開発や規模拡大のスピードも遅く，新しい産業分野の開拓も市場の変化が緩やかにしか進まないからである。それに対し，たびたび指摘されているように，ベンチャー・ビジネスではパイの創造・追加的技術革新に基づいて創業から成長のスピードが速い上，新しい産業を創出しつつ発展している。その点から見れば，ニュービジネスに

おける創業とオールド・ビジネスによる創業は，その性質がかなり異なっていることがわかる。

ともかく，最近の創業に関する考え方としては，創業はよいものであるという見方が多くなってきている。では日本における創業の実態から見て，創業の諸メリットは創業と共にどのように生かされつつあるのかが問題とならざるを得ない。本章ではこの点についても意識しながら，日本における創業を検討してみることにする。

他方，日本における創業の研究では，創業率の低さや最近の開発率と廃業率の逆転が大きくクローズアップされてきた。さらに，創業の問題点としては，資金，人材，販売の問題が論じられてきた[3]。ここでは，日本における中小企業の創業はどのような特徴を持っているのか，創業による雇用の吸収力はどうなのかを整理してみることにする。

なお，ここでの創業は創業全体に対する分析であるので，創業・一般論ではベンチャー・ビジネス系創業も含まれるという点を承知した上での議論となる。実態として日本ではベンチャー・ビジネス系の創業よりオールド・ビジネスでの創業が多いのに対し，米国ではベンチャー・ビジネス系の創業が特徴であることから（量的には，米国においてもオールドビジネス系の創業がより多い），本章では日本の創業一般について詳しく検討し，次章では米国のベンチャー・ビジネスの特徴について立ち入って検討することにする。

2 日本における創業

日本における創業の必要性が政策的な次元で強調されている。従来創業については，経済政策や中小企業の研究においてそれほど重要視してこなかった。では，従来の仕組みではなぜ多くの創業ができなかったのかが問題である。日本の中小企業政策はどちらかといえば，既存の中小企業の維持・成長・発展政策であった。また中小企業の研究では，大企業をサポートする下請制に関する研究―企業間関係論や技術開発など，地場産業の存立条件の研究などが主流を

成してきた。では，なぜ，日本の中小企業において創業に重点を置かざるを得なくなったのか。

第1は，日本における中小企業数の減少による日本経済の閉塞感が挙げられる。前述のように中小企業の絶対数が減少し，中小企業の歴史的展開の上で転換点となっている。そこで中小企業の創業の重要性を強調している（同時に構造的変化も起きているのである）。

第2は，新しい産業，新しいアイディアによる新分野の開拓が求められているが，その役割が大企業ではなく，中小企業に与えられている点である。それは米国のハイテク・ベンチャー・ビジネスの影響であろう。つまり，米国のハイテク・ベンチャー・ビジネスのように，中小企業が担い手となり，新技術による新分野の開拓が切に望まれている。

第3に，雇用の問題・失業の増大が日本経済の最大の問題となり，この問題の解決に中小企業の創業による雇用増加を期待している。特にサービス業の創業（拡大）による雇用増大が見込まれているが，日本のサービス業の雇用吸収力が弱いのが問題である。

では，日本における中小企業の創業の実態はどうであろうか。

日本における中小企業の創業は80年代以降低下傾向である。1970年代には開業率が6％台であったが，図5-1のように，最近では4％台で低下傾向を示している。それに対し，廃業率は80年代後半から開業率を上回っており，最近では急速に格差を広げている。その結果，日本の中小企業（事業所）数が減少していることについては先に述べたとおりである。つまり，1991年に日本の事業所数は約662万社であったが，1999年には約618万社へと減少した[4]。そのうち，1996年と1999年の3年間の統計によれば，創業した企業（事業所）数は72万社で，廃業した企業数は106万社に上るため，実際には約34万社が減少したことになる。この企業数の減少について企業形態別と産業別に見ることにする。

まず，企業形態別には会社形態と個人企業に分けてみれば，個人企業の急速な減少に対し会社形態の企業は1996年までは伸びてきて，その後若干減少へ転じている。つまり個人事業所では事業所数で96年348万社から99年324万社へと

表5－1　日本における事業所の創業と廃業

		1999年B	1996年C	存続D	新設E	廃業F	E/C	F/C
企業数	全産業	6,203,264	6,521,837	5,461,200	742,064	1,060,637	11.4	16.3
	鉱業	4,162	4,515	3,929	233	513	5.2	11.4
	建設業	612,084	647,356	559,426	52,658	86,017	8.1	13.3
	製造業	689,182	771,791	648,967	40,215	112,235	5.2	14.5
	電気・ガス	3,617	3,801	3,305	312	488	8.2	12.8
	運輸・通信	116,308	168,227	139,847	26,461	29,903	15.7	17.8
	卸・小売・食堂	2,666,874	2,828,597	2,283,710	383,164	519,360	13.5	18.4
	金融・保険	101,742	107,831	88,234	13,508	19,506	12.5	18.1
	不動産	285,419	291,255	255,196	30,223	38,507	10.4	13.2
	サービス	1,655,701	1,679,551	1,462,143	193,558	221,830	11.5	13.2
雇用（千人）	全産業	53,824	57,583	47,542	6,281	7,167	10.9	12.4
	鉱業	55	64	52	2	6	3.1	9.4
	建設業	5,080	5,774	4,635	445	667	7.7	11.6
	製造業	11,458	12,922	10,910	548	1,023	4.2	7.9
	電気・ガス	215	222	206	9	11	4.1	5.0
	運輸・通信	3,270	3,464	2,876	393	467	11.3	13.5
	卸・小売・食堂	17,258	18,209	14,358	2,900	2,953	15.9	16.2
	金融・保険	1,723	1,960	1,548	175	283	8.9	14.4
	不動産	876	928	751	125	142	13.5	15.3
	サービス	13,669	13,801	12,005	1,664	1,590	12.1	11.5

出典：総務省『平成11年事業所・企業統計調査報告』2000年より作成。

7％以上減少し，従業員数で96年1,011万人から99年に882万人へと約13％弱も減少している[5]。また個人企業では企業数や従業員数の減少幅が50人以上の比較的大きな規模で顕著である。つまり，個人企業の1－4人層や5－10人層等30人以下層では15％以下の減少率であるのに対し，50人以上層では20％以上であり，特に300人以上層では52％の減少であることから，最近の個人企業の展開の一側面を窺うことができる[6]。このことは個人企業の減少は法人形態の企業への転換や廃業によるものであり，すべてが廃業したのではない。

それに対し，会社形態の企業では事業所数で96年299万社から292万社へと約2％の減少，従業員数では96年4,727万人から99年4,481万人へと約5％の減少であった。会社形態の企業では，規模が大きいほど減少率が大きい。例えば，

1－4人層，5－9人層等の20人以下の層では1－4％の水準であったのに対し，200－299人層や300人以上層では各々5.5％と10.8％であった[7]。

要するに，個人企業では廃業率が創業率を大きく上回っているが，会社形態では，最近になって廃業率が創業率を上回っているものの，96年までは創業率が廃業率を上回っていた。91年頃を基点として中小企業の全体の減少を1つの転換点として見てきたが，個人企業にとっては80年代から，会社形態の企業にとっては96年以降から廃業率が開業率を逆転したことは，数の減少の転換点は90年代後半であると思われる。

次に産業別に見れば，表5－1のように，絶対数で開業が多いのは卸・小売・食堂（38万社），サービス業（19万社），建設業（5万社），製造業（4万社）等である。同じように，これらの業種では廃業も多い。また，開業率が高いのは運輸・通信業，卸・小売・食堂，金融・保険業，サービス業，不動産業の順であり，10％以上である。それに対し，製造業をはじめ第2次産業では軒並み10％以下である。廃業率は，同じようにこれらの業種で高い。ここでは，産業別の創業と廃業について数量的な検討を行ったが，創業がもたらす雇用の効果が3年間で628万人の雇用増大をもたらしたが，その内訳は卸・小売・食堂（290万人），サービス業（166万人），製造業（54万人），建設業（44万人）等である。

要するに，すべての産業（大分類）で廃業率が開業率を上回っているけれども，その中で開業も行われているので，すべての産業でスクラップ・アンド・ビルド（scrap and build）が行われていることは確かである。次に，製造業とサービス業について立ち入って検討してみることにする。

1 製造業における創業

日本の製造業における創業の論点としては，2点を取り上げることができる。1つは，産業集積論との関係であり[8]，もう1つは存立条件論（下請制，問屋制）との関係である。産業集積論との関係では，なぜ日本の産業集積地では創業が少ないのか（産業集積のメリットが生まれないのか）が問われてきた。米

国の産業集積との比較では，日本の産業集積の業種的な特徴（外国貿易や市場変化に大きく左右されるオールド・ビジネスの集積であることで，かつ技術革新のスピードが遅いものであること）に規定されているのに対し，米国の産業集積は先端産業中心のニュービジネスであって技術革新のスピードが大変速く，外国貿易や市場需要の変化を受けにくいという特徴を持っている[9]。米国の産業集積ではパイの追加・拡大という役割を果たしているし，創業が盛んである。創業において産業集積のメリットが生かされている。それに対し，日本の産業集積では，創業のビジョンが外国の貿易の影響や市場需要の変化に相殺され，産業集積での創業が非常に少ない。

　もう1つの産業集積で有名なイタリアの産業集積とも比較されている[10]。このイタリアとの関係では必ずしも創業が論点ではない。イタリアの産業集積では輸出が多く，産地として発展しているのに対し，日本の産業集積では輸出は激減し，衰退の道を歩んでいる。つまり，イタリアの産業集積のメリットとしては，産地内の分業構造，人材，原材料，部材，情報の入手しやすさの上に，個別企業にマーケティング，デザイン（設計，生産），財務の専門家が活動している点が挙げられるのに対し，日本の産業集積における個別企業では，経験，勘，度胸に基づいた経営が主流であり，専門家不足（技術やデザインの進歩の遅いこと）とオーガナイザーの機能低下が衰退の原因となっていると思われる。

　次に，産業集積のメリットが生かされない理由として，日本では産業集積地の中小企業の存立条件との関係があると思われる。日本の産業集積地においては中小企業の存立条件として，下請制，問屋制，市場制に区分できるが，下請制や問屋制の下での中小企業は各々のシステム下での産業の規模縮小が行われているので，新しい創業は少ない。また市場制の中小企業は直接小売業や消費者に接しているということで，市場の変化へ対応できる新しい中小企業の創業が期待されているにもかかわらず少ないのが現実である。またそれに対応できない既存の中小企業の廃業が激しく進行しているものと思われる。さらに，そこには外国貿易の影響を受けやすいオールド・ビジネスが多く，新しい需要を

技術革新で開拓していく分野は相対的に少ない。その結果，中小企業の数的減少に帰結しているのであろう。

　日本の製造業における創業の特徴は，新設より廃業が非常に多いことである（表5-2）。それは新設と廃業の絶対数からも窺われるし，開業率と廃業率からも見てとれる。日本の製造業における創業は，絶対数では印刷・出版業，金属機械業，一般機械や電気機械業で3,000社以上に上っている。また，開業率が高い製造業は化学産業，印刷・出版業，電気機械業，精密機械業などである。特に，印刷・出版業のうちの出版業は23.8％と高く，かつ化学工業の中の医薬製造業は10.9％，化粧品製造業では14.6％と高い。

　次の特徴は，創業による雇用増加より廃業による雇用減少が大きいことである（表5-3）。新設企業による雇用が多かった産業は，電気機械，食料品，出版・印刷業，一般機械，金属製品，運送・機械で3万人以上の雇用増加をもたらした。しかし，これらの産業を含め多くの産業で廃業による雇用減少は創業による雇用増加を大きく上回っている。特に，繊維やアパレル産業，印刷・出版業，金属機械，一般機械，電気機械で大幅な雇用減少があった。もう1つ指摘しておきたいことは，企業数ベースの創業率と雇用ベースの雇用増加率では前者が後者より高い。このことは小規模の創業が多いことを意味する。新設企業の平均従業員は繊維・アパレルで8人，食料品で25人，化学工業で27人，電気機械で23人，運送機械で20人の規模である[11]。

2　サービス業における創業

　日本のサービス業は事業所数や雇用数において80年代以降増加してきたが，1996-99年の時点で頭打ちとなり，以前より減少している。表5-4と表5-5のように，96年に比べ99年の事業所や雇用数は約0.1％減少している。また，同期間中に事業所の新設が多いのは，専門サービス業，洗濯・理容・浴場業，医療，個人教習所，美容業であり，1万社以上の業種である。また，廃業が多いのも，同じ業種である。これらの業種は，日本のサービス業の中枢をなすものであり，創業と廃業が大変盛んで，活発な変化を遂げていることと推量

表5-2　日本の製造業の創業と廃業（事業所）

(単位：社，％)

製造業	1999年B	1996年C	存続D	新設E	廃業F	E/C	F/C
食料品	57,284	57,584	54,352	2,932	7,845	5.1	13.6
水産	11,428	11,428	10,933	495	1,620	4.3	14.2
パン	10,412	10,412	9,876	536	1,431	5.1	13.7
その他製造	23,961	23,961	22,752	1,209	3,245	5.0	13.5
繊維	42,069	42,069	41,069	1,000	9,439	2.4	22.4
織物業	17,769	17,769	17,554	215	4,680	1.2	26.3
染物	7,184	7,184	6,897	287	1,325	4.0	18.4
衣服・アパレル	58,981	58,981	56,137	2,844	13,973	4.8	23.7
織物	26,410	26,410	25,137	1,273	7,194	4.8	27.2
ニット	9,236	9,236	8,788	448	448	4.9	23.5
木材	23,883	23,883	22,906	977	3,889	4.1	16.3
製材	12,611	12,611	12,168	443	1,902	3.5	15.1
家具	35,953	35,953	34,538	1,415	5,090	3.9	14.2
家具	13,822	13,822	13,058	764	2,263	5.5	16.4
紙	15,867	15,867	15,074	793	2,027	5.0	12.8
容器	8,700	8,700	8,399	301	1,092	3.5	12.6
印刷・出版	60,733	60,733	55,251	5,482	11,783	9.0	19.4
出版	5,445	5,445	4,150	1,295	1,632	23.8	30.0
印刷	40,671	40,671	37,727	2,944	6,054	7.2	14.9
製版	6,476	6,476	5,884	592	2,722	9.1	42.0
化学工業	8,914	9,310	8,064	850	1,049	9.1	11.3
医薬製品	1,832	1,858	1,629	203	212	10.9	11.4
油脂加工	1,652	1,762	1,518	134	184	7.6	10.4
化粧品	716	725	610	106	107	14.6	14.8
プラスチック	28,727	31,291	26,999	1,728	4,079	5.5	13.0
ゴム	8,263	9,210	7,684	579	1,436	6.3	15.6
皮	11,017	13,144	10,469	548	2,470	4.2	18.8
窯業	29,551	32,488	28,180	1,371	3,692	4.2	11.4
鉄工業	8,199	8,841	7,618	581	1,107	6.6	12.5
非鉄金属	6,066	6,602	5,679	387	872	5.9	13.2
金属製品	86,548	94,927	81,922	4,626	12,468	4.9	13.1
建築用製品	34,046	33,452	31,923	2,123	5,355	6.3	16.0
一般機械	76,303	81,985	71,453	4,850	10,238	5.9	12.5
電気機械	44,268	48,521	40,516	3,752	7,825	7.7	16.1
部品ディバイス	14,628	16,033	13,225	1,403	2,739	8.8	17.1
運送・機械	26,225	28,292	24,600	1,625	3,561	5.7	12.6
部品ディバイス	19,270	20,762	18,079	1,191	2,591	5.7	12.5
精密機械	12,390	13,317	11,491	899	1,720	6.8	12.9
光学	3,545	3,785	3,292	253	485	6.7	12.8
計測・分析機械	3,415	3,645	3,167	248	463	6.8	12.7

出典：表5-1と同じ。

表5-3 日本の製造業の創業と廃業（雇用）

(単位：千人, %)

製造業	1999年B	1996年C	存続D	新設E	廃業F	E/C	F/C
食料品	1,297	1,401	1,224	73	111	5.2	7.9
水産	235	266	224	10	23	3.8	8.6
パン	284	313	271	13	22	4.2	7.0
その他製造	439	453	404	34	41	7.5	9.1
繊維	289	363	281	8	39	2.2	10.7
織物業	78	102	76	1	13	1.0	12.7
染物	75	93	73	1	8	1.1	8.6
衣服・アパレル	589	786	562	26	113	3.3	14.4
織物	298	419	285	12	66	2.9	15.8
ニット	82	105	78	3	15	2.9	14.3
木材	209	260	201	7	27	2.7	10.4
製材	102	129	99	3	13	2.3	10.1
家具	233	282	224	9	28	3.2	9.9
家具	137	165	130	6	16	3.6	9.7
紙	292	322	279	12	21	3.7	6.5
容器	117	131	113	4	9	3.1	6.9
印刷・出版	732	788	674	57	92	7.2	11.7
出版	94	96	77	19	19	19.8	19.8
印刷	445	472	418	27	43	5.7	9.1
製版	58	77	52	5	18	6.5	23.4
化学工業	486	526	462	23	25	4.4	4.8
医薬製品	135	143	128	6	7	4.2	4.9
油脂加工	65	69	63	1	2	1.4	2.9
化粧品	36	38	31	4	2	10.5	5.3
プラスチック	467	502	443	23	37	4.6	7.4
ゴム	160	186	155	5	15	2.7	8.1
皮	71	91	67	3	12	3.3	13.2
窯業	440	520	425	15	34	2.9	6.5
鉄工業	275	320	263	12	14	3.8	4.4
非鉄金属	182	212	177	5	12	2.4	5.7
金属製品	893	1,009	849	44	83	4.4	8.2
建築用製品	348	407	329	18	40	4.4	9.8
一般機械	1,198	1,303	1,145	53	90	4.1	6.9
電気機械	1,857	2,044	1,768	89	135	4.4	6.6
部品ディバイス	705	768	668	37	50	4.8	6.5
運送・機械	1,024	1,131	989	35	53	3.1	4.7
部品ディバイス	846	923	820	25	40	2.7	4.3
精密機械	271	296	256	14	19	4.7	6.4
光学	77	88	72	4	4	4.5	4.5
計測・分析機械	74	79	70	3	5	3.8	6.3

出典：表5-1と同じ。

表5-4 日本のサービス業の創業と廃業（事業所）

（単位：社，％）

	1999年B	1996年C	存続D	新設E	廃業F	E/C	F/C
サービス業（全体）	1,665,701	1,679,551	1,462,143	193,558	221,830	11.5	13.2
洗濯・理容・浴場業	407,263	413,170	374,610	32,653	38,290	7.9	9.3
洗濯業	93,720	99,110	85,307	8,413	13,622	8.5	13.7
美容	173,979	171,602	156,082	17,897	15,594	10.4	9.1
その他生活関連	58,592	60,981	50,014	8,578	10,518	14.1	17.2
写真業	26,752	28,438	23,024	3,728	4,482	13.1	15.8
旅館その他	78,726	85,919	75,140	3,586	10,673	4.2	12.4
旅館	60,164	64,382	57,704	2,460	6,601	3.8	10.3
娯楽業（映画，ビデオ）	68,658	73,616	58,671	9,987	14,948	13.6	20.3
遊戯場	35,914	38,512	30,869	5,045	7,698	13.1	20.0
自動車整備業	70,219	69,912	64,855	5,364	5,606	7.7	8.0
機械・家具等修理業	32,757	32,708	28,427	4,330	5,827	13.2	17.8
物品賃貸業	32,186	34,426	27,216	4,970	7,266	14.4	21.1
情報サービス調査業	25,977	24,760	17,488	8,489	7,511	34.3	30.3
ソフトウェア業	14,400	13,128	8,721	5,679	4,490	43.3	34.2
情報処理・提供	5,019	7,727	5,581	2,438	2,300	31.6	29.8
広告業	11,731	12,252	8,709	3,022	3,629	24.7	29.6
専門サービス業	314,131	321,752	261,110	53,021	61,353	16.5	19.1
個人教習所	134,951	138,959	112,618	22,333	26,703	16.1	19.2
学習塾	48,663	49,586	38,490	10,173	11,083	20.5	22.4
医療	204,190	199,167	181,270	22,920	17,998	11.5	9.0
一般診療所	70,176	69,566	63,804	6,372	5,812	9.2	8.4
歯科診療所	58,541	56,673	53,509	5,032	3,167	8.9	5.6
療術所	57,598	56,039	48,526	9,072	7,592	16.2	13.5

出典：表5-1と同じ。

表5－5　日本のサービス業の創業と廃業（雇用）

(単位：千人)

	1999年B	1996年C	存続D	新設E	廃業F	E/C	F/C
サービス業（全体）	13,669	13,801	12,005	1,664	1,590	12.1	11.5
洗濯・理容・浴場業	1,177	1,211	1,053	124	106	10.2	8.8
洗濯業	402	420	368	34	40	8.1	9.5
美容	441	433	375	66	43	15.2	9.9
その他生活関連	330	348	281	48	47	13.8	13.5
写真業	118	130	100	17	18	13.1	13.8
旅館その他	844	902	793	51	66	5.7	7.3
旅館	751	799	705	45	51	5.6	6.4
娯楽業（映画，ビデオ除く）	957	1,010	840	116	122	11.5	12.1
遊戯場	416	427	356	59	61	13.8	14.3
自動車整備業	332	349	311	21	24	6.0	6.9
機械・家具等修理業	246	245	210	36	38	14.7	15.5
物品賃貸業	286	303	242	43	53	14.2	17.5
情報サービス調査業	734	656	539	194	146	29.6	22.3
ソフトウェア業	451	397	328	123	97	31.0	24.4
情報処理・提供サービス業	256	232	188	68	45	29.3	19.4
広告業	147	149	114	32	33	21.5	22.1
専門サービス業	1,624	1,695	1,344	279	300	16.5	17.7
個人教習所	520	544	420	100	102	18.4	18.8
学習塾	256	276	198	57	60	20.7	21.7
医療	2,501	2,376	2,334	167	100	7.0	4.2
一般診療所	642	618	586	56	34	9.1	5.5
歯科診療所	327	329	301	25	13	7.6	4.0
療術所	127	126	105	22	14	17.5	11.1

出典：表5－1と同じ。

される。

　なお，開業率と廃業率で見れば，開業率が高いのは，情報サービス調査業，広告業が20％以上で，専門サービス業，個人教習所，物品賃貸業，娯楽業等も

10％以上と高い。それに対し，廃業率が高いのは，程度の差はあるものの，開業率が高い産業とほぼ一致する。特に廃業率が開業率を大きく上回っているのは，娯楽業，遊戯場，物品賃貸業，広告業で5％ポイント以上の開きがあり，事業所数の減少が顕著な業種である。

日本のサービス業の絶対数では，洗髪・理容業などが40万社，専門サービス業が31万社，医療関連のサービス業が20万社，美容業が17万社を占めており主なサービス業を形成している。

サービス産業において，従業員数では医療関連サービス業，専門サービス業，洗濯・理容・浴場業，娯楽業が主なサービス業を形成している。新設による雇用増大は専門サービス業，情報サービス調査業，医療サービス業，洗濯・理容・浴場業，娯楽業であり，各々10万人以上の雇用増加をもたらした。それに対し，廃業による雇用減少はまた同じ産業で多い。したがって，サービス業における開業と廃業は，開業と廃業が多い産業で両者共に盛んであることが見てとれる。新設による雇用増加は医療と情報サービス調査業，その他生活関連サービス業で純増加を示すのみで，その他の産業では廃業による雇用減少が新設による雇用増加より多い。しかし，新設と廃業による雇用の変化はサービス業の方が製造業より少ない。新設企業の平均規模は8人であり，廃業企業の平均規模も同じ水準である。新設企業の平均規模が比較的大きい産業は，旅館業，遊戯場，広告業などで10人以上であり，洗濯・理容・浴場業，修理業では3－4人と少ない[12]。

医療サービス業の一種である訪問介護・通信介護，福祉用具貸与などの分野では従業員数が急増している。また，環境ビジネスでもリサイクル業，廃棄物処理業，環境修復・環境創造業，公害防止・環境保護工業などで急速に伸びており，環境ビジネスの従業員は，1998年に88万人であったものが12年後には136万人になると予測されている[13]。

3 創業における3大問題（資金調達，取引先の確保，人材の確保）

日本における創業の資金調達は，金融機関からの調達が多いのが特徴で，次

図5－2　開業資金使途の内訳（不動産購入・未購入別）

□不動産購入費用 ◺不動産賃借費用 ⋮内外装工事費用 ◿機械設備等費用 ▨運転資金

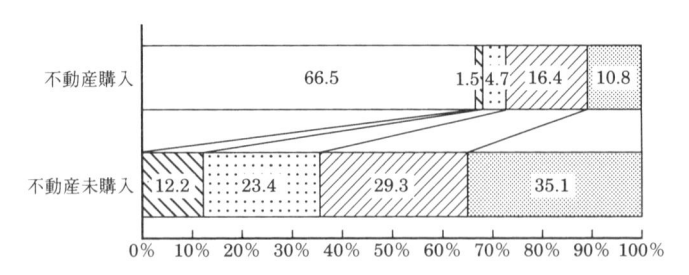

| 不動産購入 | 66.5 | 1.5 | 4.7 | 16.4 | 10.8 |
| 不動産未購入 | 12.2 | 23.4 | 29.5 | 35.1 | |

0%　10%　20%　30%　40%　50%　60%　70%　80%　90%　100%

出典：『中小企業白書』2000年。
資料：国民金融公庫総合研究所「平成10年版新規開業白書」
注：(1)　平成9年7月現在。
　　(2)　内訳は0と回答したものも含めた平均である。
　　(3)　不動産購入・賃借費用，内外装工事費用，機械設備等費用の合計が設備資金である。

にインフォーマル（informal）な資金調達であり，金融市場からの調達やベンチャー・キャピタルからの調達は微々たるものとなっている。インフォーマルな資金調達は創業の初期に役立つのみであり，その次の段階では当てにならない程度である。

　日本における創業資金の使い方は図5－2のように不動産購入の場合，不動産のみに掛かる割合は創業費用の70％，機械設備など含めると90％を使用している。不動産や固定資産への投資が多いのが特徴である。不動産購入を行わない場合でも，固定資産の購入に開業資金の約65％という多量の資金を投じている。したがって運転資金は不動産購入の場合と未購入の場合が各々10.8％と35.1％と少ない。これは一般企業（ベンチャー・ビジネスを含む平均）の創業であるとはいえ，日本における創業のあり方，問題点を端的に表している。

　米国における創業資金の使い方は，女性が創業する場合，不動産への投資を出来る限り減らし，事務用具と運転資金確保に注力している[14]。すでに指摘していることであるが，この点が米国での創業しやすい要因である。

　取引先の確保は，創業時の2番目の難題となっている。取引先の確保とは日

本的な創業課題でもある。取引先は，製造業の場合，原材料などの調達先と製品の販売先が考えられるが，一般的に重要なのは販売先であり，サービス業においても販売方法が問題である。米国の創業企業においても販売不振によって倒産する場合が多いことはよく言われているが，販売方法は相対取引先の確保というより，販売促進の方法の問題である。

人材の確保——中小企業の経営においても人材の確保がしばしば問題となるが，この問題の解決策は賃金水準と勤務条件となる。この点を除いて人材の確保対策も根本的な解決策とはならない。それができる中小企業でなければ，問題は続くであろう。

3 米国における創業

米国における中小企業の創業を取り上げる理由は，前述したように，現実的に高い創業率と低い廃業率によって中小企業の数的増加がある点，創業はニューアイディアや新技術に基づいて行っている場合，中小企業の世界が新しい革新へとつながるし，中小企業の質的発展につながるという点を挙げることができる。要するに，米国においては中小企業の発展へつながる創業の実態・組織・条件は，どういうものなのかを明らかにすることが主な課題である。

米国における創業率と廃業率は非常に高く，その数も非常に多いことが日本と対照的である。図5-1のように12-14％の創業率と11-12％の廃業率である。また1年間に，会社形態での創業が1980年代の50万社から1995年には80万社へ増えている。特に90-96年の間に約70万社が増加した。個人企業においては90-96年の間に純増加が約250万社であるので（表1-4参照），実際の開業と廃業は膨大な数字になることが推量される。パートナーシップにおいては同期間に約13万社減少している。日本の場合，同増加率は，企業全体としては減少しているが会社形態では1.4％増，個人企業では1.3％減であり，雇用や事業所ベースでは0.8％増である。会社形態では米国と同じ傾向であるが，個人企業の形態では大きな違いが出てくる。

112　第Ⅱ部　日米の中小企業の構造分析

表 5 − 6　米国の開廃業による産業別・規模別の雇用変化の内訳（1990−95年）

（単位：人，%）

産　業	雇用規模	雇用1990年	開　業	廃　業	規模拡大	規模縮小	純増減
製　造　業	19人以下	1,354,055	30.38	−28.69	31.27	−11.72	21.25
	20−499人	5,863,336	14.31	−19.37	18.67	−13.05	0.57
	500人以上	11,956,053	10.01	−12.79	10.93	−16.62	−8.47
	全体	19,173,444	12.76	−15.92	14.73	−15.18	−3.61
販　売　業	19人以下	6,059,802	34.29	−33.39	20.65	−11.9	9.66
	20−499人	9,075,659	27.57	−25.14	13.04	−14.82	0.65
	500人以上	11,054,412	31.74	−21.16	12.61	−14.41	8.79
	全体	26,189,873	30.89	−25.37	14.62	−13.97	6.17
サービス業	19人以下	8,911,767	35.54	−27.36	27.2	−12.23	23.14
	20−499人	13,467,494	30.79	−21.61	19.89	−15.82	13.24
	500人以上	19,164,668	28.88	−17.77	15.67	−14.91	11.87
	全体	41,543,929	30.93	−21.07	19.51	−14.63	14.73
合　計（その他を含む）	19人以下	18,884,960	35.17	−30.36	25.25	−12.38	17.68
	20−499人	31,237,691	25.57	−22.56	17.18	−15.58	4.61
	500人以上	43,302,478	24.18	−17.42	13.53	−15.5	4.79
	全体	93,425,129	26.87	−21.76	17.12	−14.89	7.34

出典：David B. Audretsch "The Economic Role of Small and Medium−Size Enterprise : The United States" 1999.
備考：1990年雇用を基準とした1990−95年の間の雇用変化率を示す。

　また，地域的集中がみられ，起業が最も多い地域はカリフォルニア（13.8万社），テキサス（5.4万社），フロリダ（4.9万社），ニューヨーク（5.6万社），ニュージャージー（2.7万社），ペンシルベニア（2.5万社），ジョージア（2.6万社），イリノイ（2.8万社），オハイオ（2.5万社）の順である。95−96年間の伸び率ではワシントンD.C.が最も高く，次がデラウェア，モンタナ，ユタ，アラバマ等過疎地で多いことから，米国のすべての地域で起業ブームが起こっていることが窺われる[16]。

　米国における創業と廃業が雇用に及ぼす影響について，主な産業を規模別に取り上げたのが表5−6である。それによると，全産業をベースとしてみれば，開業による雇用増加が26.8%，既存企業の規模拡大がもたらす雇用増大が

表5-7　日本の創業と雇用の構成

(単位：%)

		1999年	1996年	存続企業	新設企業	廃業企業
製造業	19人以下	28.7	29.6	28.2	37.5	48.3
	20-299人	46.2	44.9	46.1	49.8	43.6
	300人以上	25.1	25.5	25.7	12.7	8.1
サービス業	19人以下	45.9	48.1	45.5	48.3	53.4
	20-299人	42.8	41.0	43.1	41.7	35.3
	300人以上	11.3	10.9	11.4	10.0	11.3
販売業	19人以下	47.8	48.7	47.1	52.6	59.0
	20-299人	41.2	40.8	41.3	40.5	34.1
	300人以上	11.0	11.5	11.6	6.9	6.9

出典：表5-1と同じ。
備考：各産業の合計は100%を示す。

17.1%であり，雇用増加には新設による雇用増大が規模拡大による雇用増大より約10%ポイント高い。また，廃業による雇用減少は21.7%であり，既存企業の規模縮小による雇用減少は14.8%であり，雇用減少は廃業の影響が規模縮小より大きい。結果的にその間の雇用の純増加は7.3%である。

規模別に見れば（表5-6），米国における創業では，従業員規模500人以上の創業が日本のそれより高く，創業による雇用の吸収力が高い。それに対し，日本の創業では従業員300人以上の創業はかなり低く（表5-7），米国の約4分の1の水準である。日本と米国の比較は，統計の見方を別にしなければならない点を考慮するとしても，日本での創業による雇用の増加は米国よりはかなり低い。

産業別に見れば，サービス業や販売業での雇用の純増と製造業における雇用の純減は対照的である。製造業では，雇用の純減が3.6%であるが，規模によって大きな格差がある。つまり，19人以下の企業では開業と廃業がともに30%前後と高いのに対し，規模の拡大と縮小の雇用の影響は各々31.2%と11.7%と大きな格差があり，結局のところ，純増加が21.2%ポイントに上って

いる。それに対し，500人以上の企業では廃業と規模縮小による雇用減少が開業と規模拡大による雇用増加より大きく，その結果，8.4%の減少となっている。製造業においては中小企業の雇用増加は主に既存企業の規模拡大による雇用増加が特徴である。

　サービス業においては開業による雇用増大が大きく，既存企業の規模拡大による雇用増加は相対的に少ないのが特徴で，製造業の動向とも異なる性格を持っている。サービス業では規模別の雇用増減には格差はあるものの同じ方向である。つまり，開業による雇用増加は廃業による雇用減少を上回っているし，既存企業の規模拡大による雇用増加は規模縮小による雇用減少より大きいのである。とはいえ，開業と廃業，規模の拡大と縮小は他の産業より激しいことが窺われる。

4　おわりに

　以上，日米の創業について概略的に検討してきたことについて，次のようにまとめることができるだろう。

　米国の創業の視点から見れば，日本の創業活動は開業率や雇用の吸収力において劣位な状況である。つまり，創業がもたらすメリットのうち，雇用増加は日本経済が最も期待しているものであるが，日本における創業は雇用の吸収力が弱いといえる。それは，米国の創業率より低いという点もあるが，日本の創業では従業員規模20人以下が50%を占めていることも大きな理由であると思われる。それに対し，米国における創業は比較的従業員規模が大きい企業も多い。したがって，創業による雇用増加は創業数のみならず，創業の内容が問題となるのである。

　そのほかに，創業の資金調達においても，資金調達そのものより，資金の使い方がより重要である。つまり，日本においても創業過程で不動産関連への投資を減らす方法を考えるべきであろう。

注

1) 『中小企業白書』2001年付属統計資料より計算。
   つまり,企業数485万社(1999年)に開業率4.1%を乗じた場合,約19.8万社となる。
2) 清成忠男『中小企業ルネッサンス』有斐閣,1993年,130頁より参照。
3) 「ベンチャー企業の成長段階別経営特性と課題」(アンケート調査「中小企業の創業・新事業展開に関する実態調査」結果—『商工金融』第50巻第2号2000年2月)。
4) 『中小企業白書』2001年付属統計資料。
5) 総務庁統計局「平成11年事業所・企業統計調査(速報結果)」。
6) 同上。
7) 同上。
8) 植田浩史編『産業集積と中小企業―東大阪地域の構造と課題―』創風社,2000年。
9) 清成忠男,橋本寿郎編『日本型産業集積の未来像』日本経済新聞社,1997年。
10) 岡本義行『イタリアの中小企業戦略』三田出版会,1994年。
11) 総務省「平成11年事業所・企業統計調査(速報結果)」。
12) 同上。
13) 『中小企業白書』2001年,156頁,または「ニューサービス業実態調査報告」(『商工金融』第50巻第10号,2000年10月,「平成11年事業所・企業統計調査(速報結果)」参照。
14) Davies-Noteley (2000) "Gendered Capital-Entrepreneurial Women in American Society" Gerland Publishing Inc.

第6章　日米のベンチャー・ビジネス

1　はじめに

　本章の課題は，日米におけるハイテク・ベンチャー・ビジネスの実態と構造を比較・検討することである。ベンチャー・ビジネスは米国の経済を主導していく存在で非常に盛んな創業（成長または倒産）を繰り返している。一方，日本では，どちらかといえば，ベンチャー・ビジネス論を導入・定着させようとする段階であり，試行錯誤を繰り返している。しかし日本の経済システムとはかなり異なる側面が多く，戸惑いを感じつつ，日本のベンチャー・ビジネスは量的な増加と質的な成長を遂げつつあるとはいえ，その勢いは弱い。このような日本のベンチャー・ビジネスの現状をより的確に理解するためにも，従来の研究史を踏まえた上で[1]，米国のベンチャー・ビジネスの具体的な姿の理解が必要となる。

　ベンチャー・ビジネスの特徴として，①ハイ・リスク，ハイ・リターン，②技術の革新性や市場の革新性，③急成長性・市場需要の開拓等が挙げられる。このような特徴を持つ企業を育成していくためには，従来の一般企業経営の方法を越えたやり方を採らなければならない。つまり，ベンチャー・ビジネスの形成・成長過程における重要な要素は技術革新（innovation）の持込みと企業家（entrepreneur）の創出であり，その企業の資金的支援にエンジェルやベンチャー・キャピタルの役割が非常に重要性を持つようになり，さらに経営ノウハウの支援のためメンター（mentor）やインキュベーター（incubator）の助力も加わっている。このようなシステムが働く中で，ベンチャー・ビジネスは急

成長(衰退または統廃合)を遂げていくが,その過程で自らの市場需要の創出と雇用の増大をもたらし,結果的に国際競争力のある企業へと発展していく。

現実的に,米国におけるハイテク・ベンチャー・ビジネスは,IT産業やバイオケミカル産業(bio-chemical industry)のように,画期的な中小企業の領域を形成し,中小企業形態のベンチャー・ビジネスによる技術革新が大企業に劣らないほど行われ,経済社会への新しい「パイ」の創出・拡大が行われ,その結果中小企業,ベンチャー・ビジネスによる雇用増大をもたらし,ひいては新しい産業の開拓へとつながっているのである。ここで,指摘しておきたいことは,ベンチャー・ビジネスのシーズ(seeds,技術革新)は主に既存の中小企業の外部からもたらされる仕組みであり,ベンチャー・ビジネスの投資,各種の支援も既存の中小企業の世界の延長線上の支援ではなく,既存の中小企業以外からの持込み支援であることである。それは,従来の日本の中小企業政策が既存の中小企業の支援を通じて,ベンチャー・ビジネスを興し経済社会へ活力をもたらすことを図ったものとは異なる性格を持つ。しかし最近,日本においてもベンチャー・ビジネスのシーズの外部持込みの仕組みを形成していることは,ベンチャー・ビジネスの形成・発展にとって望ましい方向である。

2 日本におけるベンチャー・ビジネス

日本のベンチャー・ビジネスについては,多くの論者によってさまざまな角度から多くの研究が行われてきた。しかし,日本のベンチャー・ビジネスの未来像を的確に描いている人は少ないと思う。それは,日本のベンチャー・ビジネスをどのように展開させるべきなのかという問題に集約されると思われるが,そこには2つの論点がある。

1つは,米国のベンチャー・ビジネスの仕組みを導入し,日本で米国流のベンチャー・ビジネスを育成・発展させるべきであるという主張であるが,この議論には米国のベンチャー・ビジネスの良さのみが強調されており,いち早く日本も米国流のベンチャー・ビジネスを興し,新産業を開拓し産業の国際競争

力をつけるべきだというものである2)。しかし，ベンチャー・ビジネスは経済的条件のみによって発達するものではなく，社会，文化の諸条件がベースとして必要であり，米国では米国的な諸条件の下で引き起こされてきたことを忘れてはならない。諸研究が示唆しているように，米国流のベンチャー・ビジネスは日本では無理なところが多い。もしそれができるとしても，ベンチャー・ビジネスの仕組みが機能するためには長い時間がかかるだろう。

　もう1つは，日本においては米国流のベンチャー・ビジネスを発展させるのは大変困難であるから，日本流のベンチャー・ビジネスが発達しなければならないという主張であるが，その理論的な整理は整っていない3)。要するに，個人によるベンチャー・ビジネスは盛んではないから，1つの方法として企業型（大企業の分社形態など）のベンチャー・ビジネスを目指すべきだという主張である。つまり，日本の企業風土，中小企業の存立条件などから見て，アイディア，技術，資金，販売などに優位な立場にある大企業の分社化が合理的だという考え方に立っている。

　また，現実的には，90年代からの日本経済の不況・産業の衰退と，米国のベンチャー・ビジネスの展開による好況・新産業の発展という対照的な現況から見て，日本におけるベンチャー・ビジネスに対する期待は大きい。つまり，日本経済の置かれている立場から，ベンチャー・ビジネスの必要性が強調され政策的な支援が行われている。しかし，現在の日本経済の問題としては，不況・雇用（失業の問題），地域経済とグローバル化の問題等多くの問題を抱えている。これらの諸問題への解決の切り札として，ベンチャー・ビジネスに希望を託している。しかし，日本におけるベンチャー・ビジネスは，高い評価を得る段階までは進んでいない。

　他方，90年代のベンチャー・ビジネスの展開にとってインフラの整備が進んだことが特徴である。とはいっても米国と比べると，ベンチャー・ビジネスのインフラの機能は不十分であり，その中で日本のベンチャー・ビジネスは展開されている。問題はその実態についての評価である。つまり，日本のベンチャー・ビジネスが盛んでないのは，米国的なベンチャー・ビジネスの仕組み

やインフラの不足のためなのかどうかである。言い換えれば，ベンチャー・ビジネスのインフラやシステムの機能が不十分なままのベンチャー・ビジネスの展開とはどのようなものであり，どの方向へ進んでいるのか。

ところで，ここでは以上の問題に日本のベンチャー・ビジネスの構造分析には立ち入らず，日本のベンチャー・ビジネスの特徴について述べるに止める。ここでは日本のベンチャー・ビジネスの概略と米国流のベンチャー・ビジネスの仕組みのうち，ベンチャー・キャピタル，エンジェル，シーズ（seeds）を中心に取り上げる。

1 ベンチャー・ビジネスの概略

日本で展開しているベンチャー・ビジネスの業種別の分布についてみれば，比較的ベンチャー・ビジネスの多い業種は電子・電気（14.5％），ソフトウェア（10.9％），流通（8.9％），機械（8.3％）等であり，次に精密機械（5.8％），食品（4.5％），化学・医薬品（4.5％），鉄鋼，非鉄，金属加工（4.1％）等である[4]。これを見れば，日本のベンチャー・ビジネスはIT関連産業，化学，医薬品等の先端産業が含まれた部分が比較的大きな比重を占めているとはいえ，圧倒的な強さを示す産業はなく，多くの産業に分布しているのが特徴である。米国の場合，ITやバイオ産業に集中しているのとは対照的である。

今後成長が期待されている産業分野として，医療・福祉，情報通信，環境，航空宇宙，新エネ・省エネ，住宅，バイオテクノロジー，流通，物流，都市環境整備，海洋産業などが挙げられている[5]。これらの産業と現在日本におけるベンチャー・ビジネスの業種とは直接比較することはできないが，今後これらの分野からベンチャー・ビジネスが多く出現することが予測される。

次は，日本のベンチャー・ビジネスの主流をなしているIT関連産業の開業率を見て，ベンチャー・ビジネスの動向の一端を見ることにしよう。

中小企業白書（IT関連産業の調査）によれば，1999年10月から2000年7月と2000年7月-12月まで開業率は約11-12％台を示している[6]。このIT関連産業の開業率は相当高く，日本の中小企業の平均開業率よりも約3倍も高い数字

第6章 日米のベンチャー・ビジネス 121

を示している。このことから見れば，IT関連産業では創業が活発である。また，都市部を中心にソフト系産業が広がっていて，2001年1月現在約3万3,000のソフト系産業が存在する。その分布は大都市や地方中核都市のターミナル駅周辺に集積している。表6-1によれば，東京，大阪の駅周辺が圧倒的に多く，地方中核都市では福岡市，名古屋市，札幌市，仙台市，横浜市の他に，新潟市，静岡市にも集積されつつあることがわかる。その理由は，(1)人材の確保，(2)インフラの充実，(3)連携の容易性，交通の利便性と共に事業・販売・サービスしやすい点などが考えられる。この業種では産業集積のメリットが利用されていることが推量される。例えば，アニメーション・ビデオゲームソフト関連産業を挙げると，この産業は全国の約90％の企業が東京都に集中し，なかでも約250社の50％が西部の新宿・池袋の周辺に集積している[7]。この産業は，ソフト系産業のうち日本の特色を出し，結果を生み，競争力のある産業であるが，この産業は中小企業，特にクリエーター，デザイナー等による

表6-1 ターミナル駅周辺に集積するソフト系産業
半径1キロ圏内に立地している事業所数（概数）

500以上	650	千代田区	秋葉原駅	100以上	180	千代田区	九段下駅
400以上	450	渋谷区	渋谷駅		180	名古屋市	中村区名古屋駅
	400	新宿区	都庁前駅（西新宿）		170	港区	浜松町駅（田町駅分を除く）
	400	福岡市	博多区博多駅		150	文京区	本郷3丁目駅
300以上	380	中央区	茅場町駅		130	新宿区	高田馬場駅
	380	大阪市	中央区心斎橋駅		130	港区	外苑前駅
	380	大阪市	淀川区新大阪駅		120	中央区	銀座駅
	350	豊島区	池袋駅		120	千代田区	四ッ谷駅
	300	新宿区	新宿御苑駅		120	台東区	上野駅
	300	港区	田町駅		120	横浜市	中区関内駅
	300	名古屋市	中区栄・錦付近		120	福岡市	中央区天神駅
	300	大阪市	北区南森町駅		100	千代田区	神田駅（秋葉原駅分を除く）
200以上	250	品川区	五反田駅		100	横浜市	港北区新横浜駅
	200	札幌市	北区札幌駅		100	新潟市	新潟駅
	200	港区	赤坂駅		100	静岡市	静岡駅
	200	仙台市	青葉区仙台駅				
	200	渋谷区	恵比寿駅（渋谷駅分を除く）				
	200	横浜市	西口横浜駅				

出典：『中小企業白書』2001年。
資料：国土交通省「大都市圏における産業の将来像に関する調査」（平成12年）
　注：(1) NTTタウンページデータを国土交通省にて再編加工。
　　　(2) ここでいうソフト系産業とは，タウンページの①ソフトウェア業，②情報処理業，③インターネットを指す。

制作者相互の重層的なネットワークによる集積を形成しているのが特徴である。

次に，ベンチャー・ビジネスの展開において重要な要素であるJASDAQ（企業公開）について言及することにする。従来，日本のベンチャー・ビジネスの発展のため，いわゆる投資の出口の問題が指摘されてきた。ベンチャー・ビジネスの投資の出口とは，ベンチャー・ビジネスの投資と回収，キャピタルゲインの獲得の場であり，米国のNASDAQに該当する日本のJASDAQやマザーズやナスダック・ジャパンである。後者は従来のJASDAQのベンチャー・ビジネスの株式公開が極端に少ないという欠点を補うために最近できたものであるので，前者について概略的に述べることにする

JASDAQは2002年1月現在926社が登録している。これらの企業は従業員規模が300人以上の中堅企業・大企業である[8]。また，企業の性格から見てベンチャー・ビジネスとは限らない企業が多く含まれている。1995年第2の店頭登録市場がスタートし，ハイテク系企業や初期段階の企業の資金調達市場として設立された。ここでは以前の失敗（ベンチャー・ビジネス企業の少なさ）を鑑み，JASDAQより若い企業の支援が目的である。このような制度的な整備にも係わらず，ハイテク系企業の公開は少なかった[9]。このような動向はJASDAQに問題があるより，本来のベンチャー・ビジネスのあり方に問題があり，ベンチャー・ビジネスを育成する仕組み・システムに問題があると理解することができる。

JASDAQに登録する企業は，公開1年前の年の利益がピークとなりその後次第に減ずる。JASDAQ上場の企業と東京証券取引所上場の企業とを比べ，JASDAQの企業の5年間の収益率は東京・証券取引所の企業のそれを下回っている[10]。さらにJASDAQの企業はNASDAQの企業に比べ，NASDAQのトップ20社の売上高の伸び率は183%であったのに対し，JASDAQの企業のそれは33%に過ぎず[11]，その開きは約6倍の格差となる。

2 ベンチャー・キャピタルの特徴[12]

(1) 概　略

　日本におけるベンチャー・キャピタルは急速に増加してきたが，90年代に減少し，最近緩やかな増加を示している。つまり，表6－2のように，ベンチャー・キャピタルは1985年に3,000億円程度であったが，91年に約1兆7,000億円のピークに達し，その後減少に転じて2001年3月には約1兆円規模を維持している。このような変化は，ベンチャー・キャピタルの投資活動の内容の変化と密接に関係している。表6－2のように，ベンチャー・キャピタルは本体の投資，融資，組合投資に分けられるが，そのうち変化が激しかったのは融資の部分である。ベンチャー・キャピタルの融資は大きなウェイトを占めているだけでなく，90年代後半からは急激に減少している。ベンチャー・キャピタルの全体の変化は融資部分の変化によるものであって，本体や組合の投資は増加しており，この部分がベンチャー・キャピタルの本来の役割を果たしているのである。ベンチャー・キャピタルの融資が減ったことには利子率の低下と関係が深い。つまり，それは，利子率の低下によってベンチャー・キャピタルの投資活動による収益が上がらず，より高収益を狙って有望なベンチャー・ビジネスへの投資と国外向け投資へ展開されたからであり[13]，その結果融資の部分

表6－2　日本のベンチャー・キャピタルの投融資残高　（単位：億円）

	本体投資	組合投資	小　計	融　資	総　計
1985年	1,004	524	1,528	1,535	3,063
1987	1,414	825	2,239	3,065	5,304
1989	2,331	967	3,298	6,206	3,504
1991	5,114	1,876	6,990	10,460	17,450
1993	4,963	1,978	6,941	9,637	16,578
1995	5,876	2,655	8,531	4,203	12,734
1997	6,128	3,065	9,193	2,194	16,387
1999	4,497	3,198	7,695	938	8,633
2001	3,047	5,746	8,793	1,151	9,944

出典：東洋経済新報社『ベンチャークラブ』2001年10月号及び浜田康行「日本型ベンチャーキャピタルの21世紀」（日本評論社『経済セミナー』）2000年7月号より作成。

が急速に減少したのである。

(2) 日本におけるベンチャー・キャピタルの新しい動向

① 日本のベンチャー・キャピタルは外国への投資が多いのが特徴である。つまり，表6－3のように，2001年3月の時点で外国への投資が約50％を占めている。このことは日本に投資すべき対象，投資にふさわしい高収益が見込まれるベンチャー・ビジネスが見つからないことを意味する。従来日本のベンチャー・キャピタルの（融資中心の）投資のやり方に批判が多かったが，最近の国外への投資が多いこともベンチャー・ビジネスのあり方に新たな問題を提起しているのである。

② 日本のベンチャー・キャピタルは規模が零細であることが米国と比べ特徴である。図6－1のように，日本のベンチャー・キャピタルは基金が100億円を超えるものはわずかであり，ほとんどは数十億円規模に過ぎず，小規模である。このことも日本のベンチャー・キャピタルがベンチャー・ビジネスを支えきれない要因になっていると思われる。

③ 金融系（銀行，証券，保険，リース）関連会社が大半で独立系は少ない。それに対し，米国では独立系，投資事業組合（club）が多いという。雑誌『ベンチャークラブ』による2001年のベンチャー・キャピタルの調査においても金融系のベンチャー・キャピタルが圧倒的に多い。例えば，調査対象の76社のうち，80％の60社が金融系，特に銀行系（銀行が大株主である場合を含む。）が半数

表6－3　日本のベンチャー・キャピタル

(単位：百万円)（2001年3月現在）

区　分	計	国内投資	国外投資	国内投資%	国外投資%
総　投　資　額	994,434	499,351	495,083	50.2	49.8
会　社　数	14,080	3,563	10,517	25.3	74.7
本体投資残高額	304,772	95,297	209,475	31.3	68.7
本体投資残高社数	5,543	137	5,406	2.5	97.5
事業組合投資	574,465	308,569	265,896	53.7	46.3
事業組合投資会社数	5,009	584	4,425	11.7	88.3

出典：東洋経済新報社『ベンチャークラブ』2001年10月号。

図6-1　日本のベンチャー・キャピタルファンドの小規模性（規模別ファンド数）

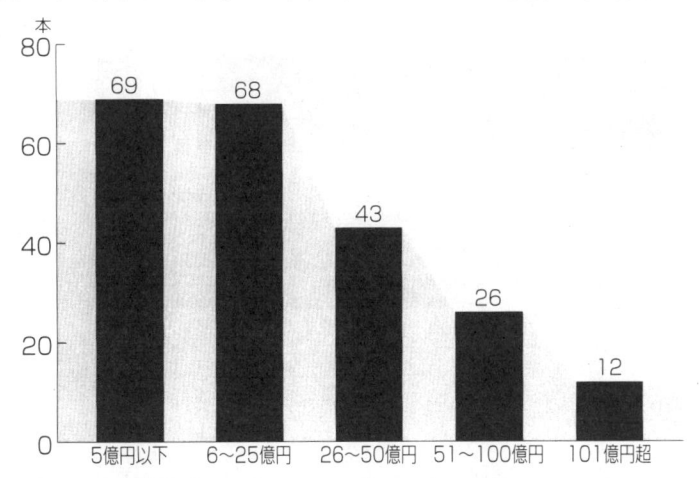

規模	ファンド数
5億円以下	69
6～25億	68
26～50億	43
51～100億	26
101億円超	12

出典：東洋経済新報社『ベンチャークラブ』2001年10月号。
備考：2000年6月末時点。

近い数を占めている[14]。最近独立系と外国系や事業系のベンチャー・キャピタルが増えたのが新しい動向であるが，そのウェイトは数においても，投資残高額においてもまだ劣位にある。しかし，これらの非金融系の活動が日本のベンチャー・キャピタルの活動を活性化させている。

④　投資だけでなく融資を行うベンチャー・キャピタルが多い（図6-2）。それに対し，米国のベンチャー・キャピタルでは融資は少ない。90年代半ばまで日本のベンチャー・キャピタルは投資より融資が多かったが，最近の統計によれば，投資が中心になっている。それは，先述の通り，利子率の低下によって融資はベンチャー・キャピタルにとって引き合わず，出資へ転換し，ベンチャー・キャピタル本来の様相を見せているといえる。

　投融資源を借入金に依存するベンチャー・キャピタルが多い。それに対し，米国のベンチャー・キャピタルはハイ・リターンを狙った投資家（年金基金，大学，諸基金，個人投資家，事業会社等）の投資が多い。日本のベンチャー・キャピタルは親企業の銀行や証券，保険会社からの資金調達で借入金の形態が多い。また，VF（ベンチャー・ファンド（基金））の日米比較では，日本は1998年

図6－2　ベンチャー・キャピタルの出資（ファンドの主体別出資比率）

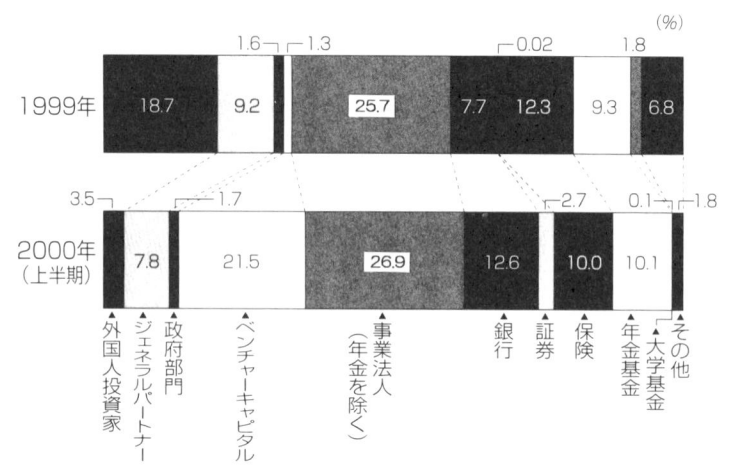

(%)

1999年：18.7／9.2／1.6／1.3／25.7／7.7／12.3／9.3／0.02／1.8／6.8

2000年（上半期）：3.5／7.8／1.7／21.5／26.9／12.6／2.7／10.0／10.1／0.1／1.8

（項目：外国人投資家／ジェネラルパートナー／政府部門／ベンチャーキャピタル／事業法人（年金を除く）／銀行／証券／保険／年金基金／大学基金／その他）

出典：図6－1に同じ。

7,695億円であり，米国の842億ドルの10％にも達していない[15]。日本の同基金は1996年をピークとして減少しているのに対し，米国のそれは同年から3年間に約2倍弱伸びている[16]。このような事実は，日米におけるベンチャー・ビジネスの育成にも格差が生じやすいものとなる。

⑤　成長後期の企業に対する投資が過半数を占める。それに対し，米国のベンチャー・キャピタルはスタートアップ期やアーリー段階からの投資が多い。日本のベンチャー・キャピタルはシーズの段階での投資が極端に少なく，成長段階の投資とアーリー段階の投資が中心になっている[17]。以前には公開直前の中堅企業への投資や融資が多いことでよく批判されていたが，その点は改善される傾向である。

　ハイテク分野への投資が相対的に少ない。それに対し，米国のベンチャー・キャピタルはハイテク分野への投資が多い。最近の調査によれば，日本でも今後の投資対象として，ITやバイオ等のハイテクへの投資が多くなっている[18]。

⑥　日本のベンチャー・キャピタルは収益率が低い。それに対し，米国のベンチャー・キャピタルは収益率が高い[19]。

⑦　日本では投資先企業へ役員の派遣が少なく，経営指導が米国に比べ少ない。それに対し，米国のベンチャー・キャピタルは投資後の経営指導にも積極的であり，役員を派遣したり経営者を変えたりする。日本においても最近の独立系や外資系のベンチャー・キャピタルでは投資後の経営指導に積極的である[20]。

⑧　投資資金の回収方法は株式公開にもっぱら依存している。それに対し，米国のベンチャー・キャピタルでは，株式の公開による投資資金の回収のみならず，他会社へ株式を売却することもある[21]。

⑨　日本ではベンチャー・キャピタルを運用するベンチャー・キャピタリストの数が少なく，さらにハイテク企業の成長性や企業家を見る目をもつ人材が乏しい。米国においては大学や大学院では工学系を勉強し，MBAを出た者，あるいは会社経験・成功者が多く，人材が豊富である。それに対し，日本のベンチャー・キャピタリストは金融系からの派遣者が多く，かつハイテク企業での経験者が少ないのはハイテク企業への投資が少ない理由になっていないだろうか[22]。

要するに，日本のベンチャー・キャピタルはまだ幼稚な段階であるのに対し，米国のベンチャー・キャピタルはベンチャー・キャピタルの産業を形成している段階に来ている。日本のベンチャー・キャピタルはそれ自体のみに問題があるのではなく，米国の仕組みと比べてベンチャー・ビジネス全般に問題があると見たほうが妥当であろう。

③　個人投資家（エンジェル）

日本のベンチャー・ビジネスの成長を支援する要素のうち，最も弱いものの1つはエンジェルであろう。ベンチャー・キャピタルも実態・内容から見れば，ベンチャー・ビジネスの育成に不十分であるが，従来指摘されている通り，ベンチャー・ビジネスが最も不足していると感じている支援者は，エンジェルとベンチャー・キャピタルである。特にエンジェルの不足は，初期の投資，技術開発，シーズを育てる役割を果たす点からは，ベンチャー・キャピタ

ルより重要な位置にある。エンジェルの現状としてはすでに成功したベンチャー企業の社長をはじめ，中小企業経営者，外資系日本法人幹部，リタイアしたシニア層などが少額の金を投資しているのが実態であるという[23]。また，彼らが投資する場合，投資する基準はビジネスモデルよりも社長の人柄で判断する。その理由は現在手掛けている事業が失敗しても，経営者として優秀であれば必ず違う事業を見つけるなど打開策を打ってくるからだ。経営者に必要なものは情熱と誠実さであるという[24]。

個人投資家の不足は，ベンチャー企業側の情報開示不足，未公開株式市場の整備不足，公開以外の売却などの容易性，税金の問題を挙げている中で，情報開示不足を挙げている。この問題は，社会，文化とも関わる問題でもあり，信頼性の問題はベンチャー・ビジネスの育成のベースとして本質的な問題でもある。

4 シーズ

シーズ（seeds）というのは，ベンチャー・ビジネスを興す上でのニューアイディアや技術をいうが，日本においてこのシーズの不足もベンチャー・ビジネスの育成に大きな問題となっている。エンジェルとシーズの不足は日本のベンチャー・ビジネスの育成においてアキレス腱である。シーズは中小企業の内部からの出現と中小企業の外部からの持込みが考えられる。日本の場合，従来のシーズは，中小企業や大企業から出現したものが多く，それに芽を出させ・育てていくのも中小企業や大企業の出身者が多かった。それに対し，社会・経済にパイの増大をもたらすシーズは大学・研究所・その他であり，中小企業の生産・営業の現場ではないところから持ち込まれることが特徴である。その場合シーズは，革新的なもの，企業の世界へパイの増加・拡大をもたらすものが多い。日本においても，最近になってTLO（技術移転機関）やSBIR（中小企業技術革新制度）などによるシーズの発見・育成を図っている。

5 インキュベーター

　日本におけるインキュベーターは，80年代の米国の例に倣い，政府支援の下で増加してきた。その数は，表6－4のように，203か所に2,200社余りの企業を育てている。それに対し，米国では850か所に6,458社が育てられている。日本のインキュベーターの特徴は，ハード面の充実からソフト面の補充を図っているとはいえ，依然としてハード面の提供が中心をなしている。それに対し，米国ではソフト面の支援による事業開発を主眼とするものが80年代から登場し，会計，税務，マーケティング，マネジメントの各面でのコンサルティング及び技術支援，金融へのアクセス（資金支援）を提供し，その中には支援企業に資本参加する場合もある。支援対象としてはミックス・ユース型が中心でIT・バイオ等の先端産業のみならず，多様な産業のシーズを育成している。この点は，イギリスやフィンランドがハイテク系企業に限っているのとは対照

表6－4　各国インキュベーターの比較

区　分	アメリカ	イギリス	フィンランド	日　本
拠点数（箇所）	850	90	54	203
育成企業数(数)	6,458	1,710	―	2,247
平均スタッフ数(人)	2.8	5.8	6	0.7
支援対象	ミックス・ユース型が中心（IT・バイオ＋その他）	ハイテク（IT・バイオ）が中心	ハイテク（IT・バイオ）に特化	ミックス・ユース型が中心
サービス機能	外部のビジネス支援専門サービス会社・人材が多数存在	ビジネスリンク（政府系の支援機関）との効果的な連携	大学と連携したソフト・サービス機能の充実	専門人材の層が薄いことによるソフト面のサービス機能が脆弱
大学や社会との関係	大学が主導　産業界と大学の連携が強い　NPO活動との連携が強い	地方自治体など（地域開発公社）が主導　産業界と大学の連携が強い	中央政府主導　産業界と大学の連携が強い	地方自治体主導　産業界と大学の連携が弱い

出典：『中小企業白書』2001年，169頁より。

的である。また，米国ではミックス・ユース型で日本と似ているが，その内容は先端産業のハイテク系が中心となっている。

日本におけるインキュベーターは，従来の中央政府の支援の下で地方自治体が中心になって設置してきたのに対し，最近は民間のインキュベーターが急増している。民間のインキュベーターの運営は投資コンサルティング（43.2％），不動産業・建設業（25.0％），学校法人（13.6％），ソフト面の支援を行っているのが民間型で50％，公的型が60％以上である[25]。日本のインキュベーターの発展課題としては，ソフト面の充実にあるのではなかろうか。

6 メンター

ベンチャー・ビジネスの相談にはメンター（mentor）というものがあるが，ベンチャー・ビジネスの相談相手をする人をいう。つまり，英語のA wise and trusted counselor or teacherで，賢明で信頼できる相談者・教師を意味するが，原意はギリシャ語でのOdysseusの相談者がメンターであったことから由来したという。メンターは，以前にベンチャー・ビジネスを創業し，成功した人々が自分の経験を生かしてベンチャー・ビジネスの創業者に助言する。その活動はその他に専門知識人――会計士，税理士，弁護士，既存の企業経営の経験者など多様である。

要するに，日本のベンチャー・ビジネスは，サポートの仕組みが不十分なまま，実際には多様な形態で展開されていると思われるが，システムの上であまりにも従来の日本の企業経営とは異なるものであり，今後もベンチャー・ビジネスの発展過程で試行錯誤を繰り返すことと考えられる。

3 米国におけるベンチャー・ビジネス

1980・90年代において，米国経済の発展の主役といえば，膨大な量の創業活動とその中で伸びてきたハイテク・ベンチャー・ビジネスであろう。ハイテク・ベンチャー・ビジネスを含む1年間の創業は，前述した通り，70-80万社

第6章　日米のベンチャー・ビジネス　*131*

に上る。この創業企業がすべてベンチャー・ビジネスではないことは言うまでもない。ハイテク・ベンチャー・ビジネス（技術革新的，高成長，ハイ・リスク）は創業総数の約1％程度であると見ている[26]。そのうち，ベンチャー・ビジネスの成功の印とも言われている IPO（＝NASDAQへの株式公開）は，年間で多いときには700社前後で，少ない時に200－300社で推移している[27]。このことは，ハイテク・ベンチャー・ビジネスの成功が流行語のように語られることとは違って，大変激しい創業—成長—企業公開の過程を経なければならないことを意味する。そこには，ベンチャー・ビジネス育成システムが働くわけである。

　米国におけるベンチャー・ビジネス論は，ベンチャー・ビジネスへの投資に関する議論が多い。つまり，ベンチャー・キャピタル，エンジェルが中心であり，その活動が多様性を帯びつつ発展してきた。ここでも米国のベンチャー・ビジネスの資金調達の2大中心軸であるベンチャー・キャピタルとエンジェル

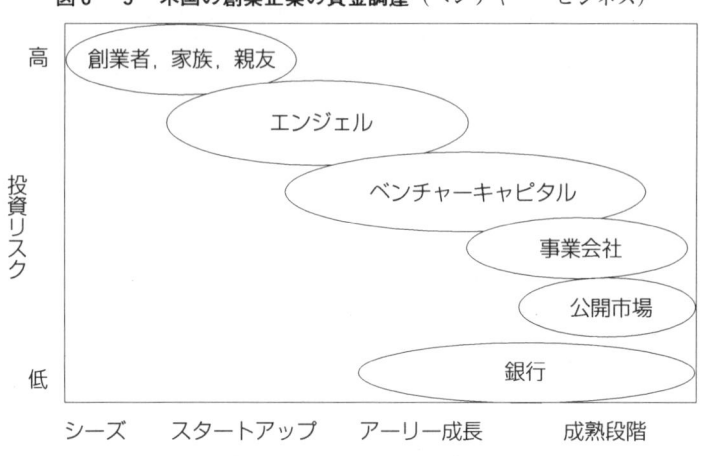

図6－3　米国の創業企業の資金調達（ベンチャー・ビジネス）

縦軸：投資リスク（高・低）
横軸：企業の成長段階（シーズ　スタートアップ　アーリー成長　成熟段階）

- 創業者，家族，親友
- エンジェル
- ベンチャーキャピタル
- 事業会社
- 公開市場
- 銀行

出典：Mark van Osnabrugge, Robert J. Robinson（2000）"Angel Investing-Matching start-up Funds with start-up Companies－The Guide for Entrepreneurs, Individual Investors, and Venture Capitalists－" Jossey-Bass Inc., San Francisco, California.

について検討してみることにしよう。

ベンチャー・ビジネスにおいて外部資金・創業資金の調達先は，創業者の本人の貯蓄及び友人，家族，エンジェル，ベンチャー・キャピタル，事業会社，資本市場，商業銀行が主なものである。これらの資金は，図6－3のように，ベンチャー・ビジネスの段階別にその役割が異なっている。つまり，初期段階では創業者及び友人，家族，次の段階ではエンジェル，アーリー段階でベンチャー・キャピタルなどの投資が大きな貢献をしている。

1 米国のベンチャー・キャピタル

米国のベンチャー・ビジネスの主役は，シーズを持ち込む起業家（Entrepre-

表6－5　米国のベンチャー・キャピタル投資の内訳

(2001年，単位：百万ドル)

産業	会社数	市場価値 4.30日 C	市場価値 5.31日 D	差異 (D－C)	増・減 (％)	構成 (％)C	構成 (％)D
バイオテクノロジー	127	82,692	92,003	9,311	11.3	7.5	8.3
医療	137	67,290	72,150	4,859	7.2	6.1	6.5
金融，保険，不動産	24	51,763	56,465	4,702	9.1	4.7	5.1
ソフトウェアサービス	318	250,005	254,420	4,415	1.8	22.6	22.9
工業製品	43	18,073	19,751	1,678	9.3	1.6	1.8
消費関連	86	53,518	54,537	1,019	1.9	4.8	4.9
事業サービス	13	3,615	4,207	592	16.4	0.3	0.4
交通	11	4,967	5,139	172	3.5	0.4	0.5
建設	5	462	519	57	12.4	0.0	0.0
その他	6	5,542	5,575	32	0.6	0.5	0.5
製造業	20	15,426	15,457	30	0.2	1.4	1.4
農業	2	74	97	22	30.2	0.0	0.0
ハードウェア	47	23,368	22,762	－606	－2.6	2.1	2.0
エネルギー	19	27,914	25,276	－2,637	－6.4	2.5	2.3
半導体	93	105,936	96,929	－9,006	－8.5	9.6	8.7
コミュニケーション	200	397,710	386,497	－11,212	－2.8	35.9	34.8
合計	1,151	1,108,362	1,111,792	3,430	0.3	100	100

出典：VCJ（VENTURE CAPITAL JOURNAL）July 2001.
備考：単位以下切り捨てにより合計と一致しない。

neur) とハイ・リスク，ハイ・リターンへ投資するベンチャー・キャピタル，エンジェルである。そのうち，ベンチャー・ビジネスの初期段階から IPO 段階までの期間中，最も大きな役割を果たしているのはベンチャー・キャピタルである。ベンチャー・キャピタルの理解を通じてベンチャー・ビジネスを理解してみよう。

米国におけるベンチャー・ファンドは，1998年のストックで約842億ドルであり，ここ数年で大きく伸び，年間の投資額は1998年には167億ドルに上っている（90年代はじめに約50億ドル水準，1997年99億ドルの水準）28)。

米国のベンチャー・キャピタル投資の産業別構成は，表6－5のとおりである。この資料は1,151の企業を調査対象としている。このベンチャー・キャピ

表6－6　米国のベンチャー・キャピタル投資の内訳（参入・退出）

(2001年，単位：百万ドル)

産業	増	減	市場価値 増 D	事業価値 減 E	市場価値 増/減 F	% (増/減)	構成 (%) D	構成 (%) E	構成 (%) F
バイオテクノロジー	100	27	10,182	−871	9,311	11.3	16.6	1.5	271.5
医療	100	37	6,721	−1,861	4,859	7.2	11.0	3.2	141.7
金融，保険，不動産	18	6	4,753	−50	4,702	9.1	7.8	0.1	137.1
ソフトウェアサービス	169	149	16,171	−11,756	4,415	1.8	26.4	20.3	128.7
工業製品	28	15	1,962	−284	1,678	9.3	3.2	0.5	48.9
消費関連	56	30	2,535	−1,515	1,019	1.9	4.1	2.6	29.7
事業サービス	10	3	644	−52	592	16.4	1.1	0.1	17.3
交通	9	2	201	−28	172	3.5	0.3	0.0	5.0
建設	3	2	67	−10	57	12.4	0.1	0.0	1.7
その他	4	2	496	−463	32	0.6	0.8	0.8	0.9
製造業	12	8	313	−282	30	0.2	0.5	0.5	0.9
農業	2	0	22	0	22	30.2	0.0	0.0	0.6
ハードウェア	26	21	1,083	−1,689	−606	−2.6	1.8	2.9	−17.7
エネルギー	10	9	410	−3,048	−2,637	−9.4	0.7	5.3	−76.9
半導体	41	52	2,876	−11,882	−9,006	−8.5	4.7	20.5	−262.6
コミュニケーション	95	105	12,824	−24,036	−11,212	−2.8	20.9	41.6	−326.8
合計	683	468	61,264	−57,834	3,430	0.3	100	100	100

出典：表6－5と同じ。
備考：表6－5と同じ。

タル投資対象企業の市場価値は2001年5月31日に，1.1兆ドルを越えている。そのうち，ソフトウェアサービス業が最も多く，次にコミュニケーション業，バイオテクノロジー，医療，半導体などが全企業の80％（市価の80％）を占めている。これらの産業はベンチャー・キャピタル投資の最も選好する産業となっている。それに対し，農林水産業，建設，運送業，エネルギー，事業・サービス業，製造業，その他などは20件以下となっている。

また，新規の参入企業と退出企業（ベンチャー・キャピタルの支援を受けない理由は多様）はそれぞれ683社と468企業で（表6-6），新規の参入企業の方が200社余り多い。産業別にはソフトウェアサービス業は参入と退出が共に多く，バイオテクノロジー，医療・健康関連は新規参入が100件ずつであるのに対し，退出は各々27件と37件であり，この分野の数的増加はソフトウェアサービス業を上回っている。また，コミュニケーション産業と半導体産業は新規参入より退出企業の方が多く，数的減少を示している。

米国のベンチャー・キャピタルの地域分布は，表6-7のように，2000年第

表6-7　地域別ベンチャー・キャピタルの投資

(単位：百万ドル)

地　域	2000年2/4分期		2000年1/4分期		伸び率(％)C/E	構成(％)B	構成(％)C	構成(％)D	構成(％)E
	会社数 B	投資額 C	会社数 D	投資額 E					
北カリフォルニア	511	8,922	353	4,160	214	30.1	36.3	30.2	33.2
北東部	377	5,235	260	2,765	89	22.2	21.3	22.3	22.0
南カリフォルニア	136	2,067	106	1,002	106	8.0	8.4	9.1	8.0
中西部	139	1,845	86	824	121	8.2	7.5	7.4	6.6
中部アトランティック	137	1,638	88	895	83	8.1	6.7	7.5	7.1
南東部	136	1,530	92	690	122	8.0	6.2	7.9	5.5
ロッキー山脈地方	65	1,247	41	626	99	3.8	5.1	3.5	5.0
南西部	112	1,267	84	954	33	6.6	5.2	7.2	7.6
北西部	82	832	58	630	32	4.8	3.4	5.0	5.0
合計	1,695	24,583	1,168	12,546	96	100	100	100	100

出典：図6-3と同じ。
備考：四捨五入により合計と一致しない。

2四半期に1,695のベンチャー・キャピタル投資企業があり，そのうち，企業数で約50％がカリフォルニアと米国の北東地域 (Boston, New York) で占めているのに対し，中西部 (Chicago)，中部アトランティック (N.Carolina)，南東地域 (Texas) で各々約140社弱の数字を示している。投資金額ではカリフォルニア (California) と北東地域で約70％弱を占めているのに対し，中西部，中部アトランティック地域，南西地域では，20％を占めるに過ぎない。また，伸び率が高い地域は，カリフォルニアと中西部，南西部である。要するに，ベンチャー・キャピタルの投資はカリフォルニアと北東地域に集中し，その他に中西部，中部アトランティック，南東地域で増加している。その他の地域においても高い伸びを示していることはベンチャー・ビジネス，ベンチャー・キャピタルの活動が，全国各地方で起きていることが推量される。

(1) 米国のベンチャー・キャピタルの資金源

ベンチャー・キャピタルの資金源となるものは，図6－4のように1999年基準で年金基金 (20％)，各種基金 (18％)，個人投資金 (18％)，企業 (14％)，仲介機関 (11％)，金融機関 (6％)，保険 (5％)，外国人 (3％)，その他 (5％) となっている。1998年には年金基金が (55％) を占めていたことから見れば，この資源 (source) の変化がベンチャー・キャピタルの資金源構成の変化をもたらしている。また，年金基金の比率が下がったとはいえ，さまざまな機関からの投資が大部分を占め，金融機関や個人投資資金はそれほど大きいものではない。

(2) 米国のベンチャー・キャピタルの収益率

ベンチャー・キャピタル投資は，普通2－3年，長くて4－5年のうちに投資収益を実現することを狙いとしている。しかし，ベンチャー・キャピタル投資は，投資先企業の諸段階ごとに投資方法や金融，諸条件が異なるし，それによって収益率も異なる。初期段階に投資することはハイ・リスクを伴うのでハイ・リターンを期待する。また，成長段階やIPO前の段階では，リスクがより少なくなる代わりに，収益率（リターン）も低くなる。その例が表6－8に示されている。初期段階 (early stage) で247.9％と最も高く，成熟段階 (later

136　第Ⅱ部　日米の中小企業の構造分析

図6-4　ベンチャー・キャピタルの資金源

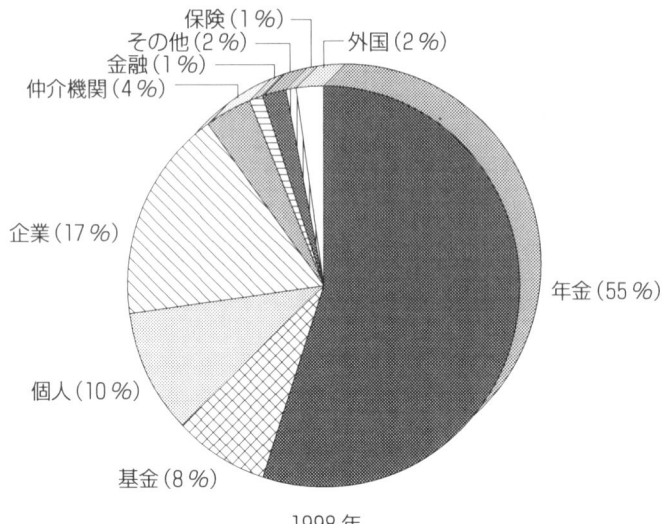

保険(1%)
その他(2%)　外国(2%)
金融(1%)
仲介機関(4%)

企業(17%)

年金(55%)

個人(10%)

基金(8%)

1998年

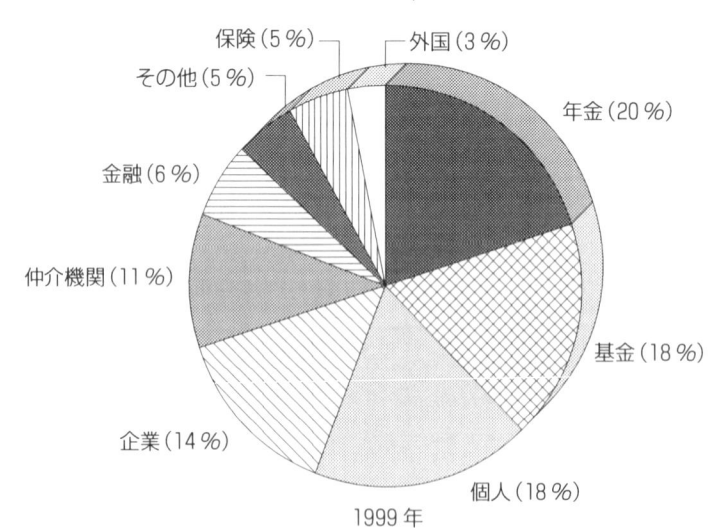

保険(5%)　外国(3%)
その他(5%)
年金(20%)
金融(6%)

仲介機関(11%)

基金(18%)

企業(14%)

個人(18%)

1999年

出典：VCJ・August 2000.

表6－8　投資家のネットリターン（収益率）

(単位：％)

資金タイプ	1年	3年	5年	10年	20年
アーリー段階/シーズベンチャー	247.9	75.6	63.2	31.5	22.7
成長段階ベンチャー	122.0	46.8	39.8	21.9	16.9
成熟段階ベンチャー	70.2	33.8	36.4	26.5	18.7
全ベンチャー・キャピタル平均	146.2	53.8	46.4	25.2	18.8
買取り	25.9	19.0	18.6	16.6	20.0
メザニン投資（Mezzanine）	8.0	8.9	10.0	11.0	11.4
全私的投資の平均	61.1	31.4	28.5	20.3	19.3

出典：図6－3と同じ。
備考：メザニン投資は転換社債や劣後債投資をいう。

stage）のそれはかなり低いとはいえ70.2％であり，この数字は証券の平均の収益率61.1％を上回っている。この収益率は，3年，5年となるにつれ，低下している。

(3) 金融・年金などの投資：金融系ベンチャー・キャピタルの場合

ベンチャー・キャピタルの投資は，主にLPS (Limited Partnership) という組織を通じて行われている[29]。LPSは，ベンチャー・キャピタルの投資専門家としてベンチャー・キャピタリストであり，GP (General Partner) とLP (Limited Partner) から構成されている組織であり，税金納付の対象となる組織ではなく，ベンチャー・キャピタル投資の機能を行うためのものである。

GPはベンチャー・キャピタルから派遣された専門家，LPは機関投資家からの派遣専門家なので，それぞれの役割が区分されている。LPは投資資金の管理に対して助言するが日常の業務へ口出しはしない。ベンチャー・キャピタリスト（またはGP）は，投資先企業の情報提供やコンサルティング等を行い，役員にもなり，投資先企業の値打ちを高めることが使命である。このような構成に基づいてベンチャー・キャピタル投資活動が行われるようになったのは，ベンチャー・キャピタル投資のリスク管理や投資管理の難しさから，その効率を高める狙いからである。そのLPSの組織は10年程度で解散・清算して再び再構成する。このようなパターンの繰り返しがベンチャー・キャピタル投資の

(4) ベンチャー・キャピタルと投資先企業の管理・支配

ベンチャー・キャピタルはリスクの高い企業へ投資しているだけに,その企業の管理・支配に乗り出す場合が多い。この働きを行うのはベンチャー・キャピタリストの仕事であり,まずは,投資先企業の情報に基づいて,その企業の価値を高めるための情報や相談（コンサルティング）を行い,その企業の管理・支配に有利な立場へ持っていく。そのため,株式の持ち分を高めていく。経営者が有能でなければ,適当な人材を派遣したり,自ら役員となり,投資先企業の経営状態を把握する。シーズを蒔いた創業者からは,見方によっては企業を乗っ取られたように見えるが,2つの点でこのことは理解されるという[30]。1つはシーズを蒔いた創業者は経営専門家ではなく,技術・エンジニア系が多いため,専門家を迎え入れる。2つ目はベンチャー・キャピタルの投資は永年の企業支配を目的とせず,IPOによって投資収益を上げた後は経営権を創業者へ戻すことが基本慣行（暗黙的契約）となっているからである。

2 米国のエンジェル

エンジェル資金は次のような特徴を持っている[31]。

(1) エンジェル資金は,ベンチャー・キャピタルに比べ小規模の投資が多い。金額では10万－50万ドル以下が大部分である。この資金は25万ドル以下の支援資金の84%,25万－50万ドルの支援資金の58%を占める。また,50万ドル以下を支援する範囲内ではベンチャー・キャピタルの4倍に該当する。エンジェルは自己資産の15%以下を投資する場合が多いが,この額が全部集められると大きな額になる。

(2) エンジェル資金は,初期段階への投資が多い。エンジェル資金の60%が初期段階に投資されるのに対し,ベンチャー・キャピタルは25%のみが初期段階に投資される。このような点から見ると,本当のベンチャー・キャピタルはエンジェルであるといえる。ベンチャー・ビジネスの初期段階の資金不足を埋めているのは,まさにエンジェル資金である。

(3) エンジェル資金は，ベンチャー・キャピタルに比べ，ロー・リスク (low-risk)，ロー・リターン (low-return) を志向するが，しかし，初期段階のハイテク系会社へのハイ・リスクの投資も比較的多い。100万ドル以下の初期段階投資のうち，60%がエンジェル資金である。また，金融支援の決定に柔軟性があり，100万ドル以下の投資を選好し，企業の成長率では40%以下（実際には20%程度が多い。），従業員は100人以下，売上高は500万ドル以下，これらの企業への投資を好む。

(4) エンジェル資金は，ベンチャー・キャピタルの投資パターンに比べ，投資範囲が広い。ベンチャー・キャピタルは専門化し，高成長が見込めるハイ・リスクであるが，コンピュータ関連産業，バイオなどに集中しているのに対し，エンジェル資金はハイテクからロー・テク (low-teck) まで全産業分野にわたって投資している。

(5) エンジェル資金は，付帯費用がかからない。銀行及びベンチャー・キャピタルは企業調査，担保物件調査など付帯費用が高い。

(6) エンジェル資金は，付加価値を持つ投資者が多い。すなわち，エンジェルは投資ばかりではなく，個別産業の技術・情報を提供して企業経営に口を出すことがある。しかし若い経営者には無視されがちである。

(7) エンジェル資金は，ベンチャー・キャピタルとは異なり，各地域のどこでも存在する。

(8) エンジェル資金は，他の資金を導入する際，支援作用をする。つまり，エンジェル資金を利用していると言うことで，金融機関から評価されて，融資を受けやすい。

(9) エンジェル資金は，ローンの保証人としても有効に使われる。

(10) エンジェル資金は，資金調達のギャップへ利用される。すなわち，資金ギャップというのは，ベンチャー・キャピタルの投資が250万ドル以上と大型化していくにつれ，エンジェル資金は50万ドル以下，大きくて100万ドル以下であるので，その間の資金需要と供給との格差をいう。そこに最近エンジェル・シンジケート (angel・syndicate) が登場して，エンジェル資金の投資を大

型化している。エンジェルとベンチャー・キャピタルの中間に位置し，そのギャップを埋める役割を果たしている。

エンジェル投資の不利な点としては次のことが考えられる[32]。

① エンジェルは，投資先企業の成長と共に，2回3回と重複投資することを避けたがる。ベンチャー・キャピタルの場合，企業の成長に伴い，企業のコントロールと支配を狙いとする場合，投資回数や額を増していく。

② エンジェルは，投資先企業の経営へ口出しすることを好む。企業家に新しい情報・機能・技術を伝達する場合もあるが，厄介なことにもなりかねない。

③ エンジェルは，外部からの評価が行われないため，それに対し関心がない。ベンチャー・キャピタルの場合，外部―社会評判によって資金調達に大きな影響を及ぼすようになる。

エンジェル資金の投資金額はベンチャー・キャピタルより多く，投資対象企業数も多い。エンジェル資金の潜在力もまた大変大きい。エンジェル資金の増加しない理由は，投資対象企業の発掘―提案不足，対象企業の内部情報・調査不足などが挙げられる。

エンジェル資金の投資増加のためにはエンジェルとマッチさせる機会・サービスの拡大，両者の理解を増進させる教育の必要性，エンジェル資金の投資への誘引策，インセンティブの提供，エンジェル資金の役割評価，エンジェル・ミュチュアル・ファンド（mutual-fund）の開発などが考えられる。新しい立場からは，企業家の信頼確保，経験ある投資家＝エンジェルと共同投資，成功したエンジェルから学ぶ機会の提供，投資実施のための金融条件・税金対策などを挙げている。

(1) 米国のエンジェルの平均的イメージ[33]

エンジェルはほとんどが男性であり，約97％を占めている。年齢は48-50歳に多く集中しており，教育は，サンプル（sample）によって異なっているが，80-94％が大学卒以上であり，42-56％が大学院修了である。

ベンチャー・キャピタルの場合，ベンチャー・キャピタリストは，40歳代の

前半が多く，大学卒やMBA出身者が多い。また，50歳代以降の上級管理者は投資前後の管理をしている。

　事業経験については，エンジェルはベンチャー・キャピタルより中小企業経営者が多く，87％が全般的事業経験を持っている。一般的な認識とは別に，弁護士，会計士，医者などの専門職従事者は意外にも少数である。エンジェルで成功した人は中堅企業や大企業のアッパー・ミドル管理者や役員が多く，成功していないエンジェルには中小企業のトップ管理者出身が多い。

　アントレプレナーの経験については，エンジェルはベンチャー・キャピタルより創業家としての経験者が多く，サンプルによっては75－83％が創業の経験を持っているし，ベンチャー・キャピタルとは対照的である。投資資金の75％は以前の事業からの蓄積資金であり，25％は株式などの投資益金であった。創業の経験を持った人は，他のエンジェルより投資に対する責任感と企業活動の側面支援に積極的であった。

　投資経験に関してエンジェルは，ベンチャー・キャピタルに比べ投資経験が不足する。すなわちエンジェルの投資回数は過去5年間に2.25回で，ベンチャー・キャピタルの平均20回とは比べものにならない。

　エンジェルの投資動機は，収益を期待し得る投資機会があること，ベンチャー・ビジネスの成長をサポートすること，企業家的役割を遂行すること，その他に引退後の生活に活力をもたらすことなどである。エンジェルは，利他主義的な行動を行い，社会的責任も感じる場合が多くある。エンジェルは5年間に投資金額の5倍の増加を目安とする。

　エンジェルの投資を誘引する企業家は，事業に情熱的であり，信用と専門性があって，企業説明に積極的で，経験がある人である。ベンチャー・キャピタルも同じだが，信用と専門性をより高く評価する。エンジェル投資を誘引する市場・製品は，販売力，市場成長性，諸品質を高く評価するが，ベンチャー・キャピタルも同じ視角から見ている。

　エンジェルの投資は，投資先企業の株式の10％－20％以内で投資が行われる。エンジェル（のシンジケート）は，3割前後まで伸びるが，企業経営を支配

するまではいかない。一方，ベンチャー・キャピタル投資は投資先企業の株式の平均25％前後であるが，同じ企業への継続的投資を行いその比率は高まっていく。例えば，ベンチャー・キャピタルは平均して1回目の投資では31.5％，2回目投資では19.7％，3回目投資で10.0％の株式を獲得する。企業の経営をコントロールすることを狙いとして投資しているのが，エンジェルとの違いである。

エンジェルは経営を支配しようとしないし，企業家を退出させようともしない。その分，信頼，能力のある企業家を選択するのに努力する。これに対しベンチャー・キャピタルは戦略的に投資先の経営陣交代を行う場合が多い。ベンチャー・キャピタルの役員・理事会への参加によって，またベンチャー・キャピタルの投資初期に経営陣交代の権限を持つように契約する。ベンチャー・キャピタルの経営陣交代は企業当たり平均3人，2-4年に1人の経営陣を交代させる。

エンジェルの投資資金を回収する方法は，大企業へ販売（合併）43.1％，他の同業者に販売26.4％，第三者へ販売16.7％，IPO12.6％，清算処理1.3％である。エンジェルは，投資企業の株式を平均5年保有するが，一般的に3-7年程度保有する。ベンチャー・キャピタルもソフトウェア産業で平均5年程度保有し，バイオ産業の場合は5-8年，新素材産業への投資はより長期の保有が多い。

エンジェルは投資資金の回収方法がもっと自由になり株式を流通させることができるシステムがあるならば，もっと多く投資を呼ぶだろう。しかし，投資対象企業の選定は難しく，そのようなシステムを作るのは容易でない。

エンジェルの投資収益は，実際に測定された研究はなく，期待収益率を評価したものが多い。エンジェル投資やベンチャー・キャピタルの収益率が高いことは事実であるが，ベンチャー・キャピタルのトップ20企業の収益率が特に高く，一般的にはそれほど高くない。ある研究によれば，損失の比率は，エンジェル投資で約40％，ベンチャー・キャピタルで65％であり，0-24％の収益率がそれぞれ24％と7％，25-49％の収益率が各々13％と7％，50-99％の収

益率が各々13.3％と9.5％であり，100％以上の収益率は各々10.2％と12％である。100％以上の収益率ではベンチャー・キャピタルの比率がエンジェルのそれより高い。

　エンジェルの投資では，事前の企業調査—モニタリングを徹底に行い，投資後の支援・アドバイスなどの管理も必要であり，そのような行動こそが高収益へと結びつくのである。

3　その他の資金調達
(1)　初期資金としての銀行ローン

　銀行は資金の性格から生理的にリスクを回避しようとする。すなわち，年4－6％の利子をもらうことで融資・投資しているのに，元利金まで損失するのは大きな打撃となる。したがって，ベンチャー・ビジネスは信用記録もなく，事業実績もなく，現金の流動性収益を上げた記録もないので，リスクを評価し得る資料の不足からハイテク・ベンチャー・ビジネスへの銀行の投資，融資はまずあり得ないという[34]。ただ，企業家個人の信用や担保があれば別であるが，普通は創業企業・ハイテク企業への投資は行わない。要するに，銀行はリスクを最小化するのに関心があるのに対し，ベンチャー・キャピタルはリスクを減らしリターンを増やすことに関心があるという。

　銀行の融資制限のうち，商業銀行は例外で初期段階の企業へローンを貸与するという。担保を提供する場合，融資額の2.5倍に相当する担保を提供するが[35]，担保に対して評価，再評価，減価償却などの銀行融資条件を満たすための付帯費用がかかるようになるが，十分な担保を持たない創業家は負債超過に陥ることもある。銀行は大企業への融資・投資に関心があり，ハイテク企業の成長段階，企業公開直前の企業にも融資をする。

　初期段階の企業は，外部資金調達計画に銀行融資を含む場合が3分の2と多いが，しかし，実現するのは非常に少ない。ニューハンプシャー地域の調査によると，70％の初期企業が銀行融資を希望するが，要求額の一部でも実現されるのは50％程度である[36]。さらに，ハイテク企業として銀行ローンを受ける

のはさらに難しいという。

　企業家の立場から銀行融資が実現されない理由は，36%の銀行は創業企業をよく理解していない，31%は創業企業の負債が大きい，29%は担保物件が不足するかないためと見ている[37]。

(2) **事 業 会 社**

　事業会社のベンチャー・ビジネスへの投資は，「Fortune 500」の大企業が従来多く戦略的投資を行ってきたが，最近はその比重は低下した[37]。大企業は，戦略的投資より社員に創業機会を提供―spin-offするところという認識が広がっている。事業会社は自社株を提供して，ベンチャー・ビジネスを買うことも多く，創業家も大企業へ参加するために創業―育成―技術開発を行う場合が多いという。例えば，1998，99年には160-180社が売買された。コンピュータインターネット関係が40%と多いという[38]。それはベンチャー・キャピタルが短期間でのリターンを狙っているからである。

4　おわりに

　日米のベンチャー・ビジネスについて概略的に検討してきたことについて，次のようにまとめることができよう。

　日本のベンチャー・ビジネスは，従来の中小企業の創業―成長のシステムとは異なる形態で展開している。それは，社会的，経済的システム，シーズの開発・育成，創業，ベンチャー・キャピタル，エンジェル，その他支援構造としてインキュベーター，メンター等の支援の下で成長・発展しているからである。しかし，その仕組みは米国に比べ大変不十分なものになっており，そのような条件の中で日本のベンチャー・ビジネスは展開されている。したがって，日本のベンチャー・ビジネスは，経済へパイの拡大をもたらす役割が弱いのである。日本のベンチャー・ビジネスが十分な活躍・成長を遂げるためには，米国のように資本と人材が集約できる仕組み（三重構造）を作ることであろう。

　米国のベンチャー・ビジネスの視座から見れば，日本のベンチャー・ビジネ

スの仕組みのあり方・実態はかなり違うといえる。それは，発展段階の遅れという捉え方，または仕組み・システムの違い・異質的なものという捉え方，両方で理解できる。さらに，ベンチャー・ビジネスは一種のハイテクの企業・国際競争力のある企業を育成する手段であるというのが本質的なところであるとするならば，その目的に合わせてベンチャー・ビジネス論をどのように展開すべきなのかが問われるべきであろう。

　従来の視点から見れば，そもそも，ベンチャー・ビジネスは従来の中小企業の領域を越えた存在であり，従来の中小企業論では理解できない存在である。規模の面で従業員数が少ない（しかし人材を必要とする）が，資本金や活動の内容としては大企業並の中小企業である。ベンチャー・ビジネスは，従来の中小企業が自社経営の領域を拡大する形での展開よりも，外部からサポートして成り立つもので，全社会的分野からのシーズが現存中小企業の外部からの持込みであるという点を強調したい。なぜならば，従来の日本のベンチャー・ビジネスや技術開発は担い手を現存の中小企業に決めていたため，その範囲内での技術開発，シーズの開発にすぎなかったからである。

注
1） 清成忠男『ベンチャー中小企業優位の時代』東洋経済新報社，1996年。
　　浜田康行『日本のベンチャー・キャピタル―未来への戦略投資』日本経済新聞社，2001年。
2） 清成忠男『前掲書』東洋経済新報社，1996年。
3） 港徹雄「ベンチャー企業の新しい企業間システム」（『経済セミナー』日本評論社，No.548号，2000年9月）
4） 庄谷邦幸「日本の中小企業政策の転換とベンチャー支援策の意義」（『桃山学院大学，経済経営論集』第41巻第3号，元の資料は『日経ベンチャー・ビジネス年鑑（1978年版）』の集計資料。
5） 山田基成「ハイテク・ベンチャーをどのようにして生み出すか」（『経済セミナー』日本評論社，No.545号，2000年9月。
6） 『中小企業白書』2001年，210頁。調査対象地域は，札幌市，東京都渋谷区，大垣市，京都市，福岡市で「情報サービス・調査業」の中の小分類「ソフトウェア業」

情報処理・提供サービス業に当たる企業を対象とした。調査企業対象企業（事業所）数は1550，有効回答数354（有効回答率22.8％）であったという。調査対象数は事業所ベースで「事業所・企業統計調査」と比べ調査対象地域の全体の約半数に上り，かなり信頼できるものであると思われる。

7) 同上，128頁。
8) 『中小企業白書』2000年，日本証券業会『証券業報』2002年2月，612号「資料」参照。
9) 浜田康行『日本のベンチャーキャピタル』日本経済新聞社，2001年。
10) Kenji Kutsuna, Marc Cowling and Paul Westhead "The Short-run Performance of JASDAQ Companies and Venture Capital Involvement Before and After flotation" ("Venture Capital" 2000, Vol. 2, No. 1), p. 3.
11) 同上。
12) 井上晋就「ベンチャー・ビジネス監査をめぐる若干の論点―アメリカの経済を基礎としての日本の現状について―」早稲田大学。
13) 『ベンチャークラブ』2001年5月号および10月号参照。
14) 同上。
15) 『中小企業白書』2000年，241頁参照。
16) 同上。
17) 『ベンチャークラブ』2001年5月および10月号参照。
18) 同上。
19) 同上。
20) 同上。
21) 同上。
22) 同上。
23) 同上。
24) 同上。
25) 『中小企業白書』2001年，169頁参照。
26) Mark Van Osnabrugge, Robert J. Robinson (2000) "Angel Investing-Matching Start-up Funds with Start-up Companies – The Guide for Entrepreneurs, Individual Investors, and Venture Capitalists – " (Jossey-Bass Inc., San Francisco, California), p. 21.
27) 『中小企業白書』2000年，235頁参照。
28) 同上，241頁。
29) Mark Van Osnabrugge, Robert J. Robinson (2000), op. cit.

30) 同上。
31) 同上。
32) 同上。
33) 同上。
34) 同上。
35) 同上。
36) 同上。
37) 同上。
38) 同上。

第7章 日米における中小企業と女性企業家

1 はじめに

　本章の課題は，日米における女性企業家の実態を明らかにすることである。米国における女性企業家は，図7－1のように，全企業数の36％（社数で約850万社）（別の統計では26％，企業数541万社）を占めるまでに成長したのに対し，日本のそれは，統計によっては5％前後で微々たるものになっている。この格差の背景には，両国の経済構造の何が異なっているのかが疑問とならざるを得ない。つまり，米国では，どのような条件の下で女性企業家が増加してきたのか。あるいは日本では，どのような制約要因があって，女性企業家の比率が低いのか。ここではこのような問題意識から米国における女性企業家の実態に迫ることにする。女性企業家の実態は，経済発展という視点から見るとき，どの側面で貢献しているのか，つまり，パイの再分配なのか，それともパイの創造・追加なのか，労働力の再配置なのか，これらの点が大きな論点である。

　最近日本における米国の女性企業家の研究として，水津氏の研究「21世紀経済と中小企業・女性企業家」を挙げることができよう[1]。そこでは，米国の女性企業家の実態についての最近の統計を用いて，主に量的比重の大きさや成長性が評価されている。また，本格的ではないが，日本の女性企業家の量的脆弱さも断片的に取り上げてはいる。氏の研究によって米国における女性企業家の活躍や役割を窺うことができたと思われる。しかし，米国における女性企業家の本質的な分析や日米の女性企業家の比較については，必ずしも積極的に行わ

150 第Ⅱ部 日米の中小企業の構造分析

図7-1 日米の女性企業家の比重

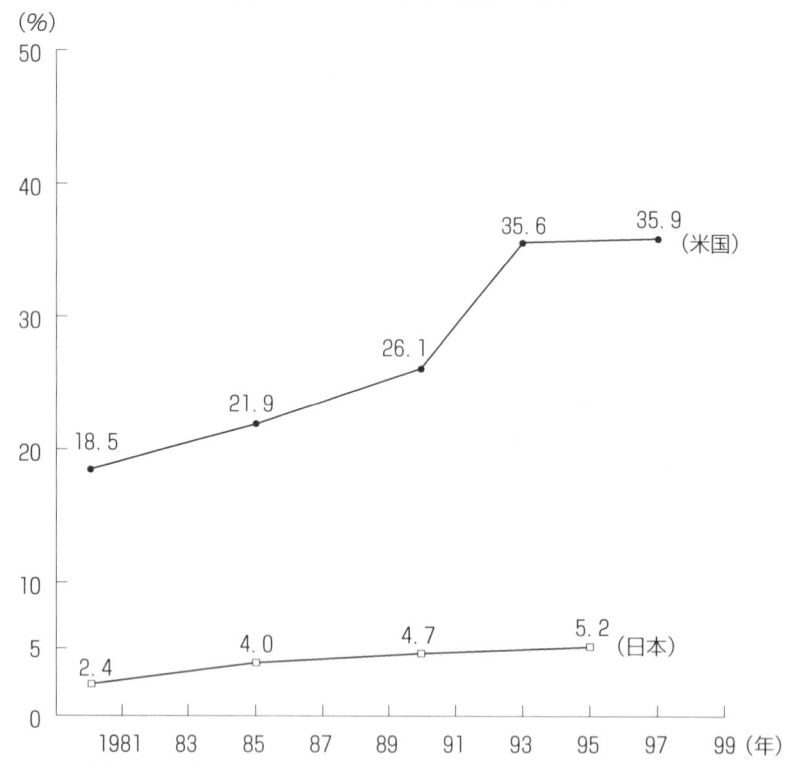

（米国）1981: 18.5, 1985: 21.9, 1990: 26.1, 1993: 35.6, 1997: 35.9
（日本）1981: 2.4, 1985: 4.0, 1990: 4.7, 1995: 5.2

出典：OECD (1998) "Women Entrepreurs in Small and Medium Enterprises" 21頁（日本）。米国は水津雄三『21世紀経済と中小企業・女性事業家』森山書店，2000年，50頁の図2-3と『アメリカ中小企業白書』各年より計算。

れていない。したがって，ここでは，従来の研究の上で，米国における女性企業家の雇用吸収力において再度検討を加えることにしよう。

分析視角としては，女性企業家は自営業的な性質と企業家的な性質を持っているので，その上で女性企業家の現状と見通しを位置づけることにする。

2 日本の女性企業家

一般的に，米国における女性企業家の増加は，経済のサービス化と共に急速

に増加してきたと言われている。では，日本の場合，経済のサービス化が80年代以降進んでいるが，日本においてもそれに伴って，女性企業家は米国並みに増えることがあり得るのであろうか。

日本の女性企業家について，まず数量的な位置を確認することにしよう。日本における女性企業家の数は，企業数の5.2%という統計[2]，23%を占めているという統計[3]，そして自営業（非農林水産業）では約28%を占めているものの3つの主張がある。

自営業の中の女性企業家の地位は，他の基準より最も高いウェイトを占めているが，それでも非自営業の女性企業家が排除されている。また，自営業すべてを企業として認めるとすれば，事業数や企業数とも矛盾することになる。つまり，事業所数のみで620万社，企業数で485万社（うち，会社形態が約160万社）あるのに対し，自営業のみで540万社である。したがって，女性企業家のウェイトを自営業のみで分析するのは，日本の企業家の中の比率を図るのに適当でないと思われる。

また，企業数のうち5.2%（実数で約5.2万社）というものは，OECDの国際比較に出されたものである。日本経済新聞社の調査であるが，一定規模以上の企業（例えば，資本金500万円以上の企業）を調査対象としているのに違いない。なぜならば，5.2万社が5.2%だとすると，その母数は107万社程度となり，それを統計で確認すれば，資本金500万円以上が107万社となっている[4]。この基準によって女性企業家の比重を計るのも，後ほどの米国との比較や日本の企業の中のウェイトを試算するのに適当ではない。

また，23%を占めているという数字は，日本中小企業団体の婦人部会の調査である。この調査も会員のみを対象とした調査であるので，非全員による女性企業家は調査から漏れていることが推量される。また，この数字は自営業における女性企業家のウェイトに近い。以上の統計の検討で見たように，日本における女性企業家に関する調査，研究，政策は大変遅れていることを物語っているといってよいだろう。

自営業における女性企業家は表7－1のように，全体の28%を占め，そのう

表7-1 日本の自営業の内訳（非農林水産業）

（単位：万人）

	合計 B	男子 C	女子 D	内雇用有 合計	内雇用有 男子	内雇用有 女子	雇用無 合計	雇用無 男子	雇用無 女子	C/B (%)	D/B (%)
自 営 業 主	541	386	155	167	134	33	374	252	122	71.3	28.7
製 造 業	65	40	25	15	14	1	49	26	24	61.5	38.5
運 送・通 信	17	16	1	0	0	0	0	0	0	94.1	5.9
卸・小売・飲食	171	116	55	65	46	19	107	70	37	67.8	32.2
卸	14	13	1							92.9	7.1
小売	97	68	28							70.1	28.9
飲食	60	34	26							56.7	43.3
金融・保険・不動産	14	10	4							71.4	28.6
建 設 業	82	81	1							98.8	1.2
サ ー ビ ス	178	109	70	48	37	12	130	72	58	61.2	39.3

出典：総務省統計局「労働力調査報告」2001年5月。
備考：四捨五入により合計や％が一致しない場合がある。

ち，被雇用者を有する自営業のうち女性企業家は約19％，また被雇用者を雇っていない自営業のうち，女性企業家は32％を占めている。女性企業家は被雇用者を雇っていない自営業に多い。このことは，女性企業家は雇用における役割が男性の企業に比べて相対的に大きくはないことが窺われる。

　産業別に見て，女性企業家が多い産業は，飲食店（43％），サービス業（39％），製造業（38％），小売業（28％）である。しかし，被雇用者を有する女性企業家は卸・小売・飲食店（29％），サービス業（25％）であり，製造業，その他では非常に少ない。自営業における女性企業家は零細形態，家族経営的なものが多く，被雇用者を有する企業では，卸・小売・飲食業やサービス業の産業を除けば，後述する米国の比率よりはかなり低い。

　日本における女性企業家が少ない理由としては，第1に，従来の研究が指摘しているように産業構造の違いを挙げることができる。米国における女性企業家の増加は，第3次産業の増加の流れに沿って増加したという指摘である。つまり，1950，60年代の米国では第3次産業の比重が50％台であったが，80・90年代には73％へと増加した。その変化の過程で，サービス業，販売業，金融・

不動産業等へ女性のセンスを生かす形で女性企業家が多く進出した。

　日本においては，第3次産業の比重が1960年代の50％台から2000年代には60％台を推移している。相対的な比率から見て，日本は米国に比べ第3次産業の比重が13％ポイントも低い。したがって，今後日本における第3次産業の増加は見込まれているが，その伸びと共に女性企業家の増加がどれくらい進むのであろうか。過去，1960年代からの第3次産業の伸び方と女性企業家の伸び方については，詳細は不明であるが，それほど比例的には増加していなかったと推量される。では，今後の第3次産業の増加と女性企業家の増加は，比例的にならないといえるのであろうか。

　第2は，女性労働力のあり方と関係するものと思われる。なぜならば，米国における女性企業家は創業において過去の経験を生かす創業が多い点，30，40歳代創業の女性企業家が多い点に留意すべきである。社会活動の連続，企業経験の連続性が創業には重要である。日本においては，全労働力の41％を占めている女性労働力の構造的特性はM字型であると言われている[5]。M字型の詳細な説明は省くことにし，この概要は10歳代後半と20歳代に女性労働力は増加しピークに達するが，その後，主に結婚と子育てによって職場を離れる。子育てが終わった40歳代から再び多様な形態で職場へ就く。ここでM字型の女性労働力構造が女性企業家進出の障害になるのは，30，40歳代の職場経験が必要な時期に職場を離れるということは，日本における女性企業家の増加を大きく制約する要因であると思われる。

　日本での新聞・雑誌などの報告によれば，結婚生活や子育ての経験を生かして創業にこぎ着けたという記事を見ることができるが[6]，したがって，職場を離れていても創業はできるので，女性企業家の多少とM字型の労働力のあり方とは無関係であるというかもしれないが，女性企業家の担い手となり得る人々が30，40歳代の空白を持つことは，創業にとって経験，ヴィジョン，人間関係，体力などで負の要因となっていると考えられる。ところが，日本においても女性労働力のあり方がそのM字型から崩れつつあり，米国の女性労働力のあり方に近づいていることが研究されている。見通しとしては日本における女性

労働力のあり方から見て，女性企業家が増加し得る条件は少なくなっているといえよう。

第3に，日本における女性企業家の進出を制約する社会的要因としては，女性の持つ社会的人間関係，あるいは企業間関係の狭さにある。男性企業家に比べ家庭的にも結婚と子育ての負担が大きく，社会や家庭が女性企業家をサポートする範囲はまだ狭い。最近ソフトウェア産業でSOHOの形態が増加していることは[7]，IT産業の発展と共に女性企業家の増加の契機となると思われる。

第4に，経済的には，日本の創業過程の一般と関連するもので創業資金が負担となり，アイディアや技術はあってもなかなか創業へこぎ着けられない。

3　米国の女性企業家

米国における女性企業家の研究においては，統計について慎重に吟味した上で分析に入らないと，大きな矛盾に直面することがある。つまり，米国の女性企業家の数についてはSWOBE (Survey of Women-Owned Business Enterprises)，BLS (the Bureau of Labor Statistics) の統計がかなり異なっている。女性企業家は1997年に，SWOBEの統計では541万社であるのに対し，BLSでは850万社となっており，前者と後者の格差は約310万社に上る[8]。この違いを無視することはできない。米国の中小企業庁の発表によると，総量としては850万社を基準として，10年前と比較して急速に伸びてきたことを強調している。

本書ではその統計の違いを踏まえて，SWOBEの統計を中心に分析し，その他の統計は十分吟味した上で，用いることにする。

1997年非農業の企業数2,080万社のうち，女性所有企業は26％，541万社であるが，そのうち，約15％に当たる84.7万社が従業員を雇っていて，その数は約7.1百万人である。この数字は1992年の女性所有企業の588.8万社より約47万社少なく，被雇用者は13.2百万人より600万人も減少している。このような変化は米国における女性企業家の画期的な増加を示す統計や主張者たちの研究とは正反対の結論であり，米国女性企業家の異なったイメージである。その理由

表7－2　米国の女性企業家の企業形態別の内訳　　　（1997年）

		合計 A	法人企業 C	S企業 S	個人企業 I	パートナーシップ P	C/A %	S/A %	I/A %	P/A %
企業（千社）	合計	5,417	314	335	4,595	166	5.8	6.2	84.8	3.1
	建設業	157	29	25	97	5	18.5	15.9	61.8	3.2
	製造業	121	20	16	79	3	16.5	13.2	65.3	2.5
	通信・運送	128	15	15	95	2	11.7	11.7	74.2	1.6
	卸	125	27	23	71	2	21.6	18.4	56.8	1.6
	小売	919	59	63	765	29	6.4	6.9	83.2	3.2
	サービス業	2,981	105	131	2,708	34	3.5	4.4	90.8	1.1
雇用企業（千社）	合計	846	242	255	299	44	28.6	30.1	35.3	5.2
	建設業	65	25	21	16	2	38.5	32.3	24.6	3.1
	製造業	41	17	13	8	1	41.5	31.7	19.5	2.4
	通信・運送	35	13	13	7	1	37.1	37.1	20.0	2.9
	卸	50	22	19	7	1	44.0	38.0	14.0	2.0
	小売	211	50	53	91	14	23.7	25.1	43.1	6.6
	サービス業	355	87	109	141	16	24.5	30.7	39.7	4.5
雇用者数（千人）	合計	7,076	3,076	2,586	1,113	254	43.4	36.5	15.7	3.5
	建設業	518	263	192	51	—	50.7	37.0	9.8	—
	製造業	901	505	320	41	20	56.0	35.5	4.5	2.2
	通信・運送	321	166	119	23	12	51.7	37.0	7.1	3.7
	卸	468	251	182	22	5	53.6	38.8	4.7	1.0
	小売	1,574	586	534	365	72	37.2	33.9	23.1	4.5
	サービス業	2,908	1,127	1,124	546	104	38.7	38.6	18.7	3.5

出典：Economic Census-Company Statistics Series（US CENSUSBUREAU）1997年より作成。

備考：切り捨てにより合計が一致しない。また，合計はその他を含む。

は，まず統計が異なっていることが大きな要因である。

　女性企業家の企業形態別の構造は表7－2のように，個人企業が約460万社で，全体の85％を占めているのに対し，会社形態（法人企業）は31万社で約6％，S企業は33万社で約6％，パートナーシップ企業は16万社で約3％を占めている。また，女性企業家のうち，従業員を雇っている企業は73.1万社で全体の13％を占めているが，その内訳は個人企業，S企業，法人企業の順で多い。ここで強調したい点は，企業数の比重とは違って，被雇用者は法人企業と

S企業で80％が働いている。このような傾向は製造業，小売業，サービス業においても同じである。女性所有企業のうち，雇用の確保増加の役割を演じているのは，法人企業であって，個人企業やパートナーシップではないことが明らかである。

　従業員の規模別に見れば（表7－3），女性所有企業のうち，従業員500人以上の企業は873社で従業員の数は105万人で15％を占め，19人以下は300万人弱であり約42％を占めている。また，100－499人層と20－99人層は各々121万人と186万人で，各々17％と26％を占めている。製造業では，100人以上の企業が全従業員の約50％を占めているのに対し，小売業やサービス業では100人以下の企業に従業員の数が多く，各々約80％と62％を占めている。女性所有企業では，従業員の規模別の構成は100人以下の企業に集中していて小規模の企業が多いことがわかる。つまり，従業員規模の100人以上の企業は約7,400社で，雇用の約32％を占めている。これは米国の全企業（約527万社）のうち100人以上の企業が企業数で約17％，雇用で約62％を占めているのとはかなり対照的である。

　売上高（収入額）の基準から女性所有企業を分析してみると（表7－4），売上高の10万ドル以下の企業は約459万社で86％を占めているのに対し，10万ドル以上の企業は72万社で13％を占めている。しかし，それを従業員を持つ企業に限定してみれば，10万ドル以下は約28万社（33％）を占めているのみであり，10万ドル以上の企業は企業数で56万社（66％）を占めている。また従業員との関連では，10万ドル以下の企業では雇用者数は約43万人で6％であるが，10万ドル以上の企業で雇用の94％を占めている。特に100万ドル以上の企業（9.6万社）で60％近い雇用を占めている。この事実は，女性所有企業では売上高10万ドルという一定規模以上の企業で雇用確保の役割を果たしていることである。

　地域別には，女性企業家は都市圏ではニューヨーク（New York），ロサンゼルス（LA），シカゴ（Chicago），ワシントン（Washington D.C.），アトランタ（Atlanta），フィラデルフィア（Philadelphia），ボストン（Boston），ヒュースト

表7-3 米国の有雇用女性企業家（従業員規模別）（1997年，単位：社，人）

	企業数	雇用者数	企業数%	雇用者数%
合計	846,780	7,076,081	100.0	100.0
従業員無	115,281	—	13.6	—
1- 4人	444,121	923,514	52.4	13.1
5- 9人	150,300	974,625	17.7	13.8
10- 19人	79,327	1,046,787	9.4	14.8
20- 49人	39,987	1,167,829	4.7	16.5
50- 99人	10,325	693,586	1.2	9.8
100-499人	6,566	1,213,289	0.8	17.1
500人以上	873	1,056,451	0.1	14.9
製造業合計	41,141	901,434	100.0	100.0
従業員無	417	—	1.0	—
1- 4人	17,952	34,593	43.6	3.8
5- 9人	8,338	54,937	20.3	6.1
10- 19人	6,193	83,856	15.1	9.3
20- 49人	4,982	155,488	12.1	17.2
50- 99人	1,797	117,719	4.4	13.1
100-499人	1,240	224,113	3.0	24.9
500人以上	222	230,726	0.5	25.6
小売業合計	211,583	1,574,747	100.0	100.0
従業員無	27,328	—	12.9	—
1- 4人	101,988	226,766	48.2	14.4
5- 9人	45,980	297,740	21.7	18.9
10- 19人	22,284	290,574	10.5	18.5
20- 49人	10,918	311,579	5.2	19.8
50- 99人	1,863	118,480	0.9	7.5
100-499人	1,098	194,786	0.5	12.4
500人以上	125	134,822	0.1	8.6
サービス業合計	355,768	2,908,080	100.0	100.0
従業員無	54,581	—	15.3	—
1- 4人	193,905	394,726	54.5	13.6
5- 9人	56,918	366,543	16.0	12.6
10- 19人	28,760	379,755	8.1	13.1
20- 49人	13,552	381,219	3.8	13.1
50- 99人	4,183	276,975	1.2	9.5
100-499人	3,315	565,016	0.9	19.4
500人以上	555	543,846	0.2	18.7

出典：表7-2と同じ。

表7-4 米国の女性企業家（売上高規模別）(1997年, 単位：社, 人)

	企業数	有雇用企業数	雇用者数	企業数	雇用者数	有雇用企業数
合計	5,417,034	846,780	7,076,081	100.0	100.0	100.0
5千ドル以下	1,630,833	5,023	3,342	30.1	0.0	0.6
5千－1万	976,085	12,029	7,218	18.0	0.1	1.4
1万－2.5万	1,115,180	45,746	42,884	20.6	0.6	5.4
2.5万－5万	571,368	80,084	105,475	10.5	1.5	9.5
5万－10万	399,326	141,045	272,881	7.4	3.9	16.7
10万－25万	355,804	234,764	782,966	6.6	11.1	27.7
25万－50万	169,337	142,057	854,692	3.1	12.1	16.8
50万－100万	100,230	89,836	893,969	1.9	12.6	10.6
100万以上	98,870	96,195	4,112,652	1.8	58.1	11.4
製造業合計	121,108	41,141	901,434	100.0	100.0	100.0
5千ドル以下	29,497	37	57	24.4	0.0	0.1
5千－1万	16,202	119	86	13.4	0.0	0.3
1万－2.5万	19,465	2,058	2,273	16.1	0.3	5.0
2.5万－5万	10,413	2,280	2,565	8.6	0.3	5.5
5万－10万	9,642	4,401	6,317	8.0	0.7	10.7
10万－25万	9,657	7,153	22,580	8.0	2.5	17.4
25万－50万	7,569	6,785	43,083	6.2	4.8	16.5
50万－100万	6,781	6,528	71,579	5.6	7.9	15.9
100万以上	11,882	11,779	752,893	9.8	83.5	28.6
小売業合計	919,990	211,583	1,574,747	100.0	100.0	100.0
5千ドル以下	304,299	681	717	33.1	0.0	0.3
5千－1万	145,005	1,897	1,210	15.8	0.1	0.9
1万－2.5万	139,340	8,734	6,913	15.1	0.4	4.1
2.5万－5万	77,092	14,323	20,003	8.4	1.3	6.8
5万－10万	73,304	34,195	71,118	8.0	4.5	16.2
10万－25万	89,437	67,073	248,164	9.7	15.8	31.7
25万－50万	46,392	41,435	267,822	5.0	17.0	19.6
50万－100万	24,512	23,077	250,244	2.7	15.9	10.9
100万以上	20,398	20,170	708,556	2.2	45.0	9.5
サービス業合計	2,981,266	355,768	2,908,080	100.0	100.0	100.0
5千ドル以下	932,442	2,031	1,129	31.3	0.0	0.6
5千－1万	597,629	6,606	4,086	20.0	0.1	1.9
1万－2.5万	693,194	24,189	24,896	23.3	0.9	6.8
2.5万－5万	309,942	45,960	62,707	10.4	2.2	12.9
5万－10万	187,085	69,924	144,709	6.3	5.0	19.7
10万－25万	144,308	101,143	362,529	4.8	12.5	28.4
25万－50万	60,620	53,483	370,107	2.0	12.7	15.0
50万－100万	33,113	30,622	371,454	1.1	12.8	8.6
100万以上	22,934	21,810	1,566,462	0.8	53.9	6.1

出典：表7-2と同じ。

ン（Houston）等の大都市に多く分布しているが，州（State）単位で見るとカリフォルニア（California），ニューヨーク（New York），フロリダ（Florida）の順である[9]。シカゴを含んでいるイリノイ（Illinois）州はフロリダ州より低位にある。もう1つの特徴は企業の増加速度別で見ると，このような大都市より地方都市，地方州の方が速いテンポで増加しているという事実である。各地域の分散と集中が同時に進行しているのは特記すべきである。女性企業家の相対的地位は大都市圏より地方州で高く現れている。

(1) **女性企業家と小売業**

女性企業家が多く従事しているのが小売業とサービス業である。まず，小売業について表7-5，表7-6，表7-7を参照しながら検討してみれば，小売業の女性企業家は企業数において小売業全体の約30％強を占めているが，共同経営が25％を占めている。女性企業家は雑貨の小売業に特に多く，次に飲食店が多い。この2業種で約80％を占めている。また，有雇用の女性企業家は全女性企業家の約20％であり，主な職種は飲食店，雑貨に多い。この有雇用の女性企業家が雇用している従業員は全小売業の従業員の7％強であり，雇用の吸収力は低い。また，従業員が多い職種は飲食店，雑貨であり，次に食料品，自動車販売であるが，男性企業家の従業員よりかなり少なく，企業の規模の比較でも少ないことである。このことは，女性企業家が小売業に多いけれども，雇用に果たす役割は大きくないことを意味する。

(2) **女性企業家とサービス業**

女性企業家が経営するサービス業はサービス業全体の34％であり（表7-5，表7-6，表7-7），男性のそれは約50％弱，共同経営が15％程度であり，サービス業の共同経営が小売業のそれより少ない。サービス業の女性企業家は対事業所サービス業，対個人サービス業，社会サービス業，専門サービス業，健康サービス業に多い。また，有雇用の女性企業家は全有雇用サービス業の約18％弱を占めており，主に対事業所サービス業，対個人サービス業，健康サービス業に多い。また，雇用においては，女性企業家，男性企業家，共同経営，その他の部分（公共の法人企業，外国人所有，非営利企業）に分類されている

160 第Ⅱ部 日米の中小企業の構造分析

表7-5 米国の女性企業家の位置（小売業とサービス業）(1)
―有雇用女性企業数―

(1997年，単位：千社，%)

	合計B	女子C	男子D	共同E	C/B	D/B	E/B
小　売　業	1,096	211	588	296	19.3	53.6	27.0
建　　　築	52	6	―	14	11.5	―	26.9
一 般 商 品	9	1	4	3	11.1	44.4	33.3
食　　　品	124	21	63	39	16.9	50.8	31.5
自　動　車	140	9	99	30	6.4	70.7	21.4
ア パ レ ル	53	19	22	12	35.8	41.5	22.6
家　　　具	83	13	―	20	15.7	―	24.1
飲　食　店	363	72	187	103	19.8	51.5	28.4
雑　　　貨	274	67	130	74	24.5	47.4	27.0
サービス業	1,976	355	―	301	18.0	―	15.2
ホ テ ル	49	7	22	16	14.3	44.9	32.7
個人サービス	177	62	68	39	35.0	38.4	22.0
事　業　所	348	79	202	64	22.7	58.0	18.4
修　　　理	167	10	122	38	6.0	73.1	22.8
その他修理	63	6	43	13	9.5	68.3	20.6
映　　　像	32	5	18	7	15.6	56.3	21.9
娯楽サービス	91	14	43	16	15.4	47.3	17.6
健康サービス	425	64	―	34	15.1	―	8.0
法律サービス	164	17	―	7	10.4	―	4.3
教育サービス	43	6	―	4	14.0	―	9.3
社会サービス	121	34	9	15	28.1	7.4	12.4
専門サービス	276	44	―	40	15.9	―	14.5
そ の 他	16	4	10	2	25.0	62.5	12.5

出典：表7-2と同じ。
備考：女子は女性企業家，男子は男性企業家，共同は男女の共同経営を示す。

ので，表7-7の統計ではかなりのバイアスがあることを承知の上で検討することにしよう。女性企業家が雇用しているのは，サービス業の全雇用の10%以下である。従業員が多い職種は，対事業所サービス業，健康サービス業である。サービス業においても女性企業家の役割は大きいとはいえないのである。

以上，企業形態別，雇用規模別，売上高規模別に見てきたことから，女性企業家は規模別にも上位の企業へ，企業形態では法人企業やS企業に雇用が集中

表7-6 米国の女性企業家の位置（小売業とサービス業）(2)
—雇用数—

(1997年，単位：千人，%)

	合計B	女子C	男子D	共同E	C/B	D/B	E/B
小　売　業	22,268	1,574	9,474	2,808	7.1	42.5	12.6
建　　築	868	59	—	12	6.8	—	1.4
一般商品	2,713	10	—	17	0.4	—	0.6
食　　品	3,328	172	1,289	365	5.2	38.7	11.0
自　動　車	2,345	128	1,657	259	5.5	70.7	11.0
アパレル	1,229	99	296	87	8.1	24.1	7.1
家　　具	931	72	455	121	7.7	48.9	13.0
飲　食　店	7,866	717	4,159	1,414	9.1	52.9	18.0
雑　　貨	2,985	313	1,088	420	10.5	36.4	14.1
サービス業	34,884	2,908	13,819	2,393	8.3	39.6	6.9
ホ　テ　ル	1,768	90	716	172	5.1	40.5	9.7
個人サービス	1,333	276	545	262	20.7	40.9	19.7
事　業　所	8,558	1,165	4,051	601	13.6	47.3	7.0
修　　理	1,147	61	—	201	5.3	—	17.5
その他修理	428	32	254	56	7.5	59.3	13.1
映　　像	587	27	—	44	4.6	—	7.5
娯楽サービス	1,555	126	622	180	8.1	40.0	11.6
健康サービス	10,416	526	3,345	438	5.0	32.1	4.2
法律サービス	985	41	881	32	4.2	89.4	3.2
教育サービス	2,191	62	—	40	2.8	—	1.8
社会サービス	2,272	261	195	163	11.5	8.6	7.2
専門サービス	3,143	220	—	191	7.0	—	6.1
そ　の　他	106	13	—	6	12.3	—	5.7

出典：表7-2と同じ。
備考：表7-5と同じ。

しているのがわかる。つまり，法人企業やS企業の上位企業こそが女性企業の内容を牛耳っている。すると，特に法人企業のうち，上位企業をどのように見るべきなのかという課題が問われる。法人企業は所有という基準より経営・管理の基準であるので，経営者の性別の区分となり女性所有企業というテーマとは性質をやや異にするものである。

米国における女性企業家の高い地位と急速な伸び率については，米国の中小

表7－7　米国の女性企業家の位置（小売業とサービス業）(3)
―企業数―

(1997年，単位：千社，%)

	合計B	女子C	男子D	共同E	C/B	D/B	E/B
小　売　業	2,889	919	1,218	736	31.8	42.2	25.5
建　　築	85	12	49	23	14.1	57.6	27.1
一般商品	35	10	13	11	28.6	37.1	31.4
食　　品	216	46	101	65	21.3	46.8	30.1
自　動　車	255	20	174	55	7.8	68.2	21.6
アパレル	127	54	44	28	42.5	34.6	22.0
家　　具	153	31	85	36	20.3	55.6	23.5
飲　食　店	493	113	237	135	22.9	48.1	27.4
雑　　貨	1,528	632	515	381	41.4	33.7	24.9
サービス業	8,891	2,981	4,415	1,318	33.5	49.7	14.8
ホ　テ　ル	93	18	34	37	19.4	36.6	39.8
個人サービス	1,348	634	496	210	47.0	36.8	15.6
事　業　所	2,221	769	1,066	365	34.6	48.0	16.4
修　　理	448	27	326	91	6.0	72.8	20.3
その他修理	231	21	160	47	9.1	69.3	20.3
映　　像	87	17	51	16	19.5	58.6	18.4
娯楽サービス	603	139	345	93	23.1	57.2	15.4
健康サービス	1,004	322	564	98	32.1	56.2	9.8
法律サービス	353	69	257	23	19.5	72.8	6.5
教育サービス	270	124	88	35	45.9	32.6	13.0
社会サービス	665	442	74	81	66.5	11.1	12.2
専門サービス	1,446	347	894	200	24.0	61.8	13.8
そ　の　他	119	48	56	16	40.3	47.1	13.4

出典：表7－2と同じ。
備考：表7－5と同じ。

企業庁でも高く評価している。女性企業家が大きく伸びて数的に約850万社となったのは，どのような理由からだろうか。

　第1は，90年代のIT産業をはじめ経済成長と共に経済のサービス化が進み，その流れに沿って女性企業家が多く創業したと思われる。その他に，米国では他の国に比べ，女性の創業の諸条件が整っていることも考慮すべきであろう。つまり，社会的に女性の地位が男性と同等であり，家庭生活でも結婚や子育て

によって，創業を妨げない場合が多い（夫の協力，子育ては保育所などの発達）。女性企業家の本人にとっては，学校での勉学，社会，会社での経験を積んだ人が多く，女性のセンスを生かす形での創業が多い。また，経済的には創業資金が日本に比べ多くかからないことも大きな要因であろう。

米国で女性企業家が多い理由について歴史的観点から見よう。米国においても戦前には，女性企業家がそれほど多くはなかった。しかし戦後女性の社会進出が急速に増加したのは，60年代の公民権運動などの一連の社会運動の結果であるという[10]。とはいえ，企業家としての女性の社会進出は，社会的，経済的，家庭的にさまざまな制約条件を乗り越えなければならない。

4　なぜ，女性は起業するのか（サンプル調査）[11]

ここでは，カリフォルニア地域でのサンプル調査をまとめた研究を紹介し，先に見てきたような全体的・平均的なイメージの上に，さらに地域的ではあるけれども，具体的・個別事例を付け加えることによって，米国の女性企業家の実態をより幅広く理解していくことにする。

調査対象（表7-8）は全体で89の女性企業家であり，それを白人系の女性企業家とラテン系女性企業家に分けているが，調査対象の75％は白人系の女性企業家である。調査対象企業を産業別に分類すると，サービス業が76％を占め，次に小売業と金融・不動産業に各々10％ずつになっている（ラテン系企業では小売業が32％を占めている）。創業年齢は5年以下が約半数を占め，10年以下が70％を占めている。従業員の数は無雇用が64％，10人以下が27％を占めており，零細企業がほとんどであることがわかる。収入では2.5万ドル-10万ドルが約60％であり，50万ドル以下が90％を占めている。要するに，零細な女性企業家を対象に，また創業期間が長くない企業，サービス業と小売業中心の調査・研究が行われてきたことを意味する。このような調査対象企業のイメージは女性企業家の全体像とも似ているものである。したがって，このような標本調査から米国の女性企業家の実態について吟味してみることにしよう。

表7－8　調査対象企業の内訳（サンプル数：89）

（単位：％）

		白人(67)	ラテン系(22)	合計(89)
産業別	建築	0.0	4.5	1.1
	製造	0.0	4.5	1.1
	卸売	1.5	0.0	1.1
	小売	3.0	31.8	10.1
	金融・保険・不動産	11.9	4.5	10.1
	サービス	83.6	54.5	76.4
	内）個人	25.0	16.7	23.5
	事業	64.3	75.0	66.2
	健康	10.7	—	8.8
創業年齢別	5年以下	59.7	18.2	49.4
	5－10年	17.9	36.4	22.5
	10年以上	22.4	45.5	28.1
従業員数	従業員無	68.7	50.0	64.0
	10人以下	20.9	45.5	27.0
	10人以上	10.4	4.5	9.0
売上高	$25,000以下	12.1	4.5	10.2
	$25,000－99,999	59.1	54.5	58.0
	$100,000－499,999	18.2	27.3	20.5
	$500,000以上	10.6	13.6	11.4

出典：Davis-Noteley "Gendered Capital" 2000年より作成。
備考：(1)　各区分の白人，ラテン系，合計の欄ごとに100％の基準。
　　　　(2)　四捨五入により合計や％と一致しない場合がある。

女性が起業する理由（表7－9）としては[12]，家族関係が最も大きな動機であり，次に仕事関係，解雇が大きな動機となっている。家族関係では家事，子供との関連で起業する場合，家族と共同経営の場合や離婚のため等の理由から起業し，仕事関係ではゆとりのない仕事のため起業する場合が多い。解雇の関係では職場での差別であり，その他に起業の機会があった等の理由もある。

(1) 資金調達

資金調達は，個人の貯蓄が最も多い比重を占め，親戚や友人からの調達は10％前後であり，借金はわずかである。つまり，女性企業家にとって，外部か

表7-9 米国女性企業 (サンプル調査)

(単位:%)

		白人	ラテン系	合計
資金調達	個人貯金	86.6	72.7	83.1
	家族から	9.0	18.2	11.2
	金融系	4.5	9.1	5.6
女性企業家の目標	企業成長	46.1		46.1
	現状維持	42.7		42.7
	企業売渡	11.2		11.2
メンター	メンターなし	37.3	54.5	41.6(37)
	メンターあり	62.7	45.5	58.4(52)
メンターの構成	同一産業	57.7	40.0	54.8(34)
	家族	26.9	0.0	22.6(14)
	銀行,会計士,弁護士	7.7	40.0	12.9(8)
	取引先・顧客	7.7	20.0	9.7(6)
創業の理由	家族関係	34.3	45.4	37.0
	内)子供	16.4	18.2	16.9
	家族関係	13.4	22.7	15.7
	離婚	4.5	4.5	4.5
	勤務条件	32.8	4.5	25.8
	解雇	17.9	36.4	22.5
	職場差別	10.4	0.0	7.9
	創業機会	4.5	13.6	6.7
前職	部長,理事	23.9	22.7	
	専門職	17.9	0.0	
	技術職	4.5	0.0	
	販売	20.9	27.3	
	一般社員	3.0	13.6	
	家事サービス	2.9	0.0	
	その他のサービス	20.9	22.7	
	未雇用	6.0	13.6	

出典:表7-8と同じ。
備考:(1) 表7-8と同じ。
(2) メンターの構成では複数分野のメンターを持つ場合があり,62となっている。

らの資金調達は大変難しいことを意味する。特に白人の社会ではより難しく，ラテン系米国人では家族が20％弱と借金が9.1％を占めていて，外部からの資金調達が白人系より多い。

(2) 初 期 費 用

　女性企業家が創業する際，平均的に2,000-5,000ドル（1ドル125円で計算すると25-62万円程度）が初期費用として必要である[13]。初期費用は，主にコンピュータ，オフィス家具，家賃等であり，不動産への投資が少ないのが特徴である。初期費用を節約するため，自分の家でスタートするケースが多い。また，事業拡張のために，事務所を設けるケースも多い。この初期費用の調達は，以前の仕事先での貯蓄，退職金，個人のクレジット・カード（credit-card）の使用等個人別に多様である。一部は親族からの調達があるが，これは白人系より南米やアジア系に多い。家族は重要な資金源，アドバイス（advise）のもとでもあり，大変重要な存在である。

　銀行ローンは女性企業家にとって欠かせない存在になっている。銀行ローンは女性企業家にとっては男性企業家より不利であるというが，それは性別（gender）の問題というより，事業の規模と性格によるものであり，銀行にとって利益が出ない（unprofitable）ものであるという[14]。かつ，一般的に銀行は小企業に貸し渋り的な傾向であるが，それは企業家の経験不足と創業間もない点が負に作用しているからである。例えば，何人かの従業員を雇い，年10万ドル以上の収入がある女性企業家が銀行から借金をしているのはよい例である。

(3) 事 業 規 模

　ニッチ市場向けの小規模経営が圧倒的に多く，総収入が10万ドル以下が大部分を占めている。従業員を雇っていない企業が多く，自営業（self-employed）的な事業展開である。女性企業家は業種の選択において前の職場での経験を活かすことが多く，または親友，親族の紹介などが多い。そこに教育も大きな役割を果たす。起業以前の職業の構成は多様であるが，企業の業種とほぼ相関関係を持っている。

(4) 収　　入

　販売額や総収入は10万ドル以下がサンプル数のうち68％を占めている。女性企業家の起業の目的において，必ずしも収入が目的ではないものが多数存在する。未来のために，経験を積むという人も多くいる。例えば，起業して自分の努力の結果はさておき，従業員の給料を支払うのに足りるか足りないかの企業でも経営し続けている女性企業家がいるという。そのような女性企業家は，中小企業の経営者という地位やその他を楽しんでいることになる。

　女性企業家は企業成長を目標としている場合が全体サンプルの46％で，事業以外に目標を定めているものが43％，企業を他人に譲渡したい女性企業家が11％になっている。このことからも，企業の成長を目標としている女性企業家は多くない。

(5) 事 業 相 談

　女性企業家は誰からアドバイスを受けて事業上の難点を解決しているのか，つまり誰がメンター（アドバイザー）になっているのか。その結果はかなり異なっている。つまり，男性企業家は女性企業家とは違うチャネルを持っているし，男性は男性のメンターに主にアドバイスを求め，女性は女性のメンターにアドバイスを求めている。あるいは外部のメンター（弁護士，会計士，経験者，コンサルタント）は同じであるが，使い方に違いがあるという説もある。これらはいずれも全国的な調査ではなく，一部の地域での一部の選別的調査であったので，異なる結果が出てくるのは十分予想される。

　女性企業家にとってメンター的存在がいない場合が多く，メンターがいる女性企業家にとって，アドバイスの相手は同じ産業の人（前職のボス，経験者，コンサルタント），家族，銀行，会計士，弁護士，場合によっては顧客がその役割を果たしている。人によっては女性企業家の団体からの情報や知識を得ているという。

(6) 社会的階層

　女性企業家は，社会を上層，中層，下層（約13％）に分ける場合，ほとんどの人々は中層に属する[15]。このような分布は女性の労働力の分布とも相関関

係を持っている。特に中層は下層に比べ資金的余裕が違う。つまり貯蓄が可能なのが特徴であるのに対し，下層は貯蓄や信用 (credit) が低く，なかなか創業できない。上層の女性は個人事業を開業するより専門職へ就く場合が多い。中層は家族の収入，キャリア，教育，貯蓄や財産などで開業するのに必要な条件が備えられていると見えるし，中層社会の社会，経済，文化的な条件，人間関係などからも下層より優位な位置にある。このことが米国における女性企業家の創業につながっているのである。

要するに，女性企業家にとって起業するのには技術や専門的知識よりも，資金，家族関係などであり，男性企業家とは異なる側面での障害が多い。それと両立する上で起業する場合，小規模でホームベースで地域的ニッチ市場を狙った起業が多くなる。その上で，女性企業家が多いのは米国における経済・社会の特徴である。

5 おわりに

今まで日米の女性企業家について主に米国を中心に検討してきた。米国の女性企業家の特徴は，その数の多さ，零細性，低収益性であり，サービス産業・販売業に集中していること，先端産業での女性企業家は少ないこと等である。女性企業家は自営業的側面 (self-employment) が強く，社会的分業のより進んだ米国における特徴を帯びている。つまり，女性の社会的自立，創業しやすさ等によって女性企業家は増加してきたのである。このような女性企業家の全体的・量的な評価は高いのに対し，その質的評価は必ずしも高くない。つまり，法人企業の大企業を除けば雇用の吸収力はそれほど高くなく，技術・先端産業への進出も少なく，規模的にも零細・自営業的なものが支配的であるからである。

それに対し，日本の女性自営業もサービス業や販売業に集中し，規模的に零細であるが，この点では米国の女性企業家の実態と似通っている。日本の女性自営業の雇用の役割は大きくはないことが推量される。なぜならば，女性自営

業の15%のみが従業員を雇っているからである。要するに，日本における女性企業家は相対的に低位にあるが，問題は，日本において女性企業家の増加がどのような条件の下で行われるのかであろう。つまり，米国の女性企業家の増加は，歴史的に女性の社会的な地位の向上や第3次産業の成長（60年代以降の増加），最近のIT産業の影響，女性労働力のあり方（全雇用の約50%），その他に低い創業費用で開業ができることなどに大きく助けられたと思われる。今後日本において，第3次産業の増加やIT産業の発展・拡大，女性労働力のM字型の解体などの諸変化によって，女性企業家はどの程度増加するのかが問われるのである。

注

1) 水津雄三『21世紀経済と中小企業・女性企業家』森山書店，2000年。
2) OECD (1998) "Women Entrepreurs in Small and Midium Enterprises" p. 21. また，毎日新聞（2002年1月22日9面）の記事によると，日本の女性社長は6万480万人で調査対象企業115万社の内5.6%を占めている（帝国データバンクの調査）。
3) 水津雄三『前掲書』参照。
4) 総務省統計局『平成11年事業所・企業統計調査（速報結果）』
5) 総務省統計局「労働力調査報告」2000年5月参照。
6) 東洋経済新報社「ベンチャークラブ」，日本経済新聞社「日経ベンチャー」など参照。
7) 『中小企業白書』2000年。
8) SBA "Women in Business". また，米国のセンサス調査 (1997, Economic Census-Company Statistics Series) 参照。
9) 同上。
10) Candida Brush and Robert D. Higrich (1999) "Women-owned Business: Why Do They Matter?" ("Are Small Firms Important?-Their Role and Impact" edited by Zoltan J. Acs by Kluwer Academic Publishers) p. 111.
11) Davies-Noteley (2000) "Gendered Capital-Entrepreneurial Women in American Society" Garland Publishing Inc.
12) 同上。
13) 同上。

14) 同上。
15) 同上。

第8章　日米における中小企業の
　　　　　イノベーション（技術革新）

1　はじめに

　本章の課題は，日米における中小企業のイノベーションの実態と仕組みを明らかにすることである。つまり，現実的に米国においては，中小企業によるイノベーションが多くの産業分野で大企業のそれを上回っている。しかも，その実態は日本の中小企業のイノベーションのあり方とはかなり異なっている。そのことを明らかにすることは，日米における中小企業のイノベーションの仕組みの究明につながる。

　米国の中小企業においては，なぜイノベーションが盛んなのかが最大の関心事である。このイノベーションは，中小企業の画期的な発展につながり，ベンチャー・ビジネスの創業のベースとなり，雇用の増大をもたらし，新産業の開拓へと発展していく。しかし，中小企業の世界で行われているイノベーションは，既存の中小企業が担い手となって行うのではなく，政策的技術開発支援，大学，研究所，大企業，ベンチャー・キャピタル，エンジェル等の外部支援を受けて，新しい担い手の中小企業によって行われる。その中小企業は研究開発費，有能な人材の採用，企画・ビジョン等で大企業的な側面も多く持つ。このようなイノベーションが中小企業で行われるための条件としては，中小企業は高賃金・高報酬で有能な人材を集め研究開発のため諸要素の相互統合的・社会的システムによる支援を必要とする。一連のイノベーションの結果は，米国経済を三重構造に構築する上で強力な役割を果たした。以上のように，イノベー

ションの比較研究は大変重要な意味を持つのである。

　従来，日本の中小企業の技術開発は，生産性向上のためになるもの，プロセス技術，進歩的・改良的技術開発が主なものであったという位置づけが多かった。これらの技術開発は，中小企業が担い手となり，小資本という限界の下で，不足した開発資源を利用して現場で行われてきた。これらの技術開発の結果は，主に取引先の企業（下請制中小企業の場合は親企業，問屋制中小企業の場合は問屋）が一次的に評価してきた。それに対し，米国の中小企業における技術開発の結果は，多くの場合，市場が直接的に評価している点が大きく異なっている。

　なぜ，中小企業にとってイノベーションは重要なのであろうか。イノベーションが重要な意味を持つのは，国際競争の拡大，グローバル化の拡大という変化の中で中小企業の存立・成長の最も強力な主体となるからである。中小企業は，従来のように国内だけで営業活動に徹するという時代ではなく，中小企業の製品も国際競争へ巻き込まれている中で，中小企業は存立・成長のため，国内の中小企業や大企業との競争のみならず，外国の大企業や中小企業とも競争せざるを得なくなった。このような環境変化の下で日本の中小企業のような企業間関係では，存立の見通しが暗く，イノベーションのみが中小企業を救うこととなってしまった。もちろん，地域のニッチ市場という狭い範囲で成り立つものも存在するだろうが，中小企業の世界もすでに国際的競争が行われているし，イノベーションに成功している企業は，小規模でも大企業より競争力があり，グローバルな展開をする企業が出現している。米国の"F"という会社は，従業員280人規模（海外支社の従業員を合わせると500人以上）で，流体力学の先端技術を利用したプラスチックなどの製造工程のコンピュータのソフトウェアの技術による改善に特化した企業であるが，海外の7つの支社は本社の規模を上回っている[2]。また，市場開拓は世界中の企業向けであり，工学博士号を持つ人がマーケティングを行っているという。このような企業は，イノベーションによりこの分野の世界需要の約40％を占めているという。今後の中小企業の展開は，まさにF社のようなあり方が脚光を浴びるようになると思われ

る。

　米国における中小企業の研究は，80年代以降大いに進んできたといえよう。その後中小企業のイノベーションの重要性は強調されてきた。それは中小企業とイノベーションとの関係，創業との関係からである。イノベーションは米国中小企業論の最も中心的な位置にあるが，その理由は，中小企業の存立条件，成長条件の基本がイノベーションと最も深く関係するからである。それに対し，シュンペーターやガルブレイスによる中小企業のイノベーションに対する評価は必ずしも高くはなかった[3]。つまり，シュンペーター（Schumpeter）が述べたもので，イノベーションは大企業が主にやるものであるという点である。それは独占企業が産業の中心的な位置を占めていて，技術では大量生産技術が脚光を浴びていた時期である。さらに，その後，ガルブレイス（Galbraith）は，シュンペーターの主張を継承し，重要な技術革新・イノベーションの担い手が中小企業であるということは虚構（fiction）であると主張した。しかし，最近の米国の中小企業のイノベーションは，新な局面を迎えている。

2 日本における中小企業のイノベーション

　日本における中小企業とイノベーションの検討に際し，中小企業のイノベーションに関する見方を整理し，次に技術開発の全般的な特徴を明らかにし，技術開発の結果である特許開発と特許の導入について検討する。終わりにTLO（大学・研究所等で開発された技術・特許の使用促進）とSBIR（もともとは米国連邦政府の政策的な中小企業の技術開発支援であるが，ここでは日本政府の技術開発支援）についてみることにする。

　日本における中小企業のイノベーションについては，評価の基準によって，肯定的な評価と否定的な評価がある。肯定的な評価は，従来の中小企業のあり方や発展過程を追っていて，よくやってきたという評価である[4]。例えば，自動車や電気電子産業が国際競争力をつけてきたのは下請中小企業の部品製造のためであり，中小企業での絶え間ない技術改良により高い水準の技術と製品能

力を保有することになったからである。中小企業のイノベーションを評価すべきであるという主張である。日本の中小企業の技術分野研究では，この種の論調が多い。確かに，製造業の部品製造技術は，日本の中小企業の技術水準とその技術改良，技術開発の過程は評価すべきであろう。他方，否定的な評価は，主に米国の中小企業の技術開発のあり方と比較して，日本の中小企業の新たな役割（新産業を切り開く技術開発の能力）が非常に弱い点を挙げている[5]。端的に言えば，従来日本での新産業の開拓は，大企業が行うべき役目（役割）であって，その折に中小企業は大企業を支援する役割を果たせばよかったと言うものである。それはともかく，米国における中小企業の役目は，日本のそれとはかなり違うことを認識しなければならない。

1 中小企業の技術開発

日本の中小企業の技術開発の動機・目的は，企業レベルでどのように変わってきたのか。中小企業が研究開発に取り組んだ理由は，(1)競争力のある製品を作るため，(2)他社にはない商品を作るため，(3)取引先からの要請を契機に，(4)下請企業からの脱却を図るため，などが主なものであり，そのうち(1)(2)(3)の比重は50，60年代以降低下しつつあり，(4)の比重が急速に高まっている[6]。このことは日本の中小企業の自主的・創造的研究開発の弱さを窺わせる。

なぜ中小企業は技術開発をするのか。技術開発は全て成功するわけではないが，技術開発に努力する企業は伸びているという場合，将来性とつながって高く評価されている。北九州市にある消費財生産企業（大企業の分工場）は，発売6か月以内の新製品が年間売上高の40－60％を占めているという[7]。このことは大企業の事例であるが，当該企業にとっては技術開発をせざるを得ないこととなっていることがよく推量される。大分県にある中堅の家具メーカーは，技術開発というよりデザイン開発であるが，当該企業も1年以内に開発した新製品が売上高の40％以上を占めているという[8]。この企業にとっても引き続きデザイン開発が売上高の伸びる要因となっている。

中小企業の研究開発課題（対象産業・業種・項目）は，80年代の新製品開発，

高付加価値製品開発，生産性向上などから，90年代には新技術・先端産業開発へと変わっている。しかし中小企業の大部分の技術開発は，自己産業領域の延長線上での技術開発や新製品開発が多い。

2 中小企業の技術開発の特徴

日本の中小企業の技術開発の特徴としては次の3点が挙げられる。

(1) 先述の通り，革新的な技術開発が非常に少なく，進歩的な技術開発が多い点である。つまり，米国の中小企業の技術開発の特徴は革新的な技術開発が多いことで，その波及効果が創業，雇用，新産業開拓などで大きいのに対し，日本の中小企業の進歩的技術開発は，現行のルーティン化された自社技術の改良(生産性増大)・応用から新製品開発へつながっている程度に過ぎない。問題は産業界へパイの拡大をもたらす革新技術をどのようにして開発するかにある。

(2) 中小企業の技術開発の量は大企業のそれに比べかなり少ないことである。後述するように，米国の中小企業の技術開発は多くの産業分野で大企業のそれを上回っている。それに対し，日本の中小企業の技術開発は多くの産業分野で大企業に遅れている。

(3) 日本の中小企業の技術開発は自社費用に基づく開発が多い。それに対し，米国の中小企業の技術開発は政策支援，ベンチャー・キャピタル，エンジェル等の外部資金の支援によるものが多い。

日本における中小企業の研究開発(製造業)の条件についてみれば，図8-1のように，研究開発の担い手である研究者や研究費の割合はそれぞれ6.5%と4.1%しか占めていない。これに対し，大企業では研究者と研究費の占める割合は各々53.4%と62.1%であり，最も大きな部分を占めている。次に大学と研究機関では，研究者と研究費の割合は32.1%と23%を占めている。中小企業と大企業の研究者と研究費の伸びは大企業で著しく，中小企業で緩やかである。すなわち，研究者(製造業)は1984-86年の平均が3.2万人から1998年に4.2万人に増え，約31%しか増加していないのに対し，大企業では1985年に20万7千人から1998年に34万1千人へと増加し，約65%の増加を示している[9]。

176　第Ⅱ部　日米の中小企業の構造分析

図8－1　わが国の研究開発に占める中小企業製造業の位置づけ

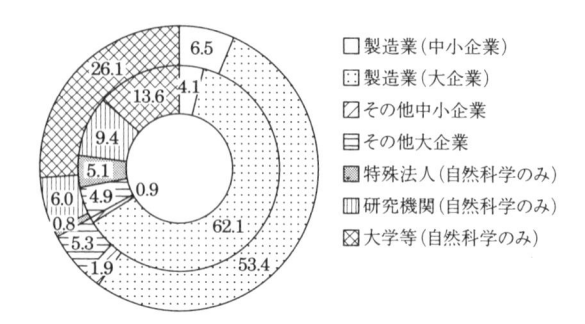

円グラフ（外枠／内枠の数値）：
- 外枠：6.5、4.1、13.6、26.1、9.4、5.1、6.0、4.9、0.8、5.3、1.9
- 内枠：62.1、53.4、0.9

凡例：
- □ 製造業（中小企業）
- ▣ 製造業（大企業）
- ▨ その他中小企業
- ☰ その他大企業
- ▩ 特殊法人（自然科学のみ）
- ▥ 研究機関（自然科学のみ）
- ⊠ 大学等（自然科学のみ）

出典：『中小企業白書』2000年。
資料：総務庁『科学技術研究調査』平成11年。
備考：(1)　外枠：研究本務者割合（自然科学のみ），内枠：平成10年度研究費割合（自然科学のみ）。
　　　　(2)　研究機関には国営，公営，民営が含まれる。
　　　　(3)　従業者300人未満の企業を中小企業とした。

研究費（製造業）においても1985年から1998年までの間に中小企業は3,700億円から6,000億円へと約62％増加したのに対し，大企業では同期間53千億円から92千億円へと73％も増加した。1998年の中小企業の研究費は大企業の6.5％に過ぎない[10]。

　企業数や従業員数の比重から見て，中小企業の研究開発費や研究者の地位は低い。ここに日本の中小企業の技術開発を制約する要因があるのではないだろうか。研究開発費については，中小企業向け政府支出研究開発費を中心に日米の比較統計を見れば，図8－2のように，米国の政府支出研究費は97年1,403億円であるのに対し，日本のそれは66億円で米国の4.7％に過ぎない。それは，中小企業での研究開発能力が脆弱であることを示唆し，その実態としては，先述したように，改良的技術であるために日本政府も中小企業による技術開発に重点を置かなかったのだろう。中小企業における研究開発の活性化は，中小企業による先端技術産業への進出が先決問題となる。米国における中小企業への研究費支援は，先端技術産業が中心であることをも注目すべきであろう。

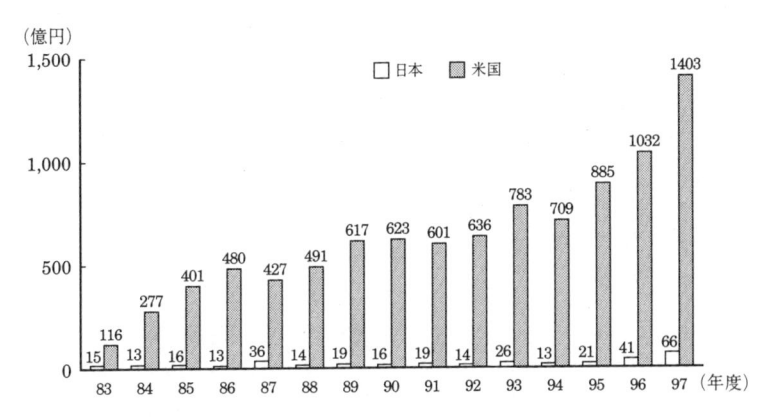

図8-2 日米における中小企業向け政府支出研究開発費の推移

(億円)
日本 米国

83年度: 日本15, 米国116
84: 13, 277
85: 16, 401
86: 13, 480
87: 36, 427
88: 14, 491
89: 19, 617
90: 16, 623
91: 19, 601
92: 14, 636
93: 26, 783
94: 13, 709
95: 21, 885
96: 41, 1032
97: 66, 1403

出典:『中小企業白書』2000年。
資料: 総務庁『科学技術研究調査報告』, SBA "SBIR ANNUAL REPORT".
備考: (1) 日本の数値は, 資本金1億円未満の企業が国・地方公共団体から受け入れた研究費について集計を行った。
(2) 米国の数値は, 中小企業による技術革新及びその事業化を支援するSBIR制度による交付額を掲載している。

③ 中小企業の特許開発と利用

ここでは特許について検討してみよう。特許についての研究は常に矛盾を感じることであるが, その内容の軽重を計ることは大変困難であるので, それを承知の上で量的な結果のみを吟味してみることにしよう。日本の中小企業のうち, 特許を取得しているのは中小製造業では5.3%の企業のみである。そのうち, 規模が大きくなるにつれて特許を取得する割合は高くなっている。500人以上の企業で50%以上, 1,000人以上の企業で74.1%の企業が特許を取得したことになる。この資料は自己開発した特許で1998年の調査日より前1年間の特許取得を行った企業を意味する。

特許の取得企業の従業員基準別の特許取得件数は, 図8-3のように, 規模が大きい企業ほど多いが, 従業員1,000人当たりの特許取得は従業員規模50-100人の企業で最も多い。研究活動を行っている一部の中小企業では研究開発・特許取得の意欲が大企業より高い。中小企業全体としても大企業とそれほ

ど大きな格差は認められない。

他方,特許の取得と特許利用(導入)は別の問題である。特許利用は,企業にとって開発能力は乏しいけれども,自社の発展のため特許導入は企業の目的

図8－3(A)　特許取得企業割合(製造業)

(％)
- 50人以下: 2.9
- 51－100人: 10.6
- 101－300人: 20.6
- 301－500人: 37.4
- 501－1000人: 50.0
- 1001人以上: 74.1
- 中小企業: 5.3
- 大企業: 66.8

出典:『中小企業白書』2000年。
資料:通商産業省・中小企業庁『商工業実態基本調査(平成10年)』再編加工。
備考:(1) ここでいう,特許取得とは,自己開発した特許で調査日より起算し,過去1年間において使用した特許を保有している場合を指す。
(2) 調査対象は,製造業に属する全企業。

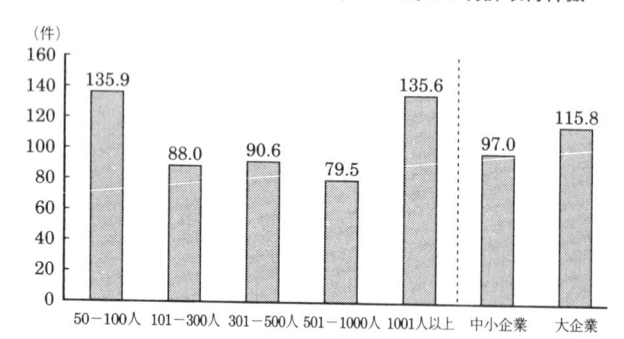

図8－3(B)　従業者1,000人当たり特許取得件数

(件)
- 50－100人: 135.9
- 101－300人: 88.0
- 301－500人: 90.6
- 501－1000人: 79.5
- 1001人以上: 135.6
- 中小企業: 97.0
- 大企業: 115.8

出典:『中小企業白書』2000年。
資料:通商産業省『企業活動基本調査(平成10年)』再編加工。
備考:(1) 分析対象は製造業に属し,特許を取得している企業。
(2) ここでいう特許の取得とは,自社開発した特許で平成9年度末現在で,特許登録料等を継続的に支払っている場合を指す。

(競争力の向上) を解決していく手段である。図8－4を見れば，特許導入の割合は中小企業より大企業が圧倒的に多い。中小企業と大企業とにおいてその格差は，特許取得における格差ほどではないが，中小企業の割合は大企業の約20％程度である。大企業は特許の取得のみならず導入にも積極的である。中小企業のうち，研究開発費の支出がある企業，技術開発に関心がある企業は特許

図8－4(A) 特許導入企業割合（製造業）

	50-100人	101-300人	301-500人	501-1000人	1001人以上	中小企業	大企業
全体	1.8	4.9	9.5	14.5	38.0	3.9	26.2
研究開発費支出がある企業	4.4	8.9	12.9	18.3	43.0	7.6	30.2

出典：『中小企業白書』2000年。
資料：通商産業省『企業活動基本調査（平成10年）』再編加工。
備考：(1) ここでいう，導入とは，有償・無償を問わず，平成9年度1年間における技術取引の契約の成立した特許がある企業。または，新規，継続を問わず，平成9年度1年間において，特許導入の対価の支払いを行ったことがある企業のことを指す。
(2) 分析対象は，従業者50人以上，かつ資本金又は出資金8千万円以上の会社。

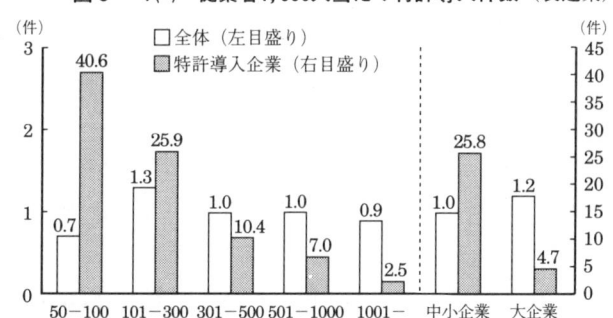

図8－4(B) 従業者1,000人当たり特許導入件数（製造業）

	50-100	101-300	301-500	501-1000	1001-	中小企業	大企業
全体（左目盛り）	0.7	1.3	1.0	1.0	0.9	1.0	1.2
特許導入企業（右目盛り）	40.6	25.9	10.4	7.0	2.5	25.8	4.7

出典：『中小企業白書』2000年。
資料：通商産業省『企業活動基本調査（平成10年）』再編加工。
備考：ここでは，有償，無償を問わず，平成9年度1年間における技術取引の契約の成立した特許件数について集計を行った。

導入にもより積極的である。また，従業員1,000人当たり特許導入件数を見ると，中小企業，特に研究費の支出がある企業の方は相対的に高く，大企業のそれより高いことがわかる。研究費支出が「ある」中小企業と「ない」中小企業との差異（格差）はかなり大きい。

4 中小企業の政策的技術開発支援—TLOとSBIR—
(1) TLO

最近TLO（Technology Licensing Organization：技術移転機関）による新しい技術を利用した創業（大学・研究所などの未使用の技術を既存企業によって利用し得る方法）を模索している[11]。TLOとは，大学・研究所などの技術を民間企業やベンチャー・ビジネスへ移転する組織をいう。具体的には米国の名門大学で研究開発された技術を貸与し，技術使用料（特許使用料）を受け取ることである。論点は，TLOによる技術が米国のベンチャー・ビジネスの創業と産業界で大きな役割を果たしていることにある。もちろん，大学・研究所ではその収入によって研究開発を促進させているというメリットも大きい[12]。

革新的な創業には革新的な技術研究開発が欠かせない。従来日本においても産学の連携による産業振興と中小企業の発展を図ってきたことがある。しかし，その成果は乏しく，再び産学の連携を新しいタイプで模索しなければならなくなった。そこで，米国の事例に倣ってTLOの導入が試みられた。TLOは米国ではベンチャー・ビジネスの創業の源となっているが，日本では始まったばかりで，最近の大学別のTLOの動きは表8－1のようである。

日本でのTLOは1998年「大学等技術移転促進法」が実施され，表8－1のような大学が活躍している。TLOは「大学等の研究者の研究成果を譲り受けて特許を出願・取得して企業にライセンシングする。ライセンシングで得たロイヤルティー（特許使用料）収入で特許出願などの関連費用を回収するなどの運営を行い，権利侵害への対処や再評価など特許の管理もしつつ，収益の一部を大学や研究者に還元してさらなる研究促進を図る。法律に基づく承認TLOは産業基盤整備基金から助成金の支援を受けられる。日本では，一部の国立・

表8－1　日本の承認TLOの技術移転状況

(平成12年12月末現在)

組　織　名	設立形態	主な関係大学	承認時期	技術移転件数
北海道ティー・エル・オー(株)	株式会社	北海道大学	平成11年12月	4
(株)東北テクノアーチ	株式会社	東北大学	平成10年12月	7
(株)筑波リエゾン研究所	株式会社	筑波大学	平成11年4月	1
(株)先端科学技術インキュベーションセンター（CASTI）	株式会社	東京大学	平成10年12月	10
(財)理工学振興会	財団法人	東京工業大学	平成11年8月	11
(学)日本大学国際産業技術・ビジネス育成センター（NUBIC）	学内組織	日本大学	平成10年12月	11
(学)早稲田大学知的財産センター	学内組織	早稲田大学	平成11年4月	7
(学)慶應義塾大学知的資産センター	学内組織	慶應義塾大学	平成11年8月	10
(学)東京電機大学産官学交流センター	学内組織	東京電機大学	平成12年6月	0
タマティーエルオー(株)	株式会社	多摩地域の大学	平成12年12月	0
(株)山梨ティー・エル・オー	株式会社	山梨大学	平成12年9月	0
(財)名古屋産業科学技術研究所	財団法人	名古屋大学	平成12年4月	0
関西ティー・エル・オー(株)	株式会社	関西地域の大学	平成10年12月	4
(財)新産業創造研究機構(TLOひょうご)	財団法人	神戸大学	平成12年4月	2
(有)山口ティー・エル・オー	有限会社	山口大学	平成12年9月	3
(株)北九州テクノセンター	株式会社	九州工業大学	平成12年4月	4
(株)産学連携機構九州	株式会社	九州大学	平成12年4月	0

出典：『中小企業白書』2001年。
資料：中小企業庁作成。
備考：技術移転件数は，TLOが設立されてからの累積件数であり，オプション契約は含まない。

私大でTLOを設置して技術移転を図っている。従来，大学からの技術移転・産学連携は大企業へ集中していた。今後TLOの進むべき方向としてはベンチャー・ビジネスの起業家（スタートアップ企業）や中小企業へも目を向けるべ

きである。しかし，そこにはいくつかの課題が指摘されている。すなわち，ベンチャー・ビジネスの育成・成長の土壌として，ベンチャー・キャピタルやアントレプレナーシップが不足していることである。」13)

また，「TLOが技術移転活動を行っていくに当たっては，特許などによる技術移転について専門的な知識や能力を有する人材や，特許などの出願手続きを行う弁理士，特許紛争や企業との契約を取り扱う弁護士を活用することが重要であるが，特に地方においてはこれらの人材が不足しているほか活用のための資金も不足している。」14) TLOはベンチャー・ビジネスの育成に直接的につながるものとして，ベンチャー・ビジネスの発展に必要な条件である。さらに，従来の産学連携で，中小企業と大学との連携による技術開発がなぜ少なかったのかを検討した上で，そこでの諸々の制約要因を取り除くことも重要であると思われる。

(2) 中小企業技術革新制度（日本版SBIR）の現状

日本においても，平成10年12月に成立した新事業創出促進法に基づき，国や特殊法人が，研究開発予算の中から新事業の創出につながる新技術の開発のための補助金・委託費など（特定補助金など）を中小企業などに対して交付し，その事業化までを一貫して支援する中小企業技術革新制度（日本版SBIR）が平成11年2月に創設された15)。この制度の特徴は，中小企業が研究開発による成果を事業化する点にも重点が置かれていることであり，中小企業信用保険法の特例（新事業開拓保険制度），中小企業投資育成株式会社法の特例（投資対象企業の拡大）及び中小企業金融公庫の新事業・技術振興貸与（うち革新技術導入促進資金）制度（SBIR特定補助金などにより研究開発した技術を利用して行う事業に必要な資金の貸付け）を享受できる点にある16)。

中小企業技術革新制度と米国のSBIRとは，中小企業白書でも指摘されているように，制度の導入・実施とその成果は社会・経済的な背景が異なることによって大きな違いが出てくる。この制度において，米国のラーナー教授の米国におけるSBIRの実施結果に関する評価を踏まえて，日本でも資金調達方法をどうするかが考慮されている。米国では研究補助資金を出す各省庁が責任を

持って応募企業を選んでいるが，日本の場合，SBIR参加省庁，特殊法人，中小企業庁が連携するようになっている[17]。

3 米国における中小企業のイノベーション

　米国における中小企業のイノベーションをどのように捉えるべきなのであろうか。米国における中小企業のイノベーションの特徴は，既存の中小企業（オールド・ビジネス，機械産業など）が主な担い手ではなく，中小企業以外の世界—大学，研究所，大企業，前職経営者などがそのシーズを持ち込んでいることである。その技術のシーズは革新的な製品へとつながることが多い。

　このように中小企業が担い手となり革新的な技術を開発することができるシステムは主に3つのタイプとなる。つまり，それは，政府の中小企業技術開発支援，大学・研究所が持っている研究成果（特許）の中小企業への貸与，エンジェルやベンチャー・キャピタルを中心とするベンチャー・ビジネスの仕組みによる技術開発支援・商品化の実現が挙げられる。まず，中小企業の技術開発について検討してみることにしよう。この研究は，オードリッチ（David B. Audretsch）教授の研究を紹介して，米国における中小企業の技術に関する研究が一部の産業においてであるが[18]，大企業より優れていることを吟味してみることにする。

1 米国の中小企業のイノベーションの実態

　次に紹介する資料は，1982年基準4桁産業分類に基づくイノベーション活動の調査結果である。1982年に米国に紹介されたイノベーション総数は8,074件である（米国の中小企業庁の発表）[19]。そのうち，4,476件は製造業から成し遂げられたものと確認された。The Futures Groupという会社は中小企業庁に代わって，製造業を含む100個以上の技術，エンジニアリング，貿易関係の専門雑誌を調査して，データを作成して分析をした。米国の中小企業庁の定義によると[20]，イノベーションとは，発明品を作ることを狙って開発を行い，その

表8-2 米国における中小企業と大企業のイノベーションの比較（主要な産業）

産業	合計	大企業	中小企業
コンピュータ機器	395	158	227
プロセス管理機器	165	68	93
ラジオ・テレビ通信機器	157	83	72
薬品	133	120	72
電子部品	128	54	73
工学・科学装置	126	43	83
半導体	122	91	29
プラスチック製品	107	22	82
写真機器	88	79	9
事務機器	77	67	10
電気測定器具	77	28	47
外科用医療器	67	54	13
医療器具	66	30	36
特殊産業機械	64	43	21
産業制御	61	15	46
トイレット用器	59	41	18
バルブ・パイプ関連	54	20	33
電気器具・ファン	53	47	6
諸測定機械	52	3	45
食料品製造機	50	37	12
モーター関連	49	39	10
プラスチック材料	45	30	15
産業用無機化学	40	32	8
ラジオ・テレビセット	40	35	4
諸道具	39	27	11
食器等	38	29	9
金属製品	35	12	17
ポンプ装備	34	18	16
眼科道具・レンズ	34	12	21
衛生用品	33	13	19
産業用トラック，トラクター	33	13	20
医療・生薬	32	27	5
航空機	32	31	1
環境	32	22	10

出典：David B. Audretsch "Innovation and Small Business" 1991, The MIT press.

結果，市場に新製品，新サービスを導入する過程をいう。したがって，1982年に記録されたイノベーションは，平均4.3年前に発明されており，したがって1982年の市場へと導入されたイノベーションは，1978年以前に発明されたことになる。資料は重複計算されるのを回避するため，8,800個登録された中で726個が重複計算され8,074個に計算された[21]。産業別分類でも500人基準，事業所単位，親会社子会社別に67個分類不可能なものがあり，合計が合わない。

　表8-2によると，一部産業でも中小企業のイノベーションは大企業のそれを遙かに上回っている。中小企業でイノベーションが多い産業は，コンピュータ装備，制御装置器具，プラスチック製品，エンジニアリングなどであり，大企業の主なイノベーションは製薬分野，航空機分野，写真機器などの分野である。ともかく，中小企業のイノベーションが大企業のそれを上回り多岐にわたることは米国の中小企業の特徴であるが，これらの分野ではベンチャー・ビジネスの活動が重要な役割を果たしている。再び強調したい点は，中小企業でこれだけの技術開発・イノベーションができることであり，従来の日本の中小企業のそれとは画期的に違うということである。

2 米国の政策支援による技術開発

　米国の中小企業政策はイノベーションの支援策である，といっても過言ではない。米国の中小企業白書によれば，イノベーションは国家の将来の経済成長に重要であり，特に新技術や親産業が中小企業ベースで商業化に成功するのは米国的現象である。米国政府はイノベーションに多くの支援を行ってきた。主な内容は，中小企業イノベーション研究支援（SBIR），中小企業技術移転支援（STTR），高度技術開発支援（ATP），製造・技術支援・ネットワーク（MEP），その他にハイテク企業の金融支援策などがある[22]。

　図8-5のように，米国の研究開発投資についてみれば，中央政府の研究開発資金配分は1994年の場合，大企業・大学研究所が全体の約80％弱を占めているが，中小企業は1.1％と少ない。1960年代以降大企業が中心であったが，80年代後半大企業がピークを越え，その後大学と研究所が急速に増加している。

186　第Ⅱ部　日米の中小企業の構造分析

図8-5　連邦研究開発資金配分（1960〜1994年）

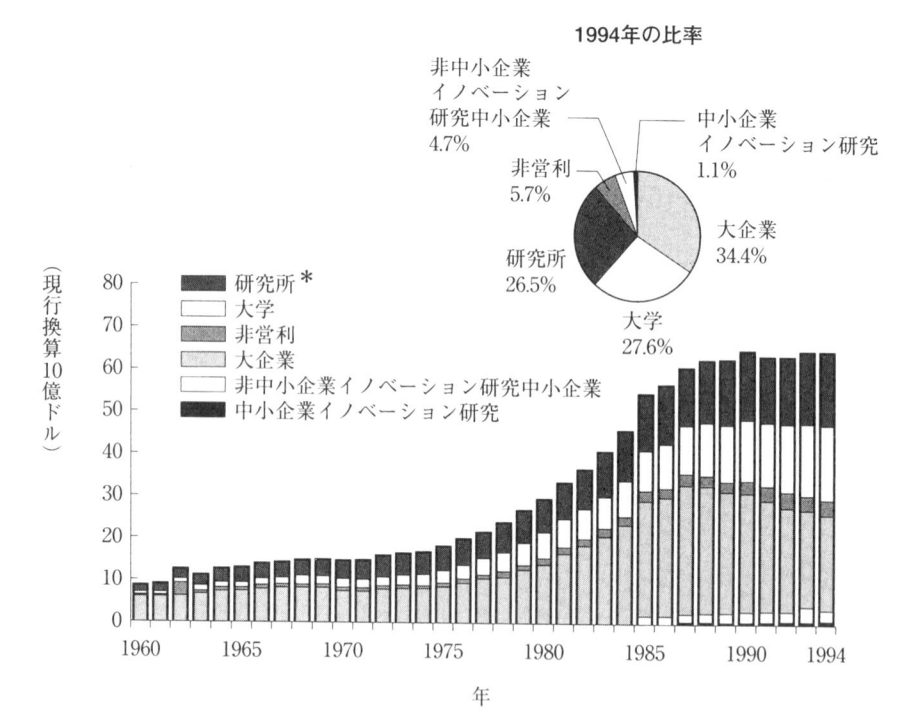

1994年の比率

- 非中小企業イノベーション研究中小企業　4.7%
- 非営利　5.7%
- 研究所　26.5%
- 大学　27.6%
- 大企業　34.4%
- 中小企業イノベーション研究　1.1%

（現行換算10億ドル）

凡例：
- 研究所＊
- 大学
- 非営利
- 大企業
- 非中小企業イノベーション研究中小企業
- 中小企業イノベーション研究

出典：U.S. Small Business Administration, Office of Advocacy, based upon data from the National Science Foundation.
備考：＊連邦資金による研究開発センターを含む。

　中小企業の研究開発費の配分は少ないが，研究開発の数は多いのが特徴である。そこには中小企業が受け取った研究費による研究開発以上に，外部からの持込み技術，共同技術開発が多かったためだと理解される。
　米国政府による中小企業イノベーションの支援策にはSBIRというものがある。SBIRとは，米国の連邦政府機関のうち一定規模（年1億ドル）以上の外部研究開発費を有する省庁に対して，当該予算の一定比率（1998年2.5%）を優れた研究開発能力がある中小企業に対して支出することを義務づけた制度である[23]。1982年米国議会法「中小企業イノベーション開発法」によって成立し，

第8章　日米における中小企業のイノベーション　187

現在連邦政府の10省庁が参加している。そのうち，国防総省の中小企業イノベーションが最も多く，中小企業イノベーションの約50％を占めている。この計画によって，毎年連邦政府研究開発計画のおよそ10億ドルが確実に中小企業に向けられるようになっている。

米国のSBIRの特徴は，従来の調査研究が明らかにしているように，3段階の企業評価による支援を行っていることである[24]。

第1段階（フェーズⅠ）では研究のテーマやアイディアの試験段階で，各省庁が具体的に記述した「研究開発トピック（Topics）集」に基づき，中小企業の提案の内容が実現可能であるのかどうかを審査する。

第2段階（フェーズⅡ）では試作品の開発段階で，SBIRの中心となっている。第1段階を終了した企業が再度第2段階へ進み，具体的な開発を行う。

第3段階（フェーズⅢ）では開発成果の「商業化」の段階である。したがって，製品は政府への納入や市場への販売が行われる。

各段階でファスティング・トラック（fasting track）とノン・ファスティング・トラック（non-fasting track）と区分され，ファスティング・トラックは短期間の研究で商品化や技術応用使用へ結びつくことが予想される技術研究計画をいう。ノン・ファスティング・トラックはさらに次の段階へと進む必要があり，商品化には長時間を要する技術研究計画をいう。

米国におけるSBIRの評価については，米ハーバード大のラーナー教授の論文を引用している[25]。すなわち，SBIRに参加した企業と参加していない企業（同一地域，同一業種，同程度の規模の企業）を対象として，1985-1995年の10年間の変化について比較して結論づけている。第1にSBIRに参加した企業の方が，参加していない企業より売上高や従業員の伸びにおいて遙かに大きいことを挙げている。第2に同じSBIRを受けている企業のうち，ベンチャー・キャピタルの活発な地域で活動しているSBIR参加企業の方が，ベンチャー・キャピタルが活発でない地域のSBIR参加企業より，従業員と売上高においてより大きく伸びていることを主張している。要するに，同じSBIRに参加した企業でも，ベンチャー・キャピタル活動が活発な地域の企業のみが大きく伸びてい

るのである。

③ 米国におけるSBIRの事例分析[26]

ここではSBIRの事例分析を紹介する。ここで取り上げる13の企業は，米国の北東地方のニューハンプシャー州（New Hampshire）にある中小企業であり，SBIRの支援を受けて技術開発を行っている。ここでは，ベンチャー・ビジネスとして先端技術開発を行っている中小企業が，どのような効果・成果を挙げているのかについて見ることにする。

13企業の内訳は，表8－3のように，先端技術開発中心であり，規模としては零細・小規模であり（1社除く），創業年次も若い。これらの企業は，SBIRが受けられなかったならば，研究開発を今のような方法で，あるいはより速いスピードで進行させることはできなかっただろうという[27]。外部からの参加者（ベンチャー・キャピタル）はあまりにもハイ・リターンを要求するので，外部投資者へ依存していたならば技術開発する意欲をなくしかねないという[28]。

これらの企業は，研究計画を成功させるために，資金計画と会社の戦略を一致させ，資金不足に悩まされないようにしたことが，順調な技術開発を可能にした重要な成功要因だと思っているという[29]。一方，ほとんどの会社が共通認識として，SBIRからの支援なしには開発が難しかったが，しかし，すべて社会的に価値ある研究開発を成功させるため，全般的な開発計画シナリオに従いつつ進行してきたことが有効であったと思っているという[30]。

今度の調査対象企業が行っている技術開発計画は，社会的波及効果がかなり大きいし，期待収益率を越えている。SBIR資金はフェーズⅠの初期に予想した収益率をより高めている。したがって，SBIRとして予想期待収益率は，損益分岐収益以上の収益率を上げるのに充分である[31]。このような成果について，これらの中小企業は会社の位置のメリットを指摘している企業が50％以上を占めている[32]。つまり，それはボストン（Boston）周辺の位置であり，他企業との協力関係や情報，人材などからボストンのルート128の効果を受けていることを意味する。

表8-3 米国のSBIRの事例分析対象の企業の内訳

	社名	創業年	従業員規模	技術開発内容
1	BRS社	1995	3	電子，機械，コンピューターネットの他に，手術に必要なTele-robotを作るためソフト，国防省の直接必要の基礎技術
2	CCR社	1982	18	エネルギーを電気自動車に貯蔵する電気Conductive polymers材料開発—エネルギー貯蔵に応用
3	FMI社	1956	260	NETS最新技術，軍事目的
4	HCI社	1982	20	電気化学畜電器，電気自動，軍事応用Nano-fiber Electrodes
5	LFA	1989	3	リチウム乾電池，飛行機等—軍事応用
6	MTC社	1986	5	飛行機のWing，老巧飛行機Wingsystem，寿命予測システム
7	MCO社	1989	3	刺激を受ける構造物から振動除去，潜水艦，宇宙船，飛行機などに応用
8	OTI社	1991	8	Optigain技術，レジャー技術
9	OSI社	1982	3	Multiple Rectangular Discharge CO_2 Laser，軍事用，商業用
10	SFC社	1981	93	Fire Control Software System潜水艦など応用
11	SSC社	1989	7	Electronic Phosphorsの次世代技術
12	SYK社	1994	8	Synkinetics技術ミサイルコントロールに応用
13	YTP	1940	155	低価格のリチウム乾電池—軍事応用

出典：John T. Scott "An Assessment of the Small Business Innovation Research Program in the New England: Fast Track Compared with Non-Fast Track Project" Dartmouth College, 2000.

　また，これらの企業はすべて，大きな特許を持っているか，それとも特許の革新技術を所有し，小規模ではあるが長期間の経験を持っている。商業化へのノウハウをも知っている。しかし，技術と市場の可能性の点には非常に高いリスクがあった。なお，技術的にはフェーズⅠで深刻な不確実性が存在する。つ

まり研究によって難しい技術的問題を克服することができるのかどうかという不確実性である。

　もう1つは米国防省の適用計画は，研究初期に確実でなく，商業部門への技術波及効果は現存するが，非軍事部門への適用形態，つまり市場的成功ができるのかどうかが不確実である。次に，これらの会社はどのようにしてSBIRを受けることができたのか。それは，会社の戦略をSBIRの要求条件に適応するように計画したからである。SBIRを受けてからはその影響として会社の規模を拡大し，多様な生産ラインを備えることができたと答えている。SBIRを受けなかったならば，技術開発が不可能であると答えた企業が11社，より小規模でやっていくが2社であった[33]。

4　米国における中小企業とTLO

　米国におけるTLOは，1980年のいわゆるバイ・ドール法（Bayh-Dole Act）の制定に助けられ，研究中心の各大学で設立された[34]。TLOは多くの大学で設置されているが，一部の研究中心大学で大きな成果を挙げている。TLOの活動や役割について特許権実施許容件数基準で見れば，上位10大学で50％，60位までの大学が90％を占めている。上位にはスタンフォード大学，カリフォルニア大学，コーネル大学，コロンビア大学，マサチューセッツ工科大学，ミネソタ大学，アイオワ州立大学，ノースカロライナ州立大学等がランクされている[35]。

　米国大学のライセンス貸与先（1999年）は，中小企業とスタートアップ企業に63％であり，大企業は37％に過ぎず，中小企業向けが多いことが特徴である[36]。スタートアップ企業はいうまでもなく，中小企業ではベンチャー・ビジネスとしての成長過程にある企業や研究開発に熱心な企業が大部分を占めていることは容易に推量できる。

　米国におけるTLOの現状について，AUTM（大学技術管理者協会　Association of University Technology Managers）の調査によれば，1999年度には大学からの技術移転による経済効果が年間約410億ドル，約27万人の雇用創出を生んでい

る[37])。また特記すべきことは、米国では大学主導で技術シーズに投資を行うことでベンチャー・キャピタル的機能を果たし、研究成果を事業化させている事例も多い。米国では、ベンチャー・ビジネスの育成のシステムが発達していることが、TLOの成果拡大に大きな役割を果たしていると思われる。資金調達と市場開拓においては、特に日本と比べものにならないほど、社会的・経済的制度として定着していることに着目すべきである。

⑤ 米国におけるベンチャー・キャピタルと中小企業の技術開発の促進

一般的にベンチャー・キャピタルは、ベンチャー・ビジネスの高成長を支えているものとして高く評価されてきた。しかし、ベンチャー・キャピタルというのは、よくよく吟味してみれば、新技術・市場へマッチし得る技術を育てる機能を果たしている存在であるといえる。なぜならば、ベンチャー・ビジネスが新技術による創業・成長であることからも明らかなように、ベンチャー・キャピタルの発展は新技術の発展を促進していることを意味する。

もちろん、すべてのベンチャー・キャピタルがこのような行動を行っているわけではない。ベンチャー・キャピタルにはさまざまな投資形態があるからである。ともかくベンチャー・キャピタルの技術開発への役割が大きいことに注目すべきであろう。

4 おわりに

従来の日本の中小企業が行ってきたイノベーションは、二重構造の下でのものであり（下請制中小企業の場合）、米国の中小企業が行ってきたイノベーションは三重構造のためにできたものであったと位置づけることができる。

米国における中小企業のイノベーションは、直接的な担い手が中小企業の形態を採っていることだけであって、その内容においては大企業に劣らない程度の実質的内容を持っていると言ってよいだろう。つまり、大学や研究所からの

良質のシーズに基づいて，技術開発段階での政策的支援，ベンチャー・キャピタル，エンジェルの資金支援に基づいて，市場開拓などにおいて規模は小さいものの，大企業で行っている規模と同じ規模の内容をもつ。米国中小企業のイノベーションは，このような特殊なシステムの中から生まれているのであり，従来の中小企業を政策的に支援するだけの方法には限界があると思われる。

注

1) 長平彰夫「米国研究大学におけるスピンオフ企業創出と技術移転機関の役割」（東北大学・研究年報『経済学』61-3号，1999年11月），橋沼竹弘「米国のSBIR制度の現状」（東北大学・研究年報『経済学』61-2号，1999年9月）。
2) 米国，ニューハンプシャー州ハノーバー市，F社での聞き取り調査。
3) David B. Audretsch（1999年8月）"The Economic Role of Small-and Medium-Size Enterprises: The United States", World Bank workshop. p. 24.
4) 清成忠男，田中利見，港徹雄『中小企業論』有斐閣，1996年。
5) 田中真人「革新的中小企業の経営特質と展望」（百瀬恵夫『中小企業論新講』白桃書房，2000年）。
6) 『中小企業白書』1997年参照。
7) 北九州市のK社からの訪問調査。
8) 大分県日田市のH社からの訪問調査。
9) 『中小企業白書』2000年，142頁。
10) 同上。
11) 橋沼竹弘「前掲論文」。
12) 同上。
13) 『中小企業白書』2000年，162頁。
14) 同上，163頁。
15) 同上，200頁。
16) 同上。
17) 同上，201頁。
18) Zoltan J. Acs, David B. Audretsch "Innovation and Small Firm" The MIT press.
19) 同上。
20) 同上。

21) 同上。
22) 『アメリカ中小企業白書』1996年参照。
23) 橋沼竹弘「前掲論文」。
24) 同上。
25) 『中小企業白書』2001年, 198－201頁。
26) John T. Scott "An Assessment of the Small Business Innovation Research Program in the New England : Fast Track Compared with Non-Fast Track Projects" Dartmouth College, 2000.
27) 同上。
28) 同上。
29) 同上。
30) 同上。
31) 同上。
32) 同上。
33) 同上。
34) 長平彰夫「前掲論文」。
35) 同上。
36) 同上。
37) 同上。

第9章　日米における中小企業の雇用

1　はじめに

　本章の課題は，日米における中小企業の雇用構造を明らかにし，その特徴を比較することである。従来の多くの研究が明らかにしているように，日本における雇用の特徴は終身雇用，年功序列，企業別組合と言われてきた（最近崩れつつある）が，それは主に大企業に該当するものであって，中小企業には全面的に当てはめて理解することは無理である。つまり，雇用のスタイルを採ってみても，大企業では新卒の採用・教育・育成の過程を踏んでいるのに対し，中小企業では即戦力としての中途採用が多い。では，中小企業の発展のための雇用構造とはどのようなものなのかについて，米国中小企業の雇用構造の分析を通じてうかがうことにする。そのために，2つの具体的な分析課題を取り上げる。

　第1は，日米の共通認識でもある，中小企業の雇用における地位・役割がどのように変化してきたのかを明らかにする。先述したように，中小企業の雇用の比重は日本の場合事業所ベースで80％弱（企業ベースでは約66％）であり，米国の場合企業ベースで50％台強である。さらに，日本の中小企業が占める雇用比率は，図9－1のように，低下しているのに対し，米国のそれは増加している。この点は日米中小企業の雇用構造の変化の特徴を最もよく示しているものである。この問題について，中小企業の雇用構造（特に創業や規模拡大による雇用の増加と廃業と規模縮小による雇用減少）の検討を通じて，アプローチしてみることにする。

図9－1　日米における中小企業の雇用の割合

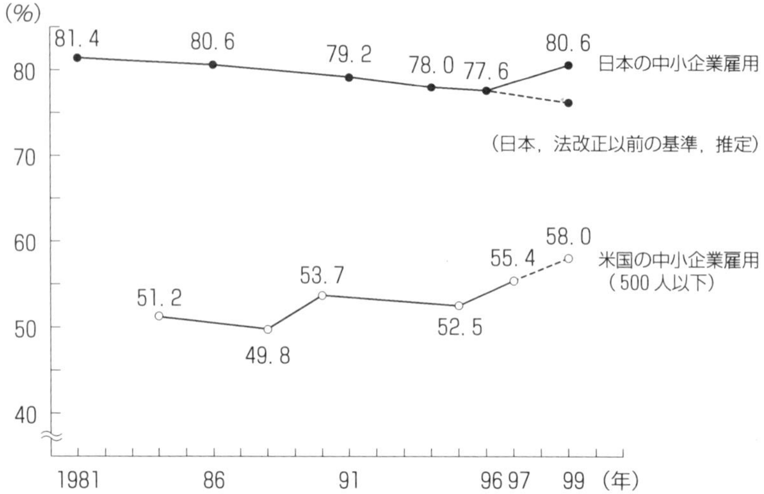

```
(%)
81.4  80.6  79.2  78.0  77.6    80.6   日本の中小企業雇用
                                        （日本，法改正以前の基準，推定）

                                 58.0   米国の中小企業雇用
              53.7         55.4         （500人以下）
  51.2                52.5
        49.8

1981  86    91      96 97  99 (年)
```

出典：日本は『中小企業白書』，米国は『アメリカ中小企業白書』各年より作成。

　第2は，日米の中小企業における人材確保の実態を比較してみることである。米国の中小企業では，中小企業をリードしていく人材の不足を中小企業の経営上において問題としていないのに対し，日本ではその点が最も大きな課題になっている。つまり，米国の中小企業ではイノベーションが大企業を上回っており，高学歴の有能な人材が多く従事していて，経済の三重構造を形成していることから，中小企業の発展に関する担い手の人材問題はほとんど存在していないと見てよいだろう。日本の場合，中小企業における有能な人材の確保は，中小企業経営において最大の問題であると訴えていながら，その対策や改善の方向（条件）は一向に見えていない。この点について米国の中小企業の実態から吟味してみることにする。

　従来の米国の中小企業雇用の研究において，具体的なあり方の研究よりは一般的な特徴，動態的な研究よりは静態的な研究が多かったので[1]，ここでは，まず日米において中小企業の雇用の位置変化をもたらす雇用の増加と減少を比較し，次に中小企業発展のための雇用構造について論じることにする。

2 日本における中小企業の雇用

1 中小企業の雇用の増減

　日本経済における中小企業の雇用は，全体として大きな比重を占めている。日本の場合，1999年に事業所ベースで80％，企業ベースで66％を占めているが，米国の中小企業は企業ベースで1997年に55.4％を占めている。日本の中小企業は雇用において米国より大きな役割を果たしているように見えるが，そのことについては第1章で検討した通りである。ここでは，中小企業の雇用への寄与度について検討してみる。

　中小企業における産業別の雇用寄与度は，表9－1のように，製造業では約853万人，サービス業で990万人，卸・小売・飲食店で1,445万人が従事している。また，中小企業基本法改正後の統計で各産業における中小企業雇用の比重は，1999年に建設業で95.8％，製造業で74.5％，サービス業で72.4％，卸・小売・飲食店で83.8％を占めている。各産業において中小企業は雇用確保に大きく寄与している。なお，2001年からは日本の雇用構造が変化しはじめている。中小企業は大企業のリストラの労働者が再就職する場として位置づけられてきたが，最近はその役割が十分果たせなくなった。つまり，これまでは大企業の雇用の減少と中小企業の雇用の増加が連動的であったが，最近は大企業の雇用の減少と中小企業の雇用の減少が同時に起こっているからである[2]。

　日本における雇用の増減についてみれば，表9－1から計算すれば，1991年と1996年の間に全従業員（合計）の変化が4.6％増であるのに対し，小事業所の減少は2.5％であり，大事業所と中規模事業所では逆に増加している。このような事実は，中・大規模企業の雇用増大に対し，小零細規模の企業の衰退が明らかとなり，企業社会の再編成が行われていることについては前述した通りである。小零細企業の衰退が著しい産業は，『中小企業白書』によると，製造業で同期間中約80万人減，卸・小売・飲食店では横ばいであったのに対し，サービス，運送，通信，金融，建設業などで大幅な増加をもたらした。この数

198　第Ⅱ部　日米の中小企業の構造分析

表9-1　日本の規模別従業員の変化

(単位：千人)

	中事業所	%	大事業所	%	小計	%	小事業所	%	合計	%
1991年	27,834	50.8	11,392	20.8	39,226	71.6	15,565	28.4	54,791	100
1994年	27,387	50.6	11,890	22.0	39,277	72.5	14,886	27.5	54,163	100
1996年	29,321	51.1	12,854	22.4	42,175	73.5	15,171	26.5	57,346	100
(1999年)	29,395	54.9	10,395	19.4	39,755	74.2	13,835	25.8	53,590	100
1999年	26,875	50.1	12,004	22.4	38,879	72.5	13,853	25.8	53,590	100
建設	1,958	38.5	215	4.2	4,873	95.8	2,915	57.3	5,089	100
製造業	5,523	48.2	2,919	25.5	8,442	73.7	3,010	26.3	11,452	100
卸・小売・飲食	10,590	61.4	2,793	16.2	13,383	77.6	3,861	22.4	17,244	100
運輸通信	2,220	68.2	359	11.0	2,579	79.3	674	20.7	3,253	100
金・保・不動産	1,146	44.2	263	10.2	1,409	54.4	1,181	45.6	2,591	100
サービス業	7,756	56.7	3,779	27.6	11,535	84.3	2,151	15.7	13,687	100

出典：『中小企業白書』各年より作成。
備考：(1)　(1999年) の欄は中小企業基本法の改正以前の基準によるもの。
　　　(2)　小事業所，中事業所，大事業所の区分は表1-5と同じ。
　　　(3)　産業別は1999年の内数。

字の変化は，産業構造の変化や企業社会の構造変化を物語っている。つまり，中小企業は雇用の地位を低下させているのである。

次にここでは，中小企業の雇用の地位が相対的に低下した理由は，どのような要因によるものなのかについて検討する。中小企業における雇用の増加は，創業によるものと既存中小企業の規模拡大によってもたらされる。創業による雇用増加は，創業の際に必要な雇用量によって決まるが，全体としては創業企業の数と創業時の平均的な雇用規模に依存する。しかし，近年創業企業数が減少し，さらに平均雇用規模が大きい製造業における創業減少のために，平均雇用規模の小さいサービス業における創業増加は，中小企業全体の雇用増加をもたらすには至らなかった。

創業による雇用増加は，図9-2の通りである。つまり，創業から1年間を創業期と見る場合と3年間を創業期と見る場合があるが，雇用増加事業所（上位10％平均）は前者を基準としてみれば，創業期を経てからの雇用の増加が10年で2倍程度であり，後者を基準に見れば，その後10年間で1.5倍の伸びに過

第9章 日米における中小企業の雇用　199

図9－2　新規創業後の従業者数の推移

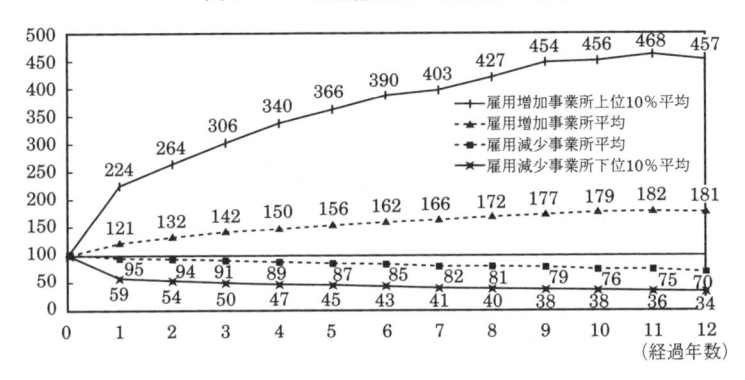

経過年数	0	1	2	3	4	5	6	7	8	9	10	11	12
雇用増加事業所上位10％平均	100	224	264	306	340	366	390	403	427	454	456	468	457
雇用増加事業所平均	100	121	132	142	150	156	162	166	172	177	179	182	181
雇用減少事業所平均	100	95	94	91	89	87	85	82	81	79	76	75	70
雇用減少事業所下位10％平均	100	59	54	50	47	45	43	41	40	38	38	36	34

出典：『中小企業白書』2000年。
資料：通商産業省『工業統計』再編加工。
備考：昭和60年から平成10年のデータを事業所単位で接続の上，従業者数を指数化（新規創業時＝100）した。
　　　その上で，新規創業時従業者数〈平成10年従業者数の事業所を雇用増加事業所（全事業所の41.2％），新規創業時従業者数〉平成10年従業者数の事業所を雇用減少事業所（34.7％）として分析した。

ぎない。また，創業企業の全体の平均（雇用増加企業の平均）はさらに緩やかな伸びしか示していない。この資料からも判断されるように，日本における創業企業の雇用の吸収力は弱いと言わざるを得ない。

次に，製造業，卸売業，小売業について，創業による雇用増加と既存企業の規模拡大による雇用増加を見れば，図9－3のように3業種すべて創業による雇用創出が多く，既存企業の規模拡大による雇用創出は，創業による雇用創出の約55－65％の水準にとどまる。

既存企業の規模拡大による雇用創出について見れば（図9－3と図9－4），製造業では雇用の増加をもたらした企業の比率がわずか約27％で，そのうち25％以下の雇用変動率を持つ企業が多く，既存企業の規模拡大による雇用増加は大きくはないと考えられる。それに対し，小売業における既存企業の規模拡大による雇用創出が多いのは，小売業全体で雇用変動率が「変わらない」比率が54％と最も高いにもかかわらず，「50％以上」と「25－50％以上」の高い雇

200　第Ⅱ部　日米の中小企業の構造分析

図9－3　雇用創出・喪失の状況

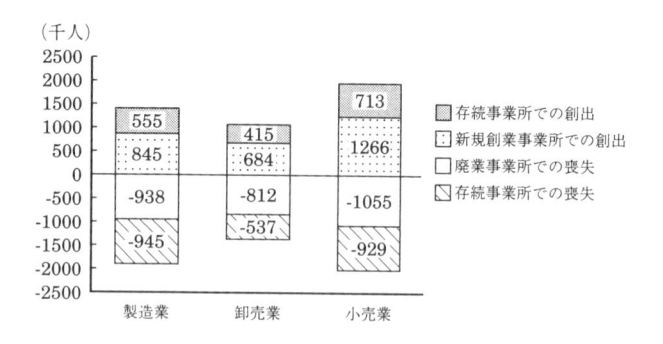

（単位：千人）

業種	存続事業所での創出	新規創業事業所での創出	廃業事業所での喪失	存続事業所での喪失
製造業	555	845	-938	-945
卸売業	415	684	-812	-537
小売業	713	1266	-1055	-929

出典：『中小企業白書』2000年。
資料：通商産業省『工業統計』『商業統計』再編加工。
備考：製造業については平成7年～10年の3年間，卸売業，小売業については平成6年～9年の3年間の数値。

図9－4　雇用変動率別に見た存続事業所の構成

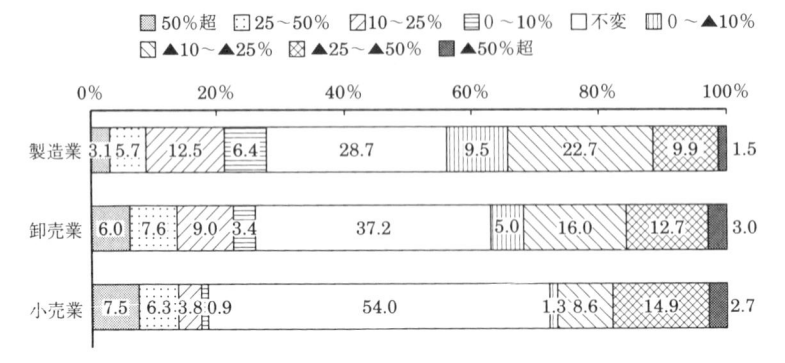

凡例：50％超／25～50％／10～25％／0～10％／不変／0～▲10％／▲10～▲25％／▲25～▲50％／▲50％超

業種	50％超	25～50％	10～25％	0～10％	不変	0～▲10％	▲10～▲25％	▲25～▲50％	▲50％超
製造業	3.1	5.7	12.5	6.4	28.7	9.5	22.7	9.9	1.5
卸売業	6.0	7.6	9.0	3.4	37.2	5.0	16.0	12.7	3.0
小売業	7.5	6.3	3.8	0.9	54.0	1.3	8.6	14.9	2.7

出典：『中小企業白書』2000年。
資料：通商産業省『工業統計』『商業統計』再編加工。
備考：(1)　雇用変動率＝(期末従業者数－期首従業者数)／期首従業者数×100。
　　　(2)　製造業は平成7年と10年，卸売業，小売業は6年と9年を接続して算出した。

用変動率を持つ企業が比較的多いためである。

　他方,中小企業の雇用減少をもたらす要因は,廃業によるものと既存企業の規模縮小による雇用減少が考えられる。中小企業における雇用減少は,図9－2のように,雇用減少事業所(下位10％平均)は,雇用の減少が行われてから1年間にさらに急激なリストラが実施され,その次の年からも実数が緩やかに減っている。もちろん,大工場の閉鎖や大規模なリストラが一部の大企業で行われていることも事実であるけれども,雇用減少事業所の平均は全体として緩やかに減少しているので,日本における雇用減少は急激なリストラは少ないと考えられる。

　雇用減少に関して,製造業,卸売業,小売業についてみれば,図9－3のとおりである。雇用減少は,製造業では既存企業の規模縮小による雇用減少分が廃業による雇用減少分をやや上回っているが,小売業では廃業による雇用減少分が既存企業の規模縮小による雇用減少分をやや上回っている。卸売業では特に廃業による雇用減少が大きい。小売業と卸売業における雇用減少は製造業より激しい。

　次に既存企業の雇用減少のあり方を見れば,図9－4のとおりである。製造業では,雇用変動率の「不変」な部分が他業種に比べ28.7％と少ない反面,「雇用減少」の企業の比率が他の業種より多い。特に「0－10％」,「10－25％」,「25－50％」の雇用変動率を持つ事業所が多い。その結果,雇用の減少が大きい。これに対し,小売業では,雇用変動率の「不変」な部分が54％と高い比率を占めている反面,「50％以上」,「25－50％」の高い雇用変動率を持つ事業所が多く,その結果,廃業や企業の規模縮小による雇用減少の実数が大きい。また,卸売業では小売業の変化に準ずる動きを見せているが,「50％以上」の雇用変動率を持つ事業所がやや多い。

2　女性労働力

　日本における女性労働力は,表9－2のように,全労働力の約41％,100人以下の企業の雇用の約43％を占めており,中小企業においても重要な役割を果

たしている。非農林業のうち，女性労働力は40.6%を占めているが，従業員規模1－29人では43.2%と高いのに対し，従業員30－499人では42.3%であり，さらに従業員500人以上では35.4%に過ぎない。企業規模別で女性労働力分布の格差が大きいのは，女性労働力の増加に制約要因として作用しているものと見られる。また，1990年と比較すれば，女性労働力は絶対数でも増加し，さらにその地位も上昇してきており，特に100－999人層で顕著な増加である。

製造業では，従業員のうち女性従業員は32.9%を占めているが，サービス業や販売業と比較すれば女性従業員のウェイトが低い。規模別には，従業員30人以下では42.0%と高い比率を占めているが，100－499人では33.3%に低下し，さらに500人以上では21.2%に過ぎない。1990年と比べて，製造業では女性雇用が減少しているが，零細企業よりは30人以上の規模の企業で急速に減少している。

販売業（小売業，卸売業，飲食店）では，全体雇用のうち52.0%という高い比率を占めているし，特に1,000人以上の大規模企業では55.7%というウェイトを占めており，これは中小企業平均より高く，女性労働力の発展の上で大きな特徴である。大企業で女性雇用が多いのは販売業だけであり，1990年に比べ特に大企業で女性雇用は増加しているのが特徴である。

サービス業では，製造業や販売業より高い女性雇用の比率を示している。規模別には中小企業での女性雇用が多いが，従業員500人，同1,000人以上ではより少ない。1990年と比較してみれば，サービス業の女性雇用は大企業で急速に増加しているのが特徴である。

要するに，女性雇用は全体として増加傾向にあるが，製造業では減少し，販売業とサービス業では特に大企業で大きく伸びている。

さらに，日本の女性雇用における特徴としては，M字型の女性雇用構造が挙げられるが，最近の傾向はM字型のカーブが緩やかになってきたと言われている。1990年には年齢30－34歳の女性雇用のウェイトが30.5%，同35－39歳で35.4%を占めていたが，2001年には各々36.8%，37.1%であり[3]，かなり改善されていることが窺える。また，40歳以上の年齢層でも女性の雇用比率は約

表9－2　日本の女性労働力の規模別構成

(単位：万人)

	2001年5月				1990年5月			
	全体	%	女子	%	全体	%	女子	%
全体雇用	5,375	100	2,180	40.6	4,849	100	1,839	37.9
1－29人	1,721	100	744	43.2	1,596	100	676	42.4
30－99人	877	100	371	42.3	766	100	305	39.8
100－499人	915	100	384	42.0	798	100	300	37.6
500人以上	1,293	100	458	35.4	1,173	100	378	32.2
内)500－999人	312	100	112	35.9	253	100	77	30.4
内)1,000人以上	981	100	345	35.2	920	100	301	32.7
製造業全体	1,194	100	393	32.9	1,330	100	480	36.1
1－29人	293	100	123	42.0	352	100	152	43.2
30－99人	236	100	96	40.7	254	100	114	44.9
100－499人	255	100	85	33.3	287	100	109	38.0
500人以上	406	100	86	21.2	434	100	104	24.0
内)500－999人	96	100	24	25.0	91	100	26	28.6
内)1,000人以上	310	100	62	20.0	343	100	78	22.7
卸・小売・飲食全体	1,226	100	637	52.0	1,045	100	492	47.1
1－29人	501	100	267	53.3	468	100	238	50.9
30－99人	187	100	92	49.2	173	100	75	43.4
100－499人	215	100	106	49.3	172	100	69	40.1
500人以上	315	100	165	52.4	225	100	106	47.1
内)500－999人	85	100	37	43.5	60	100	23	38.3
内)1,000人以上	230	100	128	55.7	165	100	84	50.9
サービス業全体	1,535	100	823	53.6	1,142	100	576	50.4
1－29人	472	100	265	56.1	362	100	207	57.2
30－99人	272	100	150	55.1	173	100	87	50.3
100－499人	290	100	155	53.4	196	100	95	48.5
500人以上	224	100	102	45.5	156	100	57	36.5
内)500－999人	78	100	38	48.7	58	100	19	32.8
内)1,000人以上	146	100	64	43.8	98	100	38	38.8

出典：総務省統計局『労働力調査報告』2001年5月，1990年5月。
備考：各項目の「全体」は「官公」の雇用を含むので合計が一致しない。

5％ポイント上昇している。それに対し，20代の女性雇用のウェイトは大きな変化がなく，約50％水準を維持している。このことは女性の雇用が拡大していることを物語る。

③ 中小企業の採用・学歴構成・その他

他方，従来中小企業の雇用における問題点として，必要な人材，労働力の確保を挙げていた。その確保の方法には育成するか，中途採用するか，の2つの方法がある。90年代のような長期不況の下で中小企業は，販売，製造，企画，研究，財務，海外進出などに必要な人材の不足を常に訴えてきた。もちろん，先端産業の中小企業，一部のIT産業の中小企業やベンチャー・ビジネスでは有能な人材が雇われていると思われるが，その他の中小企業では依然として，低生産性―低収入―低賃金―低労働力確保―の循環構造から脱皮することができないままであろう。つまり，大卒以上の高学歴者は，従業員100人以下の中小企業では10％以下が多く，製造業と建設業では6－7％，販売業とサービス業では12％，金融・保険業で30％を占めているに過ぎない[4]。また，大卒の賃

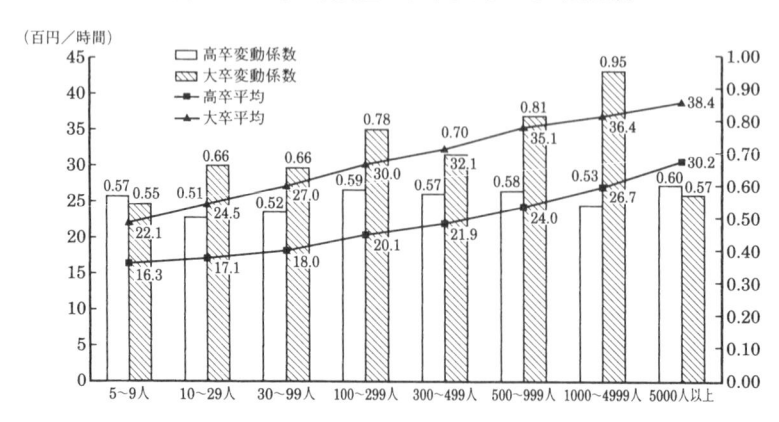

図9－5　学歴別賃金の平均とばらつき（全産業）

出典：『中小企業白書』1999年。
資料：労働省『賃金構造基本統計調査（平成9年）』再編加工。
備考：平均は左目盛り，変動係数は右目盛り。

金構造は，図9－5のように，規模別の格差が大きい。このような賃金と雇用の構造では，中小企業におけるイノベーションは多くの場合，おぼつかず，日本中小企業における人材確保の問題は賃金構造にあるといってよいだろう。

なお，最近の中小企業の雇用動向は正規社員の減少に対し，非正規社員の急速な増加が挙げられる。特に中小企業では非正規社員が30％に上り，大企業においてもそれが急速に増加している[5]。この比率がさらに増加すると見込まれるところに，より大きな問題が潜んでいると思われる。つまり，将来的に非正規社員層がますます膨らみ，1つの社会層を形成し，その結果，正規社員層対非正規社員層の対立構造が生まれるのではないだろうか。

3 米国における中小企業の雇用

1 米国における中小企業の雇用の増減

米国の中小企業論の中心的な関心事は雇用であり，政策においても雇用の増加に寄与する中小企業を優先支援することを見ても，日本における中小企業の雇用に対する対策とは温度差を感じる。米国における中小企業の雇用は，私的部門の全雇用者数（1998年）の1億1,500人のうち58％を占めている（別の統計では1996年の1億200万人のうち53％となっている。）。ここでは98年の統計を採用する[6]。先述のように，この比率が上がっているところに米国の中小企業の雇用の特徴があろう。

米国の中小企業雇用の規模別・産業別の構成は，表9－3の通りである。米国における雇用はサービス業，小売業・卸売業，製造業の合計の比重が約81％を占めており，米国雇用の三本柱になっていることがわかる。この点については，日本も3つの業種で79％（非1次産業のうちの比重）に達し，ほぼ同じ水準であるもので興味深い[7]。つまり，雇用の産業集中度は同じである。

規模別の特徴を見れば，雇用のウェイトは，従業員規模1,000人以上で約42％という高い比率，さらに500人以上では約47％以上を占めている。このことは，日本の場合（表9－2より計算），500人以上が約24％しか占めていないこ

表9-3 米国の産業別・規模別の従業員の構成（1995年）

(単位：%)

雇用規模	農業	鉱業	建設	製造	運輸・通信	卸	小売	金融	サービス	その他	計
1-4人	16.5	3.2	12.8	1.2	3.4	5.6	4.9	7.2	6.5	40.0	5.4
5-9人	20.1	3.6	14.5	2.2	3.8	7.8	7.0	5.3	7.3	22.2	6.4
10-19人	20.7	5.4	16.6	3.8	5.1	11.1	8.9	5.4	7.8	15.6	7.7
20-49人	16.1	8.5	22.0	7.7	7.7	15.9	12.6	7.5	9.9	12.4	10.8
50-99人	7.2	6.1	11.4	7.0	5.7	10.4	8.0	5.9	7.4	2.0	7.6
100-249人	5.9	7.0	9.6	9.7	6.6	10.6	6.8	7.1	10.3	2.7	8.9
250-499人	2.4	5.0	4.2	6.9	4.0	5.7	3.6	4.6	7.1	0.3	5.7
500-999人	1.7	6.2	2.8	6.9	4.0	4.0	3.0	4.5	6.7	2.4	5.2
1,000人以上	9.4	55.1	7.9	54.7	59.7	29.0	45.0	52.6	37.0	2.3	42.3
全体	100.0	100.0	100.0	100.0	100.0	100.0	100.0	100.0	100.0	100.0	100.0
実数（千人）	629	627	5,036	18,608	5,923	6,604	21,076	6,983	34,696	91	100,273

出典：David B. Audretsch "The Economic Role of Small and Medium-size Enterprise: The United States" 1999.

ととは非常に対照的である。米国の経済は超大企業の影響が極めて強いことが窺われる一方，従業員100人以下での雇用の比重が38％と少ないことは，日本の100人以下が約48％を占めることとかなり開きがある。従業員100-500人の規模では日本が17％，米国は約15％と接近している。要するに，米国では大企業・超大企業の比重が，日本では従業員500人以下の中小・中堅企業の比重が大きい。

産業別には，運輸・通信業，鉱業，製造業，金融業で従業員1,000人以上の企業の比率が50％を上回っている。当然のことであるが，これらの産業では中小企業や零細企業の比重がサービス業や販売業に比べ非常に低い。要するに，これらの産業では超大企業が中心的な役割を果たしていること，多国籍企業の活動が多いこと等が考えられる。それに対し，サービス業や販売業では従業員100人以下の比重が相対的に大きい。

次に，規模別の雇用変化を見れば，表9-4のようになる。この統計は1992-96年の4年間の変化を示している。全体として創業，廃業，規模の拡大と縮

小を合わせると，1992年の全従業員約9,279万人に対し約6,594万人，総雇用の変動は71%となり，さらに年平均に直すと，約17.8%に上る。この数字は日本の年平均雇用変動率の約2倍に近い水準である。また，規模別に見れば，零細規模や中小企業で雇用の変動率は大企業より高い。特に，IT産業の零細・中小企業では雇用の変動率が100%を超えているのが目を引く。サービス業においてもそれが100%に近い。なお，雇用の純増加率では，IT産業で約20%弱と高く，次がサービス業で10%強であるが，製造業では5%弱と低い。

米国における雇用の増加は，創業と既存企業の規模拡大によってもたらされる。表9-4から計算してみれば，雇用の増加のうち創業による部分が約60%を占め，規模拡大による部分が約40%を占めている。そのうち，創業による雇用増加は従業員500人以下で約56%，従業員500人以上では約44%を占めている。規模拡大による雇用増加は従業員500人以上が全増加分の約36%，同500人以下が同約64%を占めている。したがって，創業による雇用増加や規模拡大による雇用増加においては，中小企業がより大きなウェイトを占めており，中小企業の雇用吸収力はかなり大きい。

雇用の減少では，表9-4から計算してみれば，廃業による雇用減少が全雇用減少の57%，規模縮小による雇用減少が43%を占めている。そのうち，廃業による雇用の減少は従業員500人以上で38%，同500人以下で62%を占めている。また，規模縮小による雇用減少は従業員500人以上で約50%，同500人以下で約50%を占めている。したがって，雇用減少では中小企業の廃業による減少がより大きな影響を及ぼしているものの，大企業の廃業もまた相当のウェイトを占めており，規模の大小を問わず，廃業による雇用減少の影響が大きいことが窺われる。

財の生産産業（製造業と建設業）では，表9-4のように，全体として雇用規模が拡大している中で，従業員500人以上の規模での廃業と規模縮小が創業と規模拡大を上回っているのに対し，従業員20人以下では雇用の増加，つまり創業や規模拡大による雇用増加が目立っている。

サービス業（サービス業，金融業，不動産業，販売業を含む）では，同期間中約

表9-4 中小企業の創業と廃業による雇用変動

(単位：人)

産業別	規模別	雇　用	創　業	廃　業	拡　大	縮　小	純増減	純変化%
財の生産	1-19人	3,762,045	1,172,688	-944,750	1,285,997	-455,031	1,058,904	107.14
	20-99人	4,145,593	621,237	-717,423	947,441	-549,731	301,524	30.51
	100-499人	3,445,917	355,048	-492,676	643,769	-460,435	45,706	4.62
	500人以上	11,384,136	1,041,464	-1,176,377	1,401,340	-1,684,224	-417,797	-42.27
	全規模	22,737,691	3,190,437	-3,331,226	4,278,547	-3,149,421	988,337	100.00
サービス	1-19人	14,720,248	4,217,079	-3,591,458	3,777,146	-1,656,891	2,745,876	34.98
	20-99人	12,578,796	2,571,324	-2,374,593	2,443,834	-1,534,535	1,106,030	14.09
	100-499人	9,447,333	1,960,575	-1,666,424	1,714,236	-1,224,684	786,703	9.98
	500人以上	30,598,725	7,432,592	-4,709,377	4,601,681	-4,109,611	3,215,285	40.95
	全規模	67,345,102	16,181,570	-12,341,852	12,536,897	-8,525,721	7,850,894	100.00
IT産業	1-19人	267,805	171,472	-81,761	136,370	-28,997	197,084	38.01
	20-99人	387,578	106,869	-88,776	138,725	-45,924	110,894	21.39
	100-499人	411,254	76,760	-73,395	120,560	-58,188	65,737	12.68
	500人以上	1,642,095	406,797	-278,807	313,369	-296,549	144,810	27.93
	全規模	2,708,732	761,898	-522,739	709,024	-429,658	518,525	100.00
全産業	1-19人	18,750,098	5,561,239	-4,617,969	5,199,513	-2,140,919	4,001,864	42.77
	20-99人	17,111,967	3,299,430	-3,180,792	3,530,000	-2,130,190	1,518,448	16.23
	100-499人	13,304,504	2,392,383	-2,232,495	2,478,565	-1,743,307	895,146	9.57
	500人以上	43,624,956	8,880,853	-6,164,561	6,316,390	-6,090,384	2,942,298	31.44
	全規模	92,791,525	20,133,905	-16,195,817	17,524,468	-12,104,800	9,357,756	100.00

出典：Dr. Richard J. Boden, Jr. "Establishment Employment Change and Survival, 1992-1996" 2000.
備考：雇用は1992年、廃業、拡大、縮小は1992-1996年の間の変動量を表す。

800万人弱の雇用増加を示している。規模別には従業員500人以上と19人以下で最も増加している。また，創業による雇用の増加が廃業による雇用の減少を約400万人，同じように規模拡大による雇用の増加は規模縮小による雇用の減少を約400万人も上回っている。

IT産業においては雇用の純増加率が約20%と高く，雇用の増加において大きな役割を果たしている。同産業の場合，創業による雇用増加と規模拡大による雇用増加がほぼ同じ規模であることと，特に従業員20人以下で最も伸び率が高いのが特徴である。

2 米国における中小企業雇用の特徴

米国の雇用構造のうち，中小企業の人材確保，女性労働力，人種別構成，年齢別構成についての特徴を概略的に述べることにしよう。

米国における中小企業雇用の特徴としては，中小企業の人材確保を挙げることができるので，教育水準別の内訳を見れば，表9-5の通りである。つまり，「博士号以上」を持つ従業員は従業員規模500人以下では2.2%，同500人以上では1.9%を占めている。さらに，「各種大学以上」の学歴を持つ従業員は規模にかかわりなくほぼ均等に雇用されているが，大企業で2,150万人，中小企業で2,550万人従事している[8]。このような点こそが米国の中小企業の活力の源泉である。日本の中小企業においては最大の問題が人材確保であるといえるが，その実態は米国と比べあまりにも違っている。

この点は専門家や高学歴者による中小企業の創業，研究人材としてベンチャー・ビジネスに多く従事していることが考えられる。中小企業に勤めている博士号の所持者は，大企業のそれより多いことこそ米国の中小企業の強みであろう。さらに専門家，博士号の所有者は，零細企業から中規模の企業，大企業まで偏った分布は示されていない。それに対し，日本の現実から考えてみれば，高学歴，研究専門家はまず大企業に集中し，ごく一部が中堅企業で活動しているというイメージであるし，大企業の会社形態の企業とごく一部のベンチャー・ビジネス（研究中心の企業）を除いて，中小企業へ多くの専門家や博士

表9－5　米国の中小企業における従業員の学歴教育水準

(1998年，単位：%)

規模別	高卒未満	高卒	各種大学	大学卒	修士	博士
全体	16.1	32.9	28.5	16.4	4.0	2.1
10人以下	20.3	33.3	27.0	13.8	2.7	3.0
10－24人	20.4	32.8	28.4	13.0	3.0	2.4
25－99人	18.0	34.1	27.2	15.6	3.4	1.7
100－499人	15.6	34.5	27.7	16.1	4.4	1.8
500－999人	12.4	32.3	29.0	19.2	5.0	2.2
1,000人以上	12.8	31.8	30.1	18.6	4.9	1.8
500人以下	18.5	33.7	27.5	14.7	3.4	2.2
500人以上	12.7	31.8	30.0	18.7	4.9	1.9

出典："Small-business Employees"("16 Monthly Labor Review" April 2000)

号の所有者が分布しているとは考えられない。日本の中小企業のさらなる発展には，この点をどのように理解するかが問題になると思われる。とはいえ，ハイテク専門の中小企業やイノベーションの中小企業の出現がなくてはその実現もきわめて困難であろうと思われる。

　米国の中小企業の労働・雇用の研究において強調されているのが女性労働力である。女性労働力は，1996年の全雇用1億120万人のうち46.5％を占めている。そのうち，中小企業における女性労働力の比重は45.3％，大企業におけるそれは48.1％を占めている[9]。またこの統計には，自営業が含まれていないことを考慮すれば，中小企業で働く女性労働力はさらに多くなることは推量される。米国の女性雇用は日本（非1次産業の約41％）より約5％ポイント高い。先にも指摘したように，自営業の女性企業家の部分を入れると，その格差はさらに広がることが考えられる。

　人種別構成は，大体人口比と符合すると考えられるが，人種別には白人が85％（ヒスパニック系12％を含む），黒人系が10％，アジア・その他が5％である[10]。黒人系が人口に比べやや少ない。中小企業に白人系とヒスパニック系が相対的に多く，黒人系やアジア系・その他は相対的に大企業で多く働いている。この人種の雇用構成については，米国における中小企業の研究のみなら

ず諸研究の中で強調していることであるが、それは移民国家米国ならではの特徴とも言える。

労働者の年齢別・規模別構成を見ると、米国の中小企業における労働者の年齢別の構成は、大企業のそれとほとんど同じである。つまり、年齢別構成は25歳以下が19％、25歳から34歳までが24％、35－44歳が25－26％、45－54歳が17－19％、55歳以上が10－12％の構成である[11]。米国の労働力の年齢別構成について日本と比較してみることにする。日本の統計は、中小企業と大企業の区分がなく全体的なものである。日本の雇用の年齢別構成は、25歳以下が15％、25－34歳が24％、35－54歳が45％、55歳以上が16％となっている[12]。米国の統計と分類基準が若干異なるため正確には比較できないが、大雑把な比較では、25歳以下で米国の労働者構成が4％ポイント多く、25歳－34歳は全く同じで、35－55歳では日本の方が若干高く、54歳以上は日本が4％ポイント多い。日本は終身雇用制の影響で高齢者の構成が高く、地場産業での高齢者労働力が増加しているのが原因と思われる。日本の25歳以下での労働力人口の低水準は、失業者が多い点やフリーター、パートタイマーなどの形態で雇用されているのが多いためと考えられる。米国の中小企業の労働力構成が大企業のそれと似通っていることは、中小企業の雇用構造の柔軟さを意味する。日本では、中小企業の若年労働力確保が大企業に比べ非常に不利である。

4 おわりに

以上、日米の中小企業の雇用構造について比較分析したが、およそ次のようにまとめることができる。

日本の中小企業の雇用比率が低下したのは、中堅企業への雇用集中が起こり、零細企業では構造的転換期を迎えていることの結果、中小企業数の減少、創業企業数の減少、成長していく中小企業の少なさ、ベンチャー・ビジネスの役割などが低かったからである。それに対し、米国における中小企業の雇用比率が上昇していたのは、特に零細企業における増加が目立っている。それは、

ベンチャー・ビジネスをはじめ，小規模の創業が多かったからであり，小規模でも高い生産性を上げることができる企業が増えたからである。

　中小企業の発展のための雇用構造として，米国においては，高学歴―高賃金の人材（創業家を含む）が多く活躍していることを突き止めることができた。この要因こそがベンチャー・ビジネスの源泉であり，米国の三重構造の最上層を形成していることでもある。この点からも，従来の中小企業とベンチャー・ビジネスの中小企業とは，かなり異なる位置関係にあることがわかる。日本においても中小企業の発展のため人材確保（技術，Marketing，企業のリード役）の必要性を強調しているが，従来の中小企業の賃金水準や経営形態を前提とする限り，中小企業をリードしていく有能な人材の確保は難しいと思われる。

注

1）　Zoltan J. Acs "The New American Evolution" (Zoltan J. Acs "Are Small Firms Important? – Their Role and Impact" 1999, Kluwer Academic Publishers) では，従来の中小企業の雇用の役割について静態的見解（The Static view）と動態的見解（Dynamic Theory）を提示し，従来の見方，分析方法を批判している。
2）　日本経済新聞，2001年12月1日5頁参照。2001年9月から中小企業30-499人層の雇用が前年比で減少している。
3）　総務省統計局「労働力調査報告」2001年5月と1990年5月参照。
4）　逆瀬川潔『中小企業と労働問題』日本労働研究機構，1996年，9頁参照。
5）　『中小企業白書』2000年，26頁参照。
6）　米国中小企業庁資料（The Facts about Small Business 1999）。
7）　『中小企業白書』2000年，付属統計資料参照。
8）　Small Business Employees ("Monthly Labor Review" April, 2000) 参照。
9）　『アメリカ中小企業白書』1997年参照。
10）　Small Business Employees ("Monthly Labor Review" April, 2000) 14頁，表2参照。
11）　『アメリカ中小企業白書』1997年参照。
12）　総務省統計局「労働力調査報告」2001年5月参照。

第10章　日米における中小企業の金融

1　はじめに

　本章の課題は，日米における中小企業の金融の実態を明らかにし，その特徴を比較することである。つまり，日米の企業金融の構造に関する多くの研究が指摘しているように[1]，日本の間接金融中心に対する米国の直接金融，日本の低い自己資本比率に対する米国の高い自己資本比率，米国では銀行の融資先別の住み分けがなされていること等は，日米の金融構造の代表的な違いであった。日米の金融構造の違いは収斂の方向にあるとはいえ，これらの事実は今日においても当てはまるものと思われる。

　日米において，このような金融構造の特徴は中小企業の金融にも当てはめて理解してよいものなのか。つまり，米国の中小企業の中に株式市場等の直接金融を利用できるのは一部であるという点を考慮すると，米国の中小企業の金融も間接金融にならざるを得ないことが考えられる。では，その点において日米ではどのような違いがあるのだろうか。

　他方，日本の中小企業においては，金融の問題が大きくクローズアップされている。それは，銀行側と中小企業側の双方に問題を抱えているといえる。つまり，銀行側はBIS規制によって自己資本比率を維持しなければならず，かつ企業の倒産によって膨大な不良債権を持っていることから，中小企業への融資に慎重な姿勢を採るようになって，貸し渋りとして現れている。一方，中小企業側としては，自己資本比率が低いうえに不況の影響で売上高が伸びず，信用低下によって金融機関からの融資を計画通りに受けられない実態が続いてい

214　第Ⅱ部　日米の中小企業の構造分析

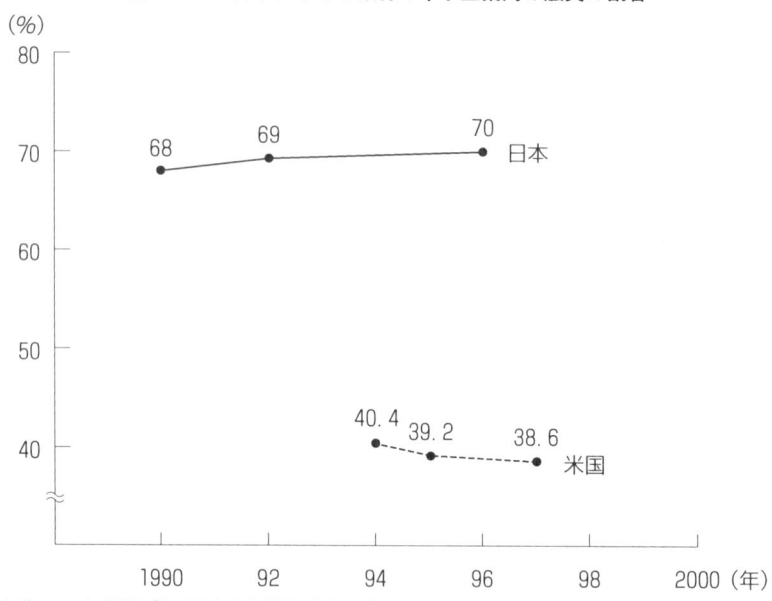

図10－1　日米における銀行の中小企業向け融資の割合

出典：日本銀行『経済統計年報』各年,『アメリカ中小企業白書』各年。
備考：米国の場合, 100万ドル以下の融資額の比率を意味する。

る。さらに，中小企業には赤字企業が多い点，不動産投資等の資金の使い方にも問題があると思われる。

　ここでは，次の2つの問題意識をベースに，中小企業の金融について検討を行うことにする。

　1つは，図10－1のように，日本における銀行融資の約70％，米国では同じく約40％が中小企業へ向けられている。この点に限ってみれば，日本の中小企業の方が米国のそれより高い比率であり相対的に有利な条件の下にあるといえる。さらに利子率についても，90年代日本の中小企業向け利子率は，図10－2のように，プライム・レートに2－3％の上乗せを考えれば，米国の利子率9％前後（プライム・レート＋2－3％）よりかなり有利な条件の下で融資が受けられる[2]。にもかかわらず，日本において中小企業の金融が大きな問題となるのは，その背景にどのような構造的な問題を持っているからなのだろうか。

図10−2　日米の利子率の変動

(%)

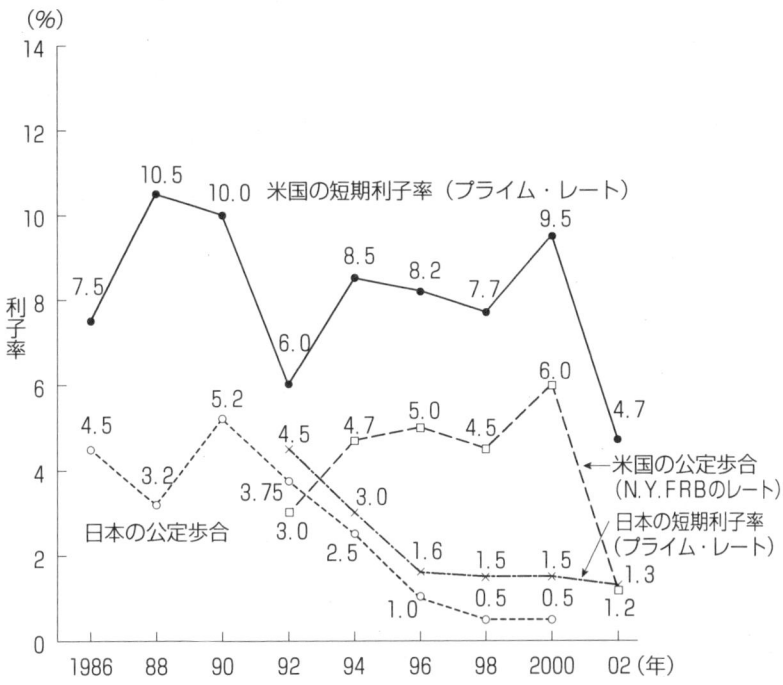

米国の短期利子率（プライム・レート）: 1986: 7.5, 1988: 10.5, 1990: 10.0, 1992: 6.0, 1994: 8.5, 1996: 8.2, 1998: 7.7, 2000: 9.5, 2002: 4.7

日本の公定歩合: 1986: 4.5, 1988: 3.2, 1990: 5.2, 1992: 3.75, 1994: 3.0, 1996: 1.0, 1998: 0.5, 2000: 0.5, 2002: 1.2

米国の公定歩合（N.Y.FRBのレート）: 1992: 4.5, 1994: 4.7, 1996: 5.0, 1998: 4.5, 2000: 6.0, 2002: 1.3

日本の短期利子率（プライム・レート）: 1992: 3.0, 1994: 2.5, 1996: 1.6, 1998: 1.5, 2000: 1.5

出典：『アメリカ中小企業白書』1994年及び日本銀行『金融経済統計月報』2002年2月より作成。

　もう1つは，中小企業の発展のための金融は，どのような条件の下で行われるのかについて米国の金融構造を吟味してみることにする。米国の中小企業金融の特徴は，銀行以外のノンバンクの活躍等，中小企業金融の多様性にあると思われる。さらに，企業経営の構造的な特徴を検討してみることにする。

　以上の問題意識を単純に比較すれば，日本の中小企業は，相対的に米国の中小企業より金融においては恵まれていることが推量される。では，中小企業の発展のための中小企業金融の条件はどのようなものなのかについて，日本と米国の中小企業金融のあり方を通じて検討してみることにしよう。

2 日本における中小企業の金融

1 日米における中小企業金融の一般的な特徴

(1) 日本の中小企業金融は外部金融が中心である。それに対し米国の中小企業金融は内部金融が相対的に多い。最近の日本における中小企業の外部金融は，図10-3の通り約90%と高い。そのうち，長期と短期の借入が約56%，営業債務が17.3%を占めている。1985年と比較すれば営業債務が減少し，長期借入金と短期借入金合計が増加している。中小企業の直接金融としての社債や株式の発行は0.1%と少ない。それに対し，図10-4の通り，米国の中小企業では，外部金融の比率が約50%と低く，かつ多様な金融を利用していることが，中小企業の金融問題を和らげているものと思われる。

(2) 日本の中小企業の資金調達は間接金融が中心になっている。一般的には米国の企業金融は直接金融であるといわれてきたが，それは米国における大企

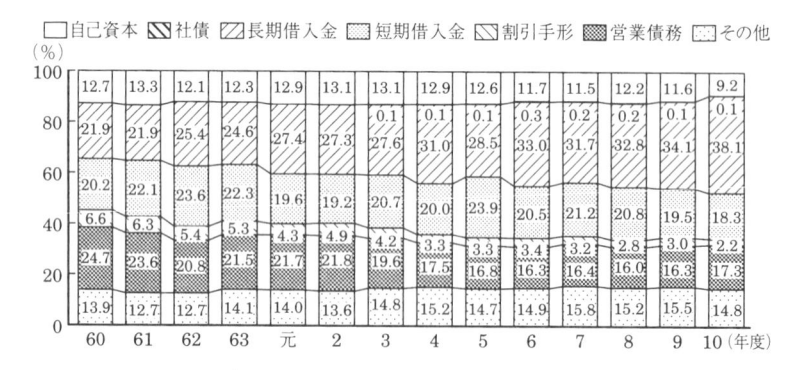

図10-3　中小企業の資金調達構造の推移（期末残高構成比）

年度	自己資本	社債	長期借入金	短期借入金	割引手形	営業債務	その他
60	12.7	6.6	21.9	20.2	24.7	13.9	
61	13.3	6.3	21.9	22.1	23.6	12.7	
62	12.1	5.4	25.4	23.6	20.8	12.7	
63	12.3	5.3	24.6	22.3	21.5	14.1	
元	12.9	4.3	27.4	19.6	21.7	14.0	
2	13.1	4.9	27.3	19.2	21.8	13.6	
3	13.1	4.2	27.6	20.7	19.6	14.8	
4	12.9	0.1	31.0	20.0	3.3	17.5	15.2
5	12.6	0.1	28.5	23.9	3.3	16.8	14.7
6	11.7	0.1	33.0	20.5	3.4	16.3	14.9
7	11.5	0.3	31.7	21.2	3.2	16.4	15.8
8	12.2	0.2	32.8	20.8	2.8	16.0	15.2
9	11.6	0.2	34.1	19.5	3.0	16.3	15.5
10	9.2	0.1	38.1	18.3	2.2	17.3	14.8

出典：『中小企業白書』2000年。
資料：大蔵省『法人企業統計年報』
備考：(1) 中小企業とは，資本金1億円未満の法人企業。
　　　(2) 営業債務とは，支払手形残と買掛金残の合計値。
　　　(3) 分母を負債＋資本＋割引手形残として算出した。

業と一部の中小企業に該当するものであって，ほとんどの中小零細企業は日本と同じく自己資金やインフォーマルな資金（informal資金：家族，知人など）と銀行やノンバンクからの借入の間接金融に依存している。とはいえ，米国の場合，社債の比率が8.7％も占めているのと日本のそれが0.1％以下の微々たるものとはかなり違いがある。また，ベンチャー・ビジネスがベンチャー・キャピタルやエンジェルからの資金調達の道が開かれている点では，米国の方に優位性がある。なお，米国ではファイナンス・カンパニーが発達しており，このことが中小企業の銀行融資への依存度を低下させているものと判断される。

　(3)　自己資本比率が低い点こそが，日本の中小企業の金融問題を悪化させてきた根本的な要因である。自己資本比率は，中小企業が10％（大企業が20％台)[3]を示している。さらに，この比率は長年変化していない。つまり，日本の中小企業では自己資本比率を高めなくても，経営活動を行う上で別に大きな差し障りはなかったのであろう。そこに日本の構造的な金融問題が潜んでいると思われる。それに対し，米国の中小企業の自己資本比率は，図10－4のように，約50％を占めている。しかし，銀行等の金融機関からの借入は18％に過ぎない。このような比率の違いは，中小企業の金融のあり方に大きな影響を及ぼしているものと推量される。このような中小企業の財務条件の下で，米国の中小企業は信用借入を受けているのである。今日，日本ではこの問題こそが中小企業の金融構造改革の最も重要かつ基本的な前提となっているのではないだろうか。

　(4)　金融機関の融資方法（慣行）として，日本における銀行貸出は，大前提が担保提供であり連帯保証である。担保によらず信用による融資を奨励しているが，その結果は微々たるものである。この点の改善のため，自己資本比率や収益率の改善を図る必要がある。米国における銀行貸出は信用評価による貸出が多い。

　(5)　日本における中小企業の金融問題はあまりにも銀行に依存していることである。もちろん，日本では，都市銀行や地方銀行や信用金庫，そして政策金融機関が整備されているが，ノンバンクの活動が弱く，多様な中小企業の資金

218　第Ⅱ部　日米の中小企業の構造分析

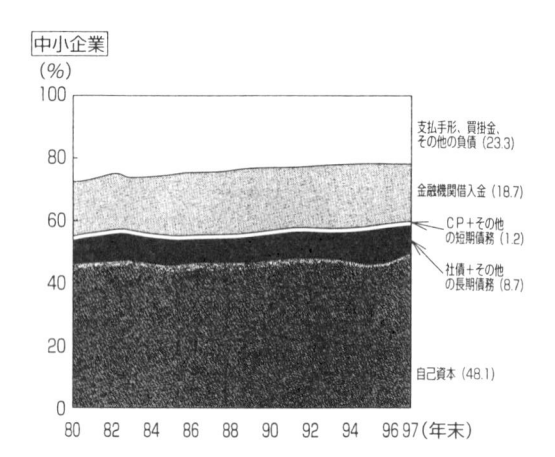

図10－4　米国企業（製造業）の資金調達構造

中小企業
(%)

支払手形，買掛金，その他の負債 (23.3)
金融機関借入金 (18.7)
CP＋その他の短期債務 (1.2)
社債＋その他の長期債務 (8.7)
自己資本 (48.1)

80　82　84　86　88　90　92　94　96 97（年末）

出典：国民金融公庫総合研究所『国民金融公庫調査月報』1999年4月号（No.456），14頁

需要に十分対応していない。要するに，日本の銀行では銀行の規模別の住み分けが徹底しておらず，資金の用途別や資金需要に選別的な融資が行われていない。つまり，担保を条件として短期資金や設備資金に都市銀行，地方銀行，信用金庫も対応している。それに対し，米国では金融機関別，規模別の住み分けが行われており，大企業には大銀行が，中小企業には中小銀行や各種のファイナンス・カンパニーが対応する。つまり，中小企業向けの小口ローンは，中小規模銀行（資産規模）が主になっており，大口ローンは大規模銀行，銀行持株会社が主になっている。例えば，10万ドル以下や25万ドル以下，100万ドル以下のローンは，銀行の資産規模が小さいものが多い[4]。また100万ドル以下でもその傾向を示しているものの，大型銀行でも相当な比率を示していることも特記すべきである。

　要するに，米国では，多様な金融機関が存在し，分野別・地域別・規模別に，それぞれの役割を果たしていることも，中小企業の金融条件を改善している要因であり，金融制度の上で1つの特徴である。

2 日本の中小企業の資金需要

　中小企業の資金需要は，図10－5の通り，「かなりある」「ある」が50％弱で，「あまりない」「ほとんどない」が50％強を占めている。中小企業は全体として約半数の企業が資金を必要とし，残り半数が外部資金の必要性を感じていない。資金を必要とする企業は，売上増加企業と赤字企業で強く，売上減少企業と黒字企業は資金の必要性が相対的に低い。売上増加企業は事業の拡張と運転資金が必要となるし，赤字企業は赤字補塡に充てるための資金需要が多い。

　大企業と中小企業の資金調達における違いは，大企業は有価証券と内部留保が高く，借入金が相対的に低い。内部留保は大企業と中小企業との間に21％対5％，有価証券も同19％対4％の格差がある[5]。この点こそが中小企業の資金調達における弱点を示している。その分，中小企業は借入金に依存するしかない。大企業の借入金比率が30％であるのに対し，資本金1億円未満の中小企業は2倍の約58％を占めている。借入金のうち，長期資金の借入は大企業が15％であるのに対し中小企業は39％も占めている[6]。

　要するに，中小企業の資金需要は，自己資本比率の低さ，収益率の低さ・赤字企業の多さ等に規定された構造となっている。従来，このような中小企業の弱さをカバーしてきたのが「担保金融」的中小企業の金融であったといえよう。

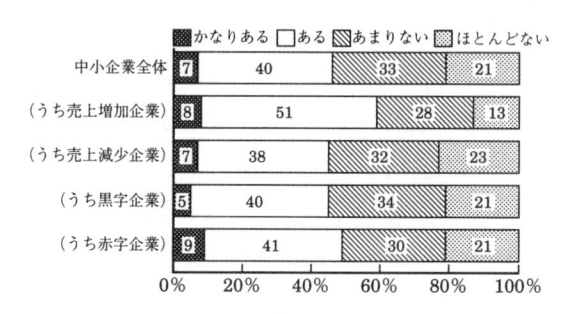

図10－5　資金需要の有無（業績別）

	かなりある	ある	あまりない	ほとんどない
中小企業全体	7	40	33	21
（うち売上増加企業）	8	51	28	13
（うち売上減少企業）	7	38	32	23
（うち黒字企業）	5	40	34	21
（うち赤字企業）	9	41	30	21

出典：『中小企業白書』1999年。

③ 日本における中小企業の用途別資金需要

(1) 創業資金の調達

　日本における創業資金は，自己資金，インフォーマルな資金，担保による銀行融資に依存している。日本の特徴は担保による銀行融資に依存できるということである。また，ベンチャー・ビジネスにおいてはベンチャー・キャピタルに一部依存しているものの，その役割の劣位についてはすでに述べた通りである。これに対し，米国では創業資金を銀行から調達するのが難しいという点が違う。商業銀行や各種銀行からの資金調達は，一部の企業が担保に基づいて受けているという点では日本と同じである。その他に，前述のように，日本における創業資金は不動産などハード面への投資が多いのに対し，米国の場合，ソフト・運転資金に利用しており，その点が大きな差異点である。

(2) 運転資金の調達

　運転資金は企業経営過程において企業間信用，在庫，給料支払いなどから一時的に必要とする資金をいうが，日本の中小企業は短期借入金が中小企業資金調達額中20％を占めているが，これは資本金の2倍に当たる。図10-3で見るように，短期借入金は1985年以降ほとんど変動していない。短期借入金は営業債務を合わせると約35％（その他まで含めると約53％）に達する。銀行からの借入金に依存する部分が大きいのも日本の中小企業経営に負担となる。要するに，米国に比べ，日本の中小企業は短期資金調達のルートが十分発達していないことが金融問題を拡大させている原因と思われる。

(3) 設備資金の調達

　自己資本の比率が低く，中小企業のための直接金融の道が十分発達していない条件の下では，日本の中小企業の設備投資資金は銀行融資に依存するしかない。設備投資は資金の回収期間が長いため長期借入金となるが，表10-1で見れば，設備資金の調達先は都市銀行が31.2％，地方銀行が24.4％，信用金庫が15.9％，政府系金融機関が9.8％を占めている。この比率は各銀行の総貸出残高と近い数値である。そのことは，先にも触れたように，短期資金の融資においても銀行別の住み分けが行われていないことを意味する。

要するに，中小企業の資金需要は日本の場合，創業資金を担保による資金調達，設備資金を間接金融に大きく頼っているのが特徴である。

4 日本における銀行の資金供給

最近の中小企業向け融資は一般的に厳しくなったといわれている。銀行側の要因としては，BIS規制（国際営業の場合8％の自己資金比率，国内営業の銀行の場合同4％）を守るため貸し渋り傾向がある一方，中小企業に対しては格付制度が実施されているからである。したがって，中小企業は最近資金繰りが厳しくなったと考えている中小企業家が多い。

都市銀行の中小企業融資……都市銀行は，表10-1のように，金融機関の中小企業向け融資総額のうち約32％を占めており，最も大きなウェイトを占めているが，その実額の伸びは他の銀行より低い。また，都市銀行は，表10-2のように，総融資額のうち中小企業向けが約46％を占めている。これは，後述の米国のBHC（銀行持株会社）の中小企業向けの位置（約23％）より高い。その点では，日本の都市銀行は米国の大銀行より中小企業向けの融資により積極的であるといえるが，しかし日本の都市銀行ではその比率が年々低下しているのも

表10-1 日本の銀行の中小企業向け貸出残高と設備資金残高

(単位：億円，％)

		中小企業向貸出残高		中小企業向設備資金貸出残高	
		2000年	構成比	2000年	構成比
銀 行	都 市 銀 行	1,026,928	31.8	308,515	31.2
	地 方 銀 行	755,749	23.4	240,918	24.4
	第2地銀協加盟行	288,576	8.9	96,219	9.7
民 間	信 用 金 庫	459,615	14.3	156,802	15.9
	信 用 組 合	133,612	4.1	—	—
政府系	商工組合中央金庫	108,137	3.4	23,879	2.4
	中小企業金融公庫	76,185	2.4	35,245	3.6
	国民生活金融金庫	108,617	3.4	37,571	3.8
合計（その他を含む）		3,225,277	100.0	987,808	100.0

出典：『商工金融』2001年11月，附属資料より作成。

222　第Ⅱ部　日米の中小企業の構造分析

表10-2　各銀行における中小企業融資の比率

(単位：1,000億円，％)

	92年3月末 a	92年3月末 b	98年3月末 c	98年3月末 d	増加率	中小増加	a/b	c/d
都　市　銀　行	873	1,767	957	2,084	117.9	109.6	49.4	45.9
地　方　銀　行	634	1,012	745	1,381	136.4	117.5	62.6	53.8
第2地銀協加盟行	287	443	319	526	118.7	111.1	64.7	60.6
信　用　金　庫	434	584	503	712	121.9	115.8	74.3	70.6

出典：全国信用金庫協会『信用金庫金融統計』平成11年度版。
備考：aとcは中小企業向けの融資額，bとdは銀行の融資総額。
　　　増加率は融資総額の伸び率，中小増加は中小企業向けの融資額の伸び率。

見落とせない。また，他の銀行より1社当たりの貸出金額はより多く，貸出先の数は約77万社と少なく[7]，かつ減少している。したがって，中小企業のうち，より多額の融資を必要とする中小企業が都市銀行からの融資を受けていることと思われる。

　地方銀行の中小企業融資……地方銀行は，第2地銀を入れると，金融機関の中小企業向けの融資がさらに多くなるが，地方銀行のみでは約23％を占めるにすぎず，貸出総額のうち中小企業向けの融資の比率は約53％で，92年の約63％から10％ポイントも低下している。地方銀行はこの間，大企業への融資により力点を置いたため，中小企業向けの融資が減少したと思われる。貸出先企業数は約150万社で，平均融資額は都市銀行の約40％の5,000万円程度である[8]。

　信用金庫の中小企業融資……信用金庫は最も中小企業向けの融資活動が活発である金融機関といわれており，金融機関の中小企業向け融資総額の14％を占めている。そして中小企業向けは，信用金庫の総融資額の70％を占めており，最も高いのが特徴である。金融機関の融資額に占める中小企業のウェイトはどの金融機関においても低下しているが，信用金庫の場合，中小企業向けの融資を主要業務としながら，その比率が低下しているのは，貸出先と貸出額の伸び悩みとを合わせて考えてみれば，中小企業向けの融資の限界であったのではないだろうか。

　政府系金融機関の中小企業融資……政府系金融機関とは，主に商工組合中央

金庫，中小企業金融公庫，国民生活金融公庫をいうが，これらの金融機関は中小企業向け融資の約10％弱を占めている。政府系金融機関は，融資額のウェイト（9.2％）より設備投資における融資額のうちのウェイト（9.8％）がより高いことから見れば，中小企業の設備投資ではより積極的である。

他方，日本における金融構造改革と中小企業金融において最近の論点の1つは，中小企業への信用融資を拡大することである。つまり，従来金融機関の中小企業融資は，担保に基づく融資であったので，その担保力を補う形で信用補償基金の拡充を図ってきた。この問題を巡って金融機関側は，中小企業の信用を評価しうる資料・財務関係の資料管理の向上を求めている。つまり，中小企業の多くは信用できる企業の財務関連資料が乏しく，信用評価をしようとしても，その手がかりが不足しているという。この点で，中小企業の信用評価の要求と銀行側の企業財務関連資料の要求がすれ違い，現実には，経済の不況局面，金融機関の構造改革と相まって中小企業への貸し渋りが続いている。

この財務資料の内容との関連で，問題は中小企業の約70％が赤字決算をしているという点である[9]。つまり，法人企業の中小企業はその70％が銀行融資対象から赤信号が付きやすい。企業としては法人税などの税金を納めない赤字決算が望ましいのであるが，銀行からの融資のためには，非常に都合が悪いという矛盾に陥る。この点こそが信用評価のマイナスになっているのではないだろうか。

日本の企業金融，中小企業金融において一般的にいえることは，企業と銀行との長期的な取引関係—メインバンク制度であったことである。これは自己資金の少ない日本の中小企業にとっては特別な意味を持つ。つまり，企業はメインバンクから長期・短期の資金を借り入れて，満期になるとその資金の再借入を行う。このような過程が長期間続くと，借入資金を自己資金同様に使うことができる。要するに疑似自己資金化しているのである。この点こそが日本の中小企業が直接金融に頼らず，存立，発展をしてきた条件ともいえる。

3　米国における中小企業の金融

　米国における中小企業のあり方や発展構造が，日本のそれとはかなり異なっていることについては今まで見てきた。では，米国の中小企業の金融は，どのような特徴があり，米国の中小企業の成長・発展をどのように支えているのか，ということが分析すべき課題となる。しかし，日本における米国の中小企業金融についての研究は少なく，ベンチャー・ビジネスとの関連で論じられてきた程度である。特に中小企業の発展・成長条件を決める金融の条件は，何であったのかという視角からの研究はより少ない。ここでは，まず供給機関別の中小企業金融の特徴を明らかにし，次に中小企業の成長・発展のための金融条件は，何であるのかを吟味することにする。

1　米国の銀行制度

　ここでは，中小企業の金融構造について理解を深めるために，米国における金融制度の特徴について概観することにしよう。
　米国の金融システムは日本とかなり異なっているといわれてきた。銀行制度についてみれば，(1)二元銀行制度，(2)単店銀行制度，州際業務禁止，(3)銀行持株会社の特徴がある[10]。
　(1)　二元銀行制度というのは，連邦法準拠による銀行と州法準拠による銀行があることである。現在連邦法による銀行は1987年に4,627行，州法による銀行は同9,137行である。州法によるものは規模が小さい[11]。
　(2)　単店銀行（単一銀行）制度とは，米国で支店を所有しない銀行経営組織をいう。米国では，集中排除と州権擁護の観点から支店設置を制限する州が多く，地元志向の強いこの種の銀行は数が多い。単店銀行は総銀行数の約48％，国内総銀行資産の約21％を占めている（1987年）[12]。また，州際業務禁止とは，米国では，ある州に本店を持つ銀行が他州での銀行業務を行うことが禁止されていることである。しかし，最近その動向はかなり緩和されてきている。

その方法・方向としては，他州銀行の無条件開放，条件付開放（相互主義開放），近隣州にのみ開放，特別な場合の未開放，非開放などに分けられるが，相互主義開放と近隣州にのみ開放が3分の2を占めている。最近州際業務規制緩和は，金融機関間の競争によるプラス効果，サービス向上等の評価と共に進んでいる。さらに情報通信，ソフトウェアなど技術の発展，銀行規模の拡大傾向，資金の源泉移動，地域産業の発展と金融の安定などの理由で州際禁止規制は緩和されている。したがって，銀行の統合が進展し，1999年に商業銀行の数は約8,600行に減っている（1976年12,404銀行，1987年10,279銀行）[13]。

(3) 銀行持株会社は，米国の銀行システムの中で重要な位置を占めている。つまり，銀行持株会社は，銀行や非銀行業務の会社を子会社として所有することができる。銀行持株会社は規模が大きい。

要するに，米国の金融システムは，集中排除の原則下にあった影響で，中小規模の金融機関が非常に多く，地域に密着した金融となっていた。このようなシステムは，産業独占・経済の集中化を経済の悪と見なしていた頃のものであった。今日においては技術の発達と経済のグローバル化によって，地域においては地域経済の発展のためにも金融制度の改革と競争による新しい経済現実への効率的適応が要求されているので，金融の自由化の脈絡から諸規制は力をなくしつつある。

2 米国の中小企業の金融構造

このような金融制度の変化の中で，金融構造はどのような特徴を持ち，どのように変化しているのか。米国中小企業における資金需要，つまり創業段階の金融，運転資金，設備投資資金の調達は，どのように行われているのだろうか。

(1) 創業資金の調達

米国の創業資金調達について日本での研究では2つの説がある[14]。1つは，米国でも一般論として論じられていることであるが，創業資金は銀行融資が受けられないから自己資金（informal 資金を含む），ベンチャー・キャピタルやエ

ンジェルの資金に頼るという説である。したがって,ベンチャー・ビジネス論ではもっぱらベンチャー・ビジネス,エンジェルの金融論になっている。もう1つは,創業段階(0－2年の間)の企業は,表10－3のように,銀行などの金融機関からの資金調達が約50%を占めているという主張である。創業段階の資金は,シーズの段階に銀行の融資を得るのは難しいけれども,起業をスタートして取引銀行との信用関係が成立すれば,2年以内でも融資が得られると考えるのが実態に近い理解ではないだろうか。しかし,商業銀行からは18%しか調達できないので,やはり米国における創業資金は商業銀行からの調達はウェイト的に少ない。また,先述したように,ほとんどの女性企業家は,創業資金を銀行から融資を受けられなかったので(あるいは受けようとせず),informalな資金調達を行った。たまに銀行からの融資を受けた人もいるが,その比率は低い。創業時に銀行からの融資は一般的には受けられないが,条件次第によっては銀行資金が得られるというのが合理的な理解である。

(2) 運転資金の調達

中小企業の財務構造において短期負債は,製造業の場合(図10－4),CPとその他の短期負債(1.2%),支払手形,買掛金とその他の負債(23.3%),金融

表10－3　アメリカ中小企業の自己資本・他人資本別資金調達状況

(上段＝構成比%,下段＝金額億ドル)

	自己資本				他人資本		
	オーナー	エンジェル	ベンチャー・キャピタル	自己資本	他人資本合計	商業銀行	他の金融機関
中小企業	31.3 5,243	3.6 600	1.9 310	49.6 8,306	50.4 8,440	18.9 3,138	4.9 821
創業後 0－2年	19.6 86	28.3 125		47.9 211	52.1 230	16.7 69	8.3 37
創業後 3－4年	17.4 251	22 317		39.4 568	60.6 874	31 445	2.6 36

出典:桜田照雄「日本の中小企業金融に求められるもの」『企業環境研究年報』1999年11月 No.4。
備考:原典は『金融財政事情』1998年10月5日号,13頁。

機関借入（18.7％）である。金融機関の借入がすべて短期の負債であるかどうかは判断しかねるが，その半分を短期負債として計算しても，米国の中小企業の短期負債は30％前後である。日本の場合，短期借入と営業債務その他のウェイトは企業負債の約53％を占めていることと比較すれば，米国の中小企業の短期負債は，自己資本比率が高い分だけ相対的に低い。

また，アメリカ中小企業白書によれば[15]，調査対象の中小企業の負債のうち，クレジットライン（信用供与限度）が約50％，自動車ローンとその他伝統的ローンが約20％弱を占めている。また，非伝統的ローンとしてオーナー融資，法人と個人のクレジットカードが約15％を占めている。これらの中小企業の負債に対し，資金調達は商業銀行が約50％強，金融会社が約13％，リースが2.5％，その他に家族・友人等の非金融機関と非伝統的な融資（オーナー融資，クレジットカード）が20％強を占めている[16]。

(3) 設備資金の調達

米国の中小企業の設備投資は，アメリカ中小企業白書の資料によると，長期ローンとして設備ローン，抵当権付融資，リースが約30％を占めているが[17]，その他にオーナー資金の投入を入れて計算すれば，外部金融のうち約50％弱に上ると考えられる。それに対し，資金の調達は，先に述べた通り，商業銀行，金融会社，リース，オーナー資金などであり，また，米国の中小企業は自己資金比率が高い分，社内留保や利益金等の内部金融が設備投資に多く回されていると推定される。

他方，米国の中小企業（製造業）の設備投資では，社債とその他の長期債務が8.7％，さらに商業銀行借入金（18.7％）の半分を長期債務として考えると，長期債務の比率は約20％前後と推定されるが，それは日本の中小企業の長期債務のウェイト（35.1％）より低い[18]。

③ 米国の銀行の資金供給

(1) 中小企業向け重点融資の銀行

米国においては銀行の吸収・合併が進み，その数が急速に減っている。表10

−4のように，95年に1万149行から99年には8,659行へ減少している。特に零細銀行が急速に減少しているのに対し，超大規模の銀行が増加している。つまり，このことは，中小銀行では中小企業向けのマイクロ・ローンのマーケットを狙って，かつ大銀行では主に大企業向けの大口の融資のマーケットを狙って，銀行間の生き残りの戦略としてM&Aを展開してきた結果，両極分解が起こっていることを示唆している。

このような銀行の動向は，中小企業向けの融資に影響するものとして受け取るべきであるという見解が多い。つまり，銀行間の吸収・合併は中小銀行や大銀行を問わず中小企業向けの融資を減らす方向へ進んでいるということである。それに対し，この点は，一概に言えず，銀行のM&Aのあり方と市場の見方・銀行の戦略によるものとも理解できる。つまり，資料で確認してみれば，表10−5のように，98−99年の間にマイクロ・ローンが減少しているのは銀行の資産規模の5億ドル−10億ドルの中堅銀行であり，この階層での銀行数が同期間中減少していることと一致する。しかし，零細規模の銀行では，銀行数が6.0%も減少しているのに対しマイクロ・ローンは増加している。このことは，零細銀行のM&Aでは中小企業向けの融資に影響が少ないこと，中堅銀行でのM&Aは中小企業向けの融資に大きな影響を及ぼしていることと推

表10−4　米国の銀行の規模別変化（資産規模別）

規模別	銀行数						
	1995年	1996年	1997年	1998年	1999年	(内)MBFB	%
1億ドル以下	6,980	6,465	6,047	5,644	5,302	172	3
1億−5億ドル	2,521	2,548	2,590	2,656	2,683	251	9
5億−10億ドル	256	260	292	303	290	48	17
10億−100億ドル	326	326	300	302	309	47	15
100億ドル以上	66	71	64	61	75	23	31
合計	10,149	9,670	9,293	8,966	8,659	541	6

出典：SBA "Micro-Business-Friendly Banks in the United States" 2000.
備考：1999年6月商業銀行の中小企業貸出報告。
　　　MBFBは中小企業向けの重点融資を行っている銀行（1999年の内数）。
　　　%は1999年のうちのMBFBの比率である。

表10－5 中小企業向け重点融資(MBFB)銀行の融資額の変化(1998－1999年の増減分)

(単位：10億ドル、100万件)

資産規模	1億ドル以下	1－5億ドル	5－10億ドル	10－100億ドル	100億ドル以上
小口融資（$）	6.57	5.18	－3.52	12.91	17.29
小口融資（#）	9.08	16.98	－77.96	6.29	23.16
事業融資（$）	21.35	19.18	21.23	23.39	15.71
全資産（$）	11.51	12.06	12.36	19.64	11.96
銀行数（％）	－6.06	1.02	－4.29	2.32	22.95

出典：表10－4と同じ。
備考：＃は件数。＄は金額。

量される。

コール・レポート（call report：米国の銀行の収入と状況に関する報告書，分期）によると[19]，中小企業向け重点融資銀行として541行が取り上げられているが，それは中小企業向けの融資が顕著な銀行を意味する。それは全米の銀行総数の8,659行の6.3％を占めている。規模別に見ると，資産規模5億ドル以下が数的に多く，423行をも占めている。しかし，資産規模100億ドル以上の銀行が23行も含まれているのは特記すべきである。なぜなら，大銀行は中小企業向けの融資に消極的であるといわれているからである。この541の中小企業向け重点融資銀行は，総資産の18％，小口融資件数の35％，小口融資額の28％を占めている[20]。この調査によると，米国における中小企業向けの融資は，中小企業向けの重点銀行が存在し，その構成は大規模の銀行を含め多くの中小銀行からなっていること，全銀行数の6.3％に過ぎない中小企業向け重点銀行がマイクロ・ローンの27.6％（融資件数の34.8％），全銀行資産の17.9％を占めていることが明らかになった[21]。そのうち，零細銀行は数は多いが融資額や件数においては少なく，大規模の銀行が中小企業向けの融資で大きなウェイトを占めている。もちろん，融資額のうち中小企業向けの融資額のウェイトは，中小銀行のほうが圧倒的に高い。

(2) 銀行持株会社（BHC）の中小企業融資

米国における銀行持株会社（Bank Holding Company）は1999年57行を数え，

表10－6　銀行持株会社（BHC）の小口融資

(単位：10億ドル，100万件)

融資規模	1999年	1998年	%変化 1998－1999年
10万ドル以下（金額）	39.6	30.1	31.4
10万ドル以下（件数）	3.0	2.0	47.3
25万ドル以下（金額）	74.3	60.8	22.2
25万ドル以下（件数）	3.3	2.3	43.2
100万ドル以下（金額）	171.7	141.8	21.0
100万ドル以下（件数）	3.6	2.6	40.0
全事業ローン（金額）	790.5	602.3	31.2
全資産	3,277.1	2,653.4	23.5

出典：SBA "The Bank Holding Company Study" 2000.

中小企業向けの小口の融資に大きな役割を果たしている。表10－6のように，100万ドル以下の融資が99年に1,717億ドルでBHCの融資額の21.7%を占めている。そのうち，10万ドル以下が5%，10－25万ドルの融資が4.4%，25－100万ドルが12.3%を占めていることから，BHCは中小企業向けの融資の中でも比較的金額の大きい融資が多い。また，BHCの中小企業向け融資の金額は，100万ドル以下の総融資額のうち約43%を占めている[22]。なお，資産額では，BHCの57行の総資産は全米の銀行の総資産額の約69%を占める[23]。要するに，米国の大銀行の中小企業向けの融資が増加していること，大きなウェイトを占めていることなどは中小企業の金融問題を緩和するという意味で望ましいことである。しかし，日本の都市銀行に比べて中小企業向けの融資の比率は低い。

他方，BHCの中小企業向けの融資額の伸び率は大口融資のそれより低いといわれていることから見れば，BHCは，やはり大企業中心の大口融資が中心であるといえる。また，表10－7のように，大手銀行の総融資額のうち，中小企業向けの融資額のウェイトはかなり低い。

(3) 地方における中小企業の金融

ここでは，米国の都市と地方における中小企業金融について概略的に検討し

表10－7　中小企業の商業銀行からの借入率（地方企業，都市企業別）

(1993年，単位：％)

従業員規模	地方企業	都市企業	合計・平均
0	76	54	59
1－ 4人	76	59	64
5－ 9人	81	65	68
10－ 19人	82	71	73
20－ 99人	82	84	84
100－499人	93	85	86

出典：SBA "Small Business Lending in Rural America" 2000.
備考：(1) 地方銀行と都市銀行のそれぞれの比重を示している。
(2) この資料は米国の大手銀行によって構成されているCRA（Community Reinvestment ACT）の報告書に依存している。

表10－8　中小企業の商業銀行からの借入額

(単位：ドル，％)

ローン規模		1998年	1997年	変化
小口（10万ドル以下）	地方企業	90億	79億	13.9
	都市企業	360億	326億	10.4
	地方／合計(%)	20.1	19.5	3.1
中小企業向け融資	地方企業	261億	214億	22.0
（百万ドル以下）	都市企業	1,328億	1,139億	16.6
	地方／合計(%)	16.4	15.8	3.8
小口融資の平均額	地方企業	20,756	20,697	0.3
	都市企業	20,314	19,729	3.0
中小企業向けの平均額	地方企業	53,025	50,193	5.6
	都市企業	64,542	60,301	7.0

出典：表10－7に同じ。
備考：表10－7と同じ。

てみることにする。都市と地方で商業銀行から融資を受けた中小企業の比率は，表10－7の通りである。この表は，都市と地方において商業銀行からの融資を受けた中小企業のウェイトを表しているが，それによると，地方におけるウェイトが，従業員20－99人層の中小企業を除いて，全般的に平均よりかつ都市より高く，地方における資金需要が都市のそれより比較的多いことが窺え

る。また，都市と地方の小口ローン（10万ドル以下）は，表10－8のように，都市の方が地方の4倍も多く，かつ融資額が100万ドル以下の融資の場合，6倍も多い。1件当たりのローンの規模は，小口の融資では地方と都市で約2万ドルであり，ほとんど格差がないが，大口の融資では，地方企業（約5.3万ドル）が都市企業（6.4万ドル）よりやや少ない。このように，中小企業金融から地方と都市の中小企業のあり方を推量してみると，中小企業は商業とサービス業を含めて都市に多く存在しているが，地方の中小企業も資金需要のウェイトから見て，より活動的であることが窺える。

(4) 中小企業向けの政策金融

米国の中小企業において，中小企業庁の政策的金融支援に助けられて資金調達を行う場合が多くなった。ただし支援の方法は，信用保証による民間資金を誘導する方法を採っている。米国では，日本のように中小企業向け特殊銀行や郵便貯金を主たる原資とする公的金融仲介を行う財政投融資のようなスキームが存在しないので，米政府の金融的な支援は限定的なものに止まっている。

その実態について見れば，中小企業庁の主な金融支援策は，一般事業融資（特別な目的にこだわらない融資政策）が1996年補償額ベースで89億ドル，融資限度が75万ドル，金利はプライム・レート＋2.75％が上限（期間10年以内，不動産取得時は，25年以内，保証率の上限90％），財源は一般会計である[24]。借入企業からの返済が2回延滞すると，中小企業庁による代理弁済が行われ，銀行から保証の対象となっている債権を中小企業庁が買い取る。

また，中小企業庁の保証プログラムによる融資制度があり，これは，中小企業庁が民間融資の保証の下で中小企業が一般銀行から融資を受けることを意味する。1995年の場合，本制度による融資は82.6億ドルで，90年の32億ドルから大きく伸びている[25]。

内容では，小口貸付制度（マイクロ・ローン），輸出リボルビング融資制度，女性企業経営者向け事前認可融資制度，簡易融資保証制度などがよく利用されている。特に10万ドル未満の融資は，94年1.5万件から3.6万件へと増加し，簡易融資保証制度は5,862件から3万888件へと増えた。この中小企業庁の融資

は，95年100万ドル未満の融資総額が315億ドルの30%，商工金融の融資額が165億円の50%に相当することから，中小零細企業に対して大変重要な役割を果たしている[26]。

4 おわりに

　日米における中小企業の金融構造について，実態と中小企業の発展のための金融条件を検討してきた。以下，次のようにまとめることができる。

　中小企業金融が金融機関の融資額の中で占める比重は米国より日本の方がより大きく，利子率も日本の方が低くて相対的に日本の中小企業の金融条件がより優位な位置にあったように見える。一方，米国の中小企業の方がより金融的に安定しているように見えるのは，米国の中小企業には自己資本比率の充実，ファイナンス・カンパニーの中小企業向けの金融活動の増大によって銀行への依存度が低いことなどの特徴があるからである。さらに，米国の中小企業金融においては住み分けが行われており，中小企業向けの資金供給は中小規模の地域銀行であり，さらに，それを補っているのがノンバンク，ベンチャー・キャピタル，エンジェル等の資金である。なお，大銀行も総融資額の20-30%程度を中小企業向けに融資していることは，中小企業の金融問題を緩和させる要因になっているものと受け止められよう。また，米国の金融制度では州際業務禁止が緩和されたことによって，銀行間の競争を引き起こし，中小企業の金融条件はより改善される方向へ進んでいることも注目すべきであろう。

注
1） 中小企業庁『中小企業金融の新潮流』同友館，1990年。
2） 『アメリカ中小企業白書』1995年。
3） 大蔵省『法人企業統計年報』2000年。
4） SBA "Micro-Business-Friendly Banks in the United States" 2000.
5） 『中小企業白書』1999年。
6） 同上。

7） 佐藤英雄「地域活性化に果たした地域金融機関の役割—信用金庫の役割を中心として—」(『商工金融』2001年，3月) 73頁。
8） 同上。
9） 国税庁編『国税庁統計年報（平成11年度版)』2001年,「法人税」参照。
10） 前掲書『中小企業金融の新潮流』。
11） 同上。
12） 同上。
13） SBAの資料
14） 本書の第6章参照。
15） 『アメリカ中小企業白書』1998年の金融編参照。
16） 同上。
17） 『国民金融公庫・調査月報』No. 456号，1999.4.「多様化が求められる中小企業への資金供給手段」参照。
18） 前掲書『国民金融公庫・調査月報』参照。
19） SBA "Micro-Business-Friendly Banks in the United States" 2000.
20） SBA "Micro-Business-Friendly Banks in the United States" 2000年3月参照。
21） 同上。
22） 同上。SBA "The Bank Holding Company Study" 2000年3月参照。
23） 同上。
24） 『アメリカ中小企業白書』1995年参照。
25） 同上。
26） 同上。

結　　論

　日本の中小企業のうち，下請中小企業は量的減少，リストラやシステムの再構築が進んでいるけれども，大企業との関係でその位置・役割をキープしているといえる。しかし，その他の中小企業では，新しい経営方法やヴィジョンの下で，かつ新しい担い手による既存ビジネスの再構築や新産業の開拓が求められているという点は，日本経済の現状から見て異論がないだろう。そこで，本書では，日本の中小企業は何をどうすべきかという問題意識をベースとして，中小企業の総括的な立場から日米中小企業の比較を試みてきた。そこで次の3点にまとめることができよう。

　1．中小企業の総量的な観点から見て，中小企業の数や雇用において米国の増加に対し日本の減少はあまりにも対照的である。つまり，日本の中小企業にとって1980年以降の20年間は何であったのか，何をやってきたのかが問われよう。90年代以降，日本の中小企業は量的減少が続く中で，構造変化は行われてきたが，そのテンポは遅く，その内容はオールド・ビジネスのスクラップ・アンド・ビルド（scrap and build）的なものが多い。そこには欧米の経済変革への対応策，アジア諸国のオールド・ビジネスとの競争への対応策が，中小企業の中から十分には創出されてこなかった。その結果，オールド・ビジネスのオールド・システムの中で中小企業の規模縮小は進んでいるのである。それに対し，米国の中小企業は急速な量的成長が特徴である。それは産業構造の変化，特に第3次産業の成長を伴っており，そこには創業の多さ，女性企業家の増加，ベンチャービジネスの活躍等がサポートしている。他方，米国の中小企業は生産性格差，収益率の格差，賃金の格差があるものの，日本ほどではなく，また独自の存立条件・成長条件のもとで成り立っている。その意味で米国

の中小企業は，中小企業と大企業との関係を越えて，中小企業独自の発展の仕組みや力を内在していることも見逃せないだろう。

2．中小企業の比較構造分析では，米国の中小企業の基準から日本の中小企業の創業，ベンチャー・ビジネス，女性企業家，技術革新，雇用，金融の側面を検討してきた。結論的にいえば，米国の中小企業は日本のそれに比べて，そのシステムや基礎構造があまりにも異なっている。つまり，日本では，従来の中小企業の仕組みや構造の下で新しい中小企業の創出が遅く，中小企業の発展のための仕組みや構造は確かな姿で創出されておらず，さらに創業のシステム，ベンチャー・ビジネスの発展，女性企業家の活躍，中小企業による技術革新，中小企業の雇用構造，金融システムから見て，中小企業の閉塞状態を打破しうる仕組みや構造は育まれていない。したがって，中小企業は不況の中の経営安定という現実の問題と中長期的なヴィジョンを同時に解決できる能力を備えていないものが多い。そこには日本の中小企業の人材の確保と資金調達のシステムの問題が横たわっており，この問題の解決なしには，日本の経済や中小企業が抱えている根本課題は解けないだろう。それに対し，米国の中小企業は，社会的・経済的に中小企業のサポートシステムの上で活発な創業や女性企業家の活動が特徴的であり，中小企業のイノベーションに基づくハイテク・ベンチャー・ビジネスの活動が盛んになっている。その背景に人材の確保と資金調達の仕組みにおいて優れた点が確認された。つまり，米国の中小企業の人材面では，日本の中小企業の世界では想像できないほど，米国の中小企業は多くの人材を確保している。つまり，高学歴の人材が大企業よりも中小企業でより多く活動している点こそが米国の中小企業の力であり，かつ中小企業の発展のための雇用構造となっているのである。それは，結局のところ，米国経済の三重構造を形成しているということである。なお，金融面においては，金利水準や金融機関の中小企業向け資金の比率では日本の中小企業がより有利であるように見えるが，日本の中小企業は常に資金不足を訴えてきた。そこには中小企業の金融構造（自己資本比率の低さ）と不動産関連投資の多い資金の使い方にも問題がある。それに対し，米国の中小企業金融では，高い自己資本比率の中小

企業の財務構造と不動産投資を控える資金の使い方は，中小企業の経営の健全性，銀行以外のノンバンクの発達による多様な中小企業の金融によって，多様な中小企業の金融需要に対応しているといえる。

3．本書では，日米中小企業の全体像として日本の二重構造に対し米国の三重構造を主張している。もちろん，米国の三重構造については十分な研究が進んでいるわけではなく，概略的である。しかし，米国の経済にとってこの三重構造は何を意味し，さらにそれは日本経済や中小企業に何を示唆しているのかを吟味すべき価値があると思われる。つまり，米国の中小企業が80年代以降の成長・発展を遂げてきたことについてベンチャー・ビジネスの役割として受け止めてきた。一方，ベンチャー・ビジネス・システムの日本との違いが大きくクローズアップされて，日本の中小企業としてはそれを十分消化しきれず今日に至っている。そこで米国の中小企業について，ベンチャー・ビジネスの世界を含めて三重構造として理解することによって，日本の中小企業は何が問題であり，どのような条件の下で創造的で高い技術力を持つ中小企業の発展とその成長による雇用の増大，国際競争力のある産業の発展をもたらすのかという点で，日本経済の方向，中小企業が果たすべき役割について一筋の光は見えてきたと思われる。そのために日本の中小企業の場合，何がどのように不足しているのか，逆に何が必要であるのか，人材と資金をどのような条件と仕組みで集めるかという課題に対し，現在の二重構造の上に「三重構造」の形成が求められているのではなかろうか。

あとがき

　本書は，短期間の資料調査による書き下ろしである。今後，日米の中小企業研究のための足場を固める作業で，「日米中小企業の比較研究」の「序説」としての位置付けが妥当な本書は，日米中小企業の比較研究の緒についたばかりであることを意味する。私は日本の中小企業の歴史と現状・地場産業を主なフィールドとして研究活動を行ってきた。そこで感じたことは，日本固有の制度・仕組みの下で長年成長してきた日本の中小企業は魅力的であった。つまり，全体的仕組み，企業間関係，技術開発と移転，歴史的な中小企業の変遷―環境・条件の変化への適応過程，その中で経営者，労働者の努力から生まれる知識，知恵，アイディア等からは，「Small is beautiful」のようにみえた。

　しかし，90年代からは，中小企業の閉塞感とともに中小企業の研究においても新しい方向を模索しなければならないと感じてきた。そこで，多くの研究者によって主な先進国の中小企業の特色が明らかにされるなかで，外国の中小企業研究や日本との比較が盛んに行われてきたことから，多くの学恩を蒙ることになった。特に米国のベンチャー・ビジネスの研究，米国経済の長期好況が注目された。そのような中小企業研究の流れの中，米国の中小企業の全体像に関心を持つようになった。その折りに，米国で研究するチャンスに恵まれた。

　2000年8月から2001年7月までの1年間米国のNew-Hampshire州のDartmouth Collegeで研修の機会を得ることができた。米国での研究は米国の中小企業の全体像をどう描くべきかに集中した。なぜならば，日本における米国の中小企業の研究でこの部分が弱かったと思ったからである。つまり，個別分野の研究は進んでいても全体としてのまとめが物足りない感を受けた。さらに，せっかくの米国での調査研究のチャンスをどう活かすかを考える場合，「日本における米国の中小企業の研究」の実態，弱点の上で，それをどのように補うかを考えた。その中で，日本の中小企業の位置を再確認するきっかけとするために，日本との比較―全体像，大きな枠組での比較―を試した。したがって細

かい比較分析は次の研究を待ちたい。

　また，九州産業大学経済学部の中小企業論の講義では，米国の中小企業について概略的な紹介を行ってきたが，論点としては米国中小企業の「力と担い手」はどのような仕組みで作られて，米国の経済を支えているのかという問いに答えようとした。米国での調査もその視角の延長線上で行ってきた。つまり，「力と担い手」は筆者が経済学研究において常に心がけている視点である。力というのは企業の生産力，資本力，技術力，販売・市場力，企業間関係などであり，論点はこれらの要素がどのような仕組みの下で創出・活用されているのかである。また，担い手というのは経営者や労働力であり，論点はこの要素がどのような構造になっており，さらに力と担い手との関係はどのような条件の下で結合されているのかである。それに沿ってみれば，米国の中小企業の力は技術力，資本力の創出の仕組みが日本のそれとは違い，優れている。さらに，担い手の面でも博士，修士，学士の中小企業における分布は，大企業に劣らないものがあって，これこそが米国の中小企業の活力を生み出していると思われる。それに対し，日本では2002年の現実問題として，新卒の就職率が50－60％の水準にすぎないにもかかわらず，新卒者は中小企業，地場産業への就職に積極的でなく，他方，中小企業，地場産業でも新卒，修士，博士等の人材を雇える体制を持っていないことが現実であろう。そこには，さまざまな理由があることが考えられるが，日本の中小企業の発展のためには中小企業を引っ張っていく人材の層が形成されなければならないと思われる。そのためには，人材を受け入れる条件・体制を作る必要がある。米国では，それが高い賃金・報酬に反映されている。その結果，三重構造が形成され，その力によって米国の中小企業に人材と資金，技術とが集まり中小企業の活力にあふれている。以上のことから日本の中小企業は人材の構成に変化が起こり，その担い手のアイディア，技術力によって資本力を高めることこそが重要であると思われる。

　本書が生まれるまで，Dartmouth College で研究者としての受け入れと生活の面でもお世話になった Prof. Steven J. Ericson，同大の研究所・通称 Dickey Center (The John Sloan Dickey Center for International Understanding) の所長

Prof. Micheal Masutanduno と研究室での日常的に相談に応じサポートしてくださった Margot E. de l'Etoile 女史，短期間の訪問にもかかわらず，米国の中小企業に関する説明や資料を快く提供して下さった Indiana University の Prof. David B. Audretsch に大変お世話になった。本書での日本の二重構造に対し米国の三重構造のヒントは同大学を訪問した折りに同教授との討論から生まれた。また，京都大学経済学部の中村哲名誉教授，下谷政弘教授中心の日本資本主義史研究会で本稿の要点的内容の発表を行い，両教授をはじめ同会のメンバー（先輩や後輩）からいろいろな貴重なコメントを頂いた。なお，個人的に熊本学院大学の野間重光教授よりもいろいろとコメントを頂いた。以上の方々に心からお礼申し上げる次第でる。最後に，米国で1年間の研修機会を与えて下さった九州産業大学経済学部の方々にも感謝している。

　末尾ではあるが，出版を快く受け入れてくださった(株)税務経理協会，そして編集部の新堀博子氏は書き下ろしの難しさをよく察知していろいろと励まして下さったこと，心から御礼申し上げます。

2002年4月10日

著　者

索　引

〔A～Z〕

BHC（銀行持株会社） ……………221, 229
BIS 規制 ……………………………………213
BLS (the Bureau of Labor Statistics)
　　………………………………………154
CP ……………………………………………226
GDP ……………………………………………63
GP (General Partner) ……………………137
IPO（NASDAQへの株式公開） ………131
JASDAQ ……………………………………122
LP (Limited Partner) ……………………137
LPS (Limited Partnership) ……………137
MBA ……………………………………………141
M&A ………………………………………228
M字型の女性労働力構造 ………………153
NASDAQ …………………………………86, 122
SBA ……………………………………………26
SBIR ……………………………128, 185, 188
SOHO …………………………………………154
SWOBE (Survey of Women-Owned Business Enterprises) ………………154
TLO ……………………………………128, 180
VF（ベンチャー・ファンド） …………125
W／R（卸売業の販売額／小売業の販売額） ………………………………89

〔あ行〕

イノベーション …………………………17, 171
インキュベーター (incubator) …117, 129
インフォーマル (informal) な資金調達
　　……………………………………16, 110
運転資金 ……………………………220, 226
エスコーポレーション
　　（S・Corporation）：S企業 …………37
エンジェル・シンジケート（angel・syndicate） ………………………………139
エンジェル・ミュチュアル・ファンド
　　（mutual-fund） ………………………140
オールド・ビジネス ………………………27

〔か行〕

会社形態別会社数 …………………………34
外部金融 ……………………………………216
間接金融 ………………………………18, 216
企業家（entrepreneur） …………………117
99％論 ………………………………………31
銀行の融資先別の住み分け ……………213
クレジット（credit） ………………………16
クローズド・マーケット（closed-market） …………………………………11
グローバリゼーション ……………………5
コール・レポート（call report） ………229
小口貸付制度（マイクロ・ローン）……232
国民生活金融公庫 …………………………223
個人企業（the sole proprietorships） …35
個人投資家（エンジェル） …………17, 127

〔さ行〕

三重構造 ………………………………9, 54
シーズ（seeds） ………………………17, 128
自営業（self-employment） …………33, 72
事業会社 ……………………………………144
自己資本比率 …………………………18, 219
市場制（独立自営）の中小企業 …………84
下請制中小企業 ……………………………83
資本生産性 …………………………………43
資本装備率 …………………………………43
社会サービス ………………………………76
社会的階層 …………………………………167
収益率格差 …………………………………46
州際業務禁止 ………………………………224

商工組合中央金庫 …………………222
承認図メーカー ……………………89
初期費用 ……………………………166
女性企業家 …………………… 17, 149
女性労働力 …………………………201
人材の確保 …………………………111
新問屋制工業 ………………………82
新二重構造論 ……………………10, 55
進歩的・改良的技術開発 …………172
信用金庫 ……………………………222
スクラップ・アンド・ビルド（scrap and build）………………………64
生産性格差 …………………………42
成長条件 ……………………………11
政府系金融機関 ……………………222
設備資金 ………………………220, 227
ゼネラルパートナーシップ ………36
創業資金 ………………………220, 225
創業資金の使い方 …………………110
創業率 ………………………18, 97, 102

〔た行〕

対事業所サービス業 ………………69
貸与図メーカー ……………………89
多量創業・多量廃業 ………………3
単店銀行制度 ………………………224
地域経済の担い手 …………………8
知識企業（knowledge-firm）………56
地方銀行 ……………………………222
中規模企業（medium-size firm）……29
中堅企業 ……………………16, 29, 86
中小企業基本法 ……………………24
中小企業基本法の改正 ……………25
中小企業金融公庫 …………………223
中小企業弱者論 ……………………8
中小企業の採用・学歴構成 ………204
中小企業の成長条件 ………………86
中小企業の存立形態 ………………11
中小企業の存立構造 ………………81

中小企業の存立条件 ………………81
中小企業の多産多死 ………………9
中小企業の多様性 …………………7
中小企業の定義 ……………………23
中小企業の本質 ……………………81
中小企業の密度 ……………………30
中途採用 ……………………………204
直接金融 ……………………………216
賃金格差 …………………………9, 50
適正規模論 …………………………88
問屋制家内工業 ……………………82
問屋制中小企業 ……………………84
問屋制マニュファクチャー ………82
都市銀行 ……………………………221
取引先の確保 ………………………110

〔な行〕

内部金融 ……………………………216
ニッチ市場 …………………………8
二元銀行制度 ………………………224
二重構造 …………………………9, 54
二重構造解消論 ……………………55
二重構造残存論 ……………………10
二重構造消滅論 ……………………10
二重構造の否定論 ………………10, 55
日本の産業構造 ……………………62
日本の中小企業の転換点 …………30
日本版 SBIR ………………………182
ニュービジネス ……………………27
ノンバンク …………………………215

〔は行〕

パートナーシップ（partnerships）……35
廃業率 ………………………………102
ハイテク・ベンチャー・ビジネス……117
ハイ・リスク，ハイ・リターン ……117
非知識企業 …………………………57
ファイナンス・カンパニー ………217
藤田・小宮山の論争 ………………81

プライム・レート……………………232
米国中小企業の存立条件……………88
米国の銀行制度………………………224
ベンチャー・キャピタル………17, 123, 132
ベンチャー・ビジネス……………17, 117
ベンチャー・ビジネスの存立形態………86
法人企業（corporations）………………36
ボーダーレス（borderless）………………7
ボストンのルート128…………………188

〔ま行〕

メンター（mentor）………………117, 130

〔や行〕

有限責任会社（Limited Liability Company：LLC）……………37

〔ら行〕

リミテッドパートナーシップ……………36
零細企業………………………………28
連結財務諸表…………………………25
連帯保証……………………………217
ロイヤルティー（特許使用料）………180
ロー・テク（low-teck）………………139
ロー・リスク（low-risk）………………139
ロー・リターン（low-return）…………139

著者紹介

黄　完晟（HWANG, WAN SHUNG）

1954年　韓国全羅南道生まれ。
京都大学大学院経済学研究科博士課程修了（経済学博士）
現　在　九州産業大学経済学部教授

著　書　『日本都市中小工業史』臨川書店，1992年
　　　　『日本の地場産業・産地分析』税務経理協会，1997年

著者との契約により検印省略

平成14年6月10日　初版発行	
平成15年6月10日　初版第2刷発行	

日米中小企業の比較研究
―日本の二重構造・米国の三重構造―

著　者	黄　　　完　晟
発 行 者	大　坪　嘉　春
整 版 所	松澤印刷株式会社
印 刷 所	松澤印刷株式会社
製 本 所	株式会社 三森製本所

発 行 所　東京都新宿区下落合2丁目5番13号　株式会社 税務経理協会
郵便番号 161-0033　振替 00190-2-187408　電話 (03) 3953-3301 (編集代表)
FAX (03) 3565-3391　(03) 3953-3325 (営業代表)
URL　http://www.zeikei.co.jp/
乱丁・落丁の場合はお取替えいたします。

Ⓒ 黄　完晟 2002　　　　　　　　　Printed in Japan

本書の内容の一部又は全部を無断で複写複製（コピー）することは，法律で認められた場合を除き，著者及び出版社の権利侵害となりますので，コピーの必要がある場合は，予め当社あて許諾を求めて下さい。

ISBN4-419-03914-0　C1063

近代日本と地域産業

東大阪の産業集積と主要企業群像

武知 京三 著

Ａ５判・上製カバー掛け・288頁
定価：本体 3,400円（税別）

◆ 本書の特色

「中小企業への経営史的接近」という観点から，東大阪の地場産業を主たる対象とした個別実証研究による，創造的な歴史像の構築を模索する労作。

税務経理協会・刊

地域経済と企業家精神

奈良の地場産業と経済団体の歩み

武知 京三 著

A5判・上製カバー掛け・352頁
定価：本体 3,200円（税別）

◆ 本書の特色

企業史的アプローチを視野に入れた地場産業小史と，地域経済のオピニオンリーダーとしての商工会議所小史を中心に，地域史の視点から近現代の日本経済史・経営史を考察した実証研究。

税務経理協会・刊

日本の地場産業・産地分析

黄　完晟著

A5判・上製カバー掛け・224頁
定価：本体 2,500円（税別）

◆　本書の特色

日本・韓国・台湾の家具産業を例に，地場産業の抱える構造改革，産業調整等の現在の問題点と，その現状を打破するための今後の方策を，アンケート調査をもとに分析・追究した意欲作。

税務経理協会・刊